人类学
视野译丛

文学人类学

人的新发现

〔德〕亚历山大·柯舍尼那 著

余杨 译

商务印书馆
The Commercial Press
创于1897

Alexander Košenina
LITERARISCHE ANTHROPOLOGIE
Die Neuentdeckung des Menschen
Copyright © 2016 Walter de Gruyter GmbH, Berlin/Boston
All rights reserved.
根据德古意特出版社 2016 年版译出

《人类学视野译丛》工作组名单

主编：

高丙中　周大鸣　赵旭东

支持单位（按音序排列）：

北京大学社会学与人类学研究所
北京师范大学民俗学与社会发展研究所
北京师范大学民俗学与文化人类学研究所
北京师范大学社会学学院人类学与民俗学系
南京大学社会学院社会人类学研究所
内蒙古师范大学民族学与人类学学院
清华大学社会科学学院社会学系人类学专业
上海大学社会学院社会学系人类学专业
武汉大学社会学系人类学专业
西北民族大学民族学与社会学学院
厦门大学社会与人类学院
新疆师范大学社会文化人类学研究所
云南大学民族学与社会学学院
浙江大学非物质文化遗产研究中心
中国农业大学人文与发展学院社会学与人类学系
中国人民大学社会与人口学院人类学所
中山大学社会学与人类学学院
中央民族大学民族学与社会学学院

人类学视野译丛
总　　序

　　越来越多地走出国门的中国人需要人类学视野，越来越急迫地关怀世界议题的中国社会科学需要人类学视野。有鉴于此，我们把编译这套丛书既作为一项专业工作，也作为一项社会使命来操持。

　　这套丛书与商务印书馆的"汉译人类学名著丛书"是姊妹关系，都是想做基础性的学术工作。那套书主要翻译人类学大家的原创性代表作，尤其是经典的民族志；这套书定位于介绍社会文化人类学的基本知识，例如人类学的概论、多国的学术发展史、名家生平与学术的评介、人类学的分支学科或交叉学科。我们相信人类学是人文社会科学的一门基础性学科，我们这个译丛要做的是着眼于中国社会科学的发展来介绍人类学的基础性知识。若希望人类学在中国发挥基础性学科的作用，目前中国的人类学同人还要坚持从基本工作着手。

　　人类学是现代人文社会科学的基础学科。这虽然在学术比较发达的国家是一个常识并已经落实在教育与科研的体制上，但是在发展中国家还是一个需要证明的观念，更不要说相应的制度设计还只是停留在少数学者的呼吁中。指出发达国家的学科设置事实也许是不够的，我们还可能需要很专业的证明。不过，我们在此只能略做申论。

　　因为人类学，人类才在成为一个被思考的整体的同时成为个案调查研究的总体。从来的学术都不乏对天地、天下、普遍人性的思考，但是现代学术在以世界、全人类为论域、为诉求的时候，是以国际社会为调查对象的。现代人文社会科学的世界性是由人类学从经验研究和理论思考的两个面向的世界性所支撑的。通过一百多年的经验研究，人类学把不同种族、不同社会形态、不同文化的人群在认知上联结起来，构成一个具体多样的人文世界。人类学的整体观既指导了社区个案研究，也培育了把各种各样的小社区、大社会作为一个整体来看待的思想方法。人类学曾经借助进化论把社会发展水平差异巨大的人群表述为一个分布在一个时间序列的不同点上的整体，也借助传播论把具有相同文化要素的异地人群联结起来，后来又借助功能论、结构主义支持不同人群的普遍人性——这些特定时代的学术都是在经验上证明并在认知上形塑"人类的一体性"。在经验研究和思想方法上，"世界的世界性""人类的整体性"这些对于我们所处的全球化时代、我们纠结其中的地球村社会至关重要的观念，可以说是人类学的知识生产的主要贡献。正是人类学的观念和方法奠定了现当代主流社会科学的学术基础。

　　人类学是扎进具体的社会人群研究人类议题的学科，或者说，人类学是以具体社会作为调查对象而以抽象的人作为关怀对象的"社会"科学。这样的特点使人类学常常是关于文化的学术，这种学术在不同的情况下被称为"社会人类学""文化人类学"或者"社会文化人类学"。在一个社区里，政治、经济、法律、教育等是总体事实的方方面面，当一般人类学发展到相当水平的时候，它对于专门领域的研究也相应地发达起来，人类学的分支学科如政治人类学、经济人类学、法律人类学、教育人类学、语言人类学、心理人类学、历史人类学就水到渠成。以此观之，人类学已经是浓缩在具体社区经验观察中的社会科学。相对而言，社会科学诸学科就仿佛是放大了观察范围的人类学。社会科学诸学科与人类学的知识传统相结合，人类学的分支学科又成为与这些学科的交叉学科。

人类学之所以能够作为社会科学的基础性学科，既在于人类学提供了特有的视野（看社会的视角）、胸怀（对人类的关怀）、方法（田野作业与民族志），也在于人类学提供了不同社会、不同文化背景下政治、经济、法律、教育、语言、心理等如何运作的标本和研究范例。

所以不难理解，一个知识共同体想要有健全的社会科学，就必须要有发达的人类学。一个国家的社会科学的发展水平与它们的人类学的发展水平是密切相关的。中国社会科学的若干严重局限源自人类学的不发达。我们的学术研究往往流于泛泛之论而缺少充分的个案呈现，窒碍于社会问题本身而难以企及一般性的知识兴趣，局限于国内而缺少国际的眼光，如此等等。而人类学学科擅长的恰恰是提供好的个案研究，提供具有多学科介入价值的个案研究，并培育学者具备从个案到一般性议题的转换能力。同样还是人类学，积累了以异域社会为调查对象的知识传统，培育了以经验研究为基础的人类普遍关怀的能力。没有人类学的发展，我们的经验研究就扎不进社会生活，我们的理论思考就上升不到人类共同体抽象知识的层次，结果是我们的研究在实践上不实用，在学术上缺乏理论深度。

当然，中国社会科学的问题不是人类学的发展就能够解决的，人类学的欠缺更不是通过这个译丛的若干本书的阅读就能够弥补的。但是，我们还是相信，编辑这个译丛对于我们在不久的将来解决这些问题是有助益的。

人类学是学术，也是一个活色生香的知识园地，因为人类学是靠故事说话的。对于公众，人类学著作承载着对异族的兴趣、对异域的好奇心，大家意兴盎然地进入它的世界，结果会开阔视野、扩大眼界，养成与异文化打交道的价值观和能力。因此，在学术目的之外，我们也相信，这个系列的读物对一般读者养成全球化时代的处"世"之道是有用的。

高丙中

2008 年 4 月 9 日

目　　录

1　完整的人：作为核心学科的人类学 ················· 1
  1.1　人的新发现 ····································· 3
  1.2　作为研究视域的文学人类学 ······················· 13
2　寻根之旅：狼孩与高贵的野蛮人 ···················· 20
  2.1　卢梭与狼孩 ····································· 22
  2.2　格奥尔格·福斯特的南太平洋考察之旅 ·············· 27
  2.3　亚历山大·冯·洪堡对美洲民族的研究 ·············· 32
3　疯人院：研究处在极端之境的人 ···················· 40
  3.1　"恐怖之地"与利希滕贝格对画的解读 ··············· 42
  3.2　克莱斯特的目击证人报道 ························· 47
  3.3　克劳迪乌斯现代版的道德小说 ····················· 50
4　侦探文学：从案例到小说 ·························· 58
  4.1　侦探小说文体作为认识人的源泉 ··················· 60
  4.2　作为牺牲品的人：迈斯纳具有启蒙性的案例故事 ······ 64
  4.3　犯罪的心理逻辑：席勒的小说 ····················· 69
5　人类学小说：内心故事 ···························· 78
  5.1　1774小说年：歌德、布兰肯伯格与恩格尔 ············ 80
  5.2　歌德的《维特》：一份病历报告 ··················· 84
  5.3　莫里茨的《安东·莱瑟》：一部心理小说 ············ 90

6 人的教化：启蒙的教育理论 ······ 98
6.1 相邻学科：人类学与教育学 ······ 99
6.2 性教育：扎尔茨曼的敏感话题 ······ 103
6.3 完整的人：威廉·迈斯特的教育信 ······ 108

7 人类学的（教育）诗 ······ 116
7.1 关于人的诗化理论：蒲柏与苏克罗 ······ 118
7.2 爱情哲学：席勒的《友谊》 ······ 124
7.3 瞧！这个人：歌德的《心跳加速》与《普罗米修斯》 ······ 126

8 女性的自主 ······ 134
8.1 自由婚姻：歌德笔下新模式 ······ 136
8.2 反对包办婚姻：苏菲·梅罗-布伦塔诺 ······ 142
8.3 克莱斯特的个案研究：一桩无法解释的怀孕 ······ 147

9 面相学与表情学 ······ 154
9.1 拉瓦特尔从外在来阐释性格 ······ 156
9.2 利希滕贝格对面相学的批判 ······ 160
9.3 偷窥心灵：施毕斯的个案研究 ······ 166

10 心理学的表演艺术 ······ 173
10.1 共情的与反思的演员 ······ 175
10.2 莱辛与恩格尔的人类学表演艺术 ······ 184

11 心灵之镜：人类学戏剧 ······ 192
11.1 同情之戏剧学：莱辛的《艾米丽雅·迦洛蒂》 ······ 194
11.2 大众心理学：伊弗兰德的《阿尔伯特·冯·图尔奈森》 ······ 201

12 梦境与梦游 ······ 210
12.1 人类学的释梦 ······ 212
12.2 梦的牺牲品：席勒笔下弗兰茨·摩尔的堕落 ······ 217

12.3　梦游者：克莱斯特笔下的洪堡王子 …………………… 220
13　艺术与疯癫 ……………………………………………………… 229
　　13.1　更近神性：蒂克《威廉·拉法尔》中一例 …………… 231
　　13.2　疯癫作为更高层次的健康：克林格曼的《守夜人》… 235
　　13.3　具有先知预见力的疯人：霍夫曼的《隐士莎拉皮翁》… 238
14　现实主义：人类学的结果？ ………………………………… 246
　　14.1　如果是本能使然：毕希纳的《沃依采克》…………… 247
　　14.2　最卑贱者的生活：毕希纳的反理想主义美学 ………… 253
15　补充 ……………………………………………………………… 260
　　15.1　一般辅助性参考文献 …………………………………… 260
　　15.2　新出版的人类学文献 …………………………………… 264
　　15.3　具体作家研究文献 ……………………………………… 267
16　附录 ……………………………………………………………… 277
　　16.1　引用文献 ………………………………………………… 277
　　16.2　插图列表 ………………………………………………… 285
　　16.3　人名索引 ………………………………………………… 288
　　16.4　概念释义 ………………………………………………… 298

1 完整的人：作为核心学科的人类学

图1. 彼得·哈斯：着色铜版画(1794)，选自卡尔·菲利普·莫里茨《新蒙学》*

---

* 图中的文字为：

Geist. 精神。（转下页）

人类学的一个核心思想在此一目了然:"人体内的精神在思考""手与脚都受精神控制"。莫里茨(Karl Philipp Moritz)为儿童编写的《新蒙学》就是这样来解释人的双重性:"精神"与"身体",心理-身体彼此相连。蕴含其中的是关于"完整的人"的构想,它在此书中备受关注;该书不仅是书写与拼读的辅助书,同时还欲启迪思维。莫里茨既是教育学家,也是经验派的心灵探究者。在书的第3—8篇中,他解释了"肉体-心灵"的关系问题以及人的五种感官;在第13—17篇中则加入了一小段文化史:人从野蛮状态进化为有教养的人,这个过程勾勒出人的种族属性与社会属性的发展,文化与文明所走的歧路也被涵纳其中。

《新蒙学》简明扼要地概括出一门新学科的研究范畴。在启蒙运动中,人处在哲学、医学、神学、教育学与社会政治学关注的中心。自此之后,心理学开始研究个体,种族学与此相反,开始研究人类作为种族在不同历史与地理条件下之变体。18世纪为这一庞大的研究领域造出人类学(Anthropologie,在希腊语中,anthropos= 人,logos= "言说"="思想""话语")这个概念,并在大学为此创建了一门新学科。大量书籍都以含有"人"的复合词为标题,文学也不免受到影响。像爱、性、梦、犯罪及疯癫等人类主题以前所未有之势占领了"美文"领域,它们不仅是主题,同时也是分析的好奇心所关

(接上页)Der Geist des Menschen in ihm denkt. 人体内的精神在思考。

Körper. 身体。

Von ihm wird Hand und Fuss gelenkt. 手与脚都受精神控制。

Mensch-Their. 人-动物。

Der Jäger eilt dem Walde zu. 猎人匆匆赶往森林。

(本书以圈码表示原书注释,星号*表示译者注)

注的认知领域，影响了叙述的方式。近三十年来，"文学人类学"这一概念为这个广阔领域所认可采纳，下文就将对此作介绍。在接下来的章节中，还将以不同的文学体裁为例，诠释具有代表性的角度。它们既可分别独立成章，也可根据书中的建议进行深化，或者还可以经由其他例证和问题得以补充。

1.1 人的新发现

"认识你自己"——这是写在德尔菲阿波罗神庙墙上的智慧格言，它成了欧洲启蒙运动的一个重要原则与科学之准绳。人因此而成为关注的焦点。在巴洛克时期，人还活在专制君主们的阴影之下：情感和冲动被人蔑视，还不知道个性和主体性为何物。人们希望自己被修剪得如同法式花园一样，他应当有秩序有纪律地运作：论等级他是臣仆，论手腕他是廷臣，作为演员他应不形于色，作为英雄他应淡泊超然。启蒙运动正是对这样一种傀儡式的文化宣战。在我们的封面画（图19）*中，一个男人还是象征性地用胳膊和腿连接起了星球与天穹，人与宇宙处在一种神秘的和谐之中。到了启蒙时期，人们则想要在现实中印证这种超自然的神秘设想。无论是在哲学、神学，还是政治体制中，理性都要比权威和既存的学术观点更受推崇。

市民阶级的崛起不单纯是社会或政治事件。1784年康德在呼吁启蒙时，坚决地鼓励他们"运用自己的理智"，摆脱"由自身原因造成的未成年状态"（Kant in: Aufklärung 1974, S. 9）。启蒙更像是一场革命，随处可见。在戏剧舞台上，在文学中，贵族的登徒子们因

---

* 原版书的封面使用了本书中的图19，见本书第119页。

勾引市民阶级的姑娘而受到抨击，开始有父亲允许女儿自由择偶。兄弟不顾血亲法则，反目成仇，大恶棍们向观众展示着他们犯罪心灵的最深处，梦游的王子在战役期间跟着自发的感觉走（见本书8.1，11.1，12.2，12.3）。绘画艺术也在展示从来没有表现过的东西：18世纪时期的画家如戈雅（Francisco José de Goya y Lucientes）和菲斯利（Johann Heinrich Füssli），他们都在深入地研究与描绘梦境、幻象以及妄念的奇异世界。霍加斯（William Hogarth）则带着他的观众进入了疯人院、赌场和妓院。一些画甚至都被冠以了"之前"与"之后"的标题，用以展现一对情侣在野外"完事前和完事后"的状态（见本书3.1，12.1，12.2）。

10 　那么这些从根本上进行的精神的、情感的、性欲的以及艺术的解放与人类学又有何关系？关系太大了。因为在18世纪有一群改革派的医生，他们对人类学的理解比他们学院派的同事要深刻得多。他们意欲与哲学、神学、教育学紧密合作，把人作为人来重新定义，而不仅将其理解为政治的、社会的与生产的生物。这种新的关于人的研究始于医学专业进一步细化分科之前，它还没有摆脱从属于哲学系之下的地位（除医学、神学与法学之外，其他一切学科都被算作哲学）。人文主义者约翰·戈特弗里德·赫尔德（Johann Gottfried Herder）梦想着可以"作为人，并且为人"来书写全面的、"所有时代与民族的人类心灵史"（Herder 1985ff., Bd. 9.2, S. 34）。他认为"我们整个哲学都应该成为人类学"，前提是"以人为中心"（Herder 1985ff., Bd. 1, S. 134, 125）。不仅是赫尔德，类似的要求在英国和法国也早已有之：1733年，英国诗人亚历山大·蒲柏（Alexander Pope）将格言"人是科学的首要目的"（Pope 1993, S. 39）改成了恰当的诗歌标题（详见本书7.1）。法国哲学家德尼·狄德罗（Denis Diderot）则用了一棵巨大的智慧树来装饰他的《大百科全书》宣传册（1750）：

4

树的主干就叫作人的科学[la Science de l'Homme]*，自然科学与哲学只不过是分支罢了。(见图1)

这是首次这样来使用"完整的人"的概念：作为感觉与认知、肉体与心灵、感性与理性、自然与文化、命定与自由不可分割的统一体。就像医生诗人阿尔布雷希特·冯·哈勒（Albrecht von Haller）1729年所做过的那样，席勒在1780年也言简意赅地称人是"介乎畜生与天使之间的、不幸的中间物"（Schiller 1992ff., Bd. 8, S. 130），这论点出自他的博士论文《试论人的动物性与精神性之关联》(1780)，

图2. 弗里德里希·席勒：《试论人的动物性与精神性之关联》，博士论文封面(1780)

---

* 本书中以方括号"[ ]"注明的是原文中出现的拉丁文等非德文的外文词语。

他以此获得了医学博士学位(见图2,关于年轻席勒的人类学观参见Riedel 1985)。

这个标题就已简明地表达了这些新"哲学医生"(philosophische Ärzte)的纲领:一方面它暗含着身心医学(psychosomatisch)的论断,认为人的身体与心灵处于积极的互动之中。另一方面,它关乎人在造物等级中的定位问题:自然秩序被想象成链条或阶梯,植物与动物连着下端,向上开放的是通往精灵、天使与上帝之路。人的目标是完善与教养,即升级,但同时也存在着道德与文化腐败,即降级的危险(详见本书7.1, 7.2)。

与这一设想相关的还有启蒙人类学的另一分支,它致力于民族之间的系统比较。在环球航海和发现新文化的时代,人们认识到人性并非只有一种。遥远国度的居民和其他肤色的人种生活在迥异的气候条件之下,形成了不同的禀赋与文化能力,他们让人渐渐质疑只局限于欧洲的人类历史。在启蒙时代,这一学科被称为人类史或自然地理(physische Geographie),后来演变成了民族学或种族学(详见本书第2章)。

在席勒生活的年代,"哲学医生"运动正值鼎盛时期。对人类学的兴趣明显超出了专业圈子的范围,因为健康问题与道德问题、生活艺术和识人之明同样重要。流行的杂志都纷纷取名叫《人》(Der Mensch, 1751—1755)、《哲学医生》(Der philosophische Arzt, 1775—1782)或者是《医生》(Der Arzt, 1759—1764)。在最后一本保健杂志中,阿托那的医生温策尔*以轻松有趣的形式,搜集了极为人性化的建议(参见 Reiber 1999)。他就这样普及着他在哈勒大

---

* 约翰·奥古斯特·温策尔(Johann August Unzer, 1727—1799),德国医生,他对中枢神经系统的工作、反应与意识的研究影响了现代生理学研究。

1 完整的人：作为核心学科的人类学

学所获得的专业知识，在 1750 年前后，哈勒大学是研究心理对疾病影响的"身心医学"（psychosomatische Medizin）的中心。那里出版了关于梦境、情绪活动、幽灵、实验心灵理论、理智混乱或是动物灵魂的书籍。身心医学这个新流派对哲学家鲍姆嘉通（Alexander Gottlieb Baumgarten）的精神影响至关重要，他就是从感官生理学（Sinnesphysiologie）出发，推导出了美学（参见 Zelle 2002, S. 5–24）。

将艺术理论解释为低级认知能力的逻辑，即创立与理性相似的感觉的系统学说，这是 18 世纪最重要的创新之一。它意味着赋予了感性可以与高级认知力——理性——媲美的地位。这个例子清晰不过地表明，旧的学说认为启蒙只是智识特有的活动，是如何的大错特错。美学若脱离了医学，就像是戏剧的同情诗学（Mitleidspoetik）脱离了情感心理学，或是对梦与口误的阐释没有深入心灵之底［Fundus animae］的探究（详见本书 11.1, 12），这都是难以想象的。在心灵深处，各种印象以联想的方式交织在一块，点燃了我们的想象力。1827 年，人类学方面造诣极深的作家让·保罗（Jean Paul）就称它为"无意识的神秘国度，真正的内心的非洲"（参见 Lütkehaus 1989, S. 77）。伴随着这样的研究考察之旅，哈勒大学在 18 世纪中叶就开始有了作为科学的心理学，比弗洛伊德要早得多。

一代人之后，这方面的努力集中体现于在大学建立的一门新学科——人类学（HWPh 1971ff., Bd. 1, Sp. 362–376）。普拉特纳[*]，莱比锡医学与哲学的双科教授，成了它最成功的维护者。在《医生与智者的人类学》（1772）一书中，他将两个学科纲领性地联系在一起（参见 Košenina 1989）：他想要观察"肉体与心灵的互动、局限与关联"

---

[*] 恩斯特·普拉特纳（Ernst Platner, 1744—1818），德国人类学家、医生与理性主义哲学家。

(Platner 1772, S. XVII），而不是让解剖学和生理学孤立于心理学和道德哲学之外。他既反对哲学唯物主义者将人视作没有灵魂的自动机，就像拉·梅特里（Julien Offray De La Mettrie）在《人是机器》里所做的那样；又反对喜欢臆测的形而上学者，对他们而言，精神与心灵都是远离现实的抽象存在。

普拉特纳和其他哲学医生对医学与哲学之间的关系进行调和，他们的观点奠定了另外一个重要方向：对所有生理和生活实际现象的浓厚兴趣，或者说，是对接地气的现实主义的兴趣（详见本书第14章），这后来导致了对康德以及唯心主义哲学的断然摒弃。虽然康德在他定期举办的人类学讲座（从1770年开始）中，对启蒙生活哲学的实际转向表示完全赞同——这一点可以从现在才整理出版的学生笔记中看得出来（参见 Kant 1997），但他在出版的《实用人类学》（1798）中，对这种自然决定论的人性观还是保持距离的：

> 生理学意义上对人的认知，关注的是自然把人变成了什么样，实践论意义上对人的认知，关注的是，作为具有自由行动的能力的生物，人把自己变成了什么样，或者是可能变成、应该变成什么样。（Kant 1983, Bd. 6, S. 399）

与康德不同，哲学医生们关心的恰恰是："自然把人变成了什么样"，尤其是肉体与心灵之间的关联这个老问题。在哲学中主要有两种建议，来调和在笛卡尔那里被严格区分开来的肉体实质［res extensa］与精神实质［res cogintans］之间的矛盾：一种观点认为存在着由上帝已预设好的和谐，或是认为会有外因（上帝）的不时介入。哲学医生们不相信形而上学的或神学的动因，而寄望于自然。他们认为存在着一种自然的影响［influxus physicus］，心灵影响肉体

[influxus animae]，抑或反之，肉体影响心灵[influxus corporis]，它们相互作用。譬如在我们任意的动作或失控的情感表达中，可以观察到第一种情况，而在感官的认知或疼痛体验中，则可以看到第二种情况（参见 HWPh 1971ff., Bd. 4, Sp. 354–356）。席勒在他的博士论文中，是这样来总结这一"法则"的：

> 肉体的活动与精神的活动是相呼应的……精神上的兴趣会随时唤起肉体的兴趣，而精神上的反感也会随时伴随着肉体的反感。（Schiller 1992ff., Bd. 8, S. 141f.）

所有的哲学医生都相信经验与体验。《经验心理学杂志》15（*Magazin zur Erfahrungsseelenkunde*，1783—1793）是这一运动的喉舌（图3），它的出版者、柏林的启蒙主义者莫里茨在其十卷本合集的前言中要求："要事实，不要道德说教"（Moritz 1999, S. 811）。

作为第一本经验心理学的专业杂志，它还有一个正标题叫作 *Gnothi sauton*，意即"认识你自己"，这名字取得毫不含糊。莫里茨还贴切地给他的自传小说《安东·莱瑟》(1785)安上了"心理小说"的副标题，在书中，他同样保持着（自我）观察的态度，避免判断性的结论（详见本书5.3）。赫尔德则巧妙地将笛卡尔的"我思故我在"[Cogito, ergo sum]变成了"我感觉！我在！"（Herder 1985ff.,Bd. 4, S. 236），也是同样的意思。完全没有了作为推断结论的"故"字，从那时开始了对低级认知能力的研究。在1790年代，实验物理学家格奥尔格·克里斯多夫·利希滕贝格（Georg Christoph Lichtenberg）（智慧）的火花闪现与他们相比也毫不逊色，他认为，"应该说，(它)在思[es denkt]，就像人们说，在闪电[es blitzt]一样。*只要人们

---

* 主语都应是"它"（es）。

图3.《经验心理学杂志》第一期(1783)

用我思[ich denke]来翻译 cogito, 那就已经太过了"(Lichtenberg 1968ff., Bd. 2, S. 412)。用这一语言批判性的警句，他深入了那主体自身无法控制的心灵深处。

或者不如说，是几乎无法控制的心灵深处。因为在18世纪最后的三十多年间，与无意识之间展开的刺激游戏曾风靡一时。催眠的一种早期形式被称为"麦斯麦主义"，是以它的倡导者麦斯麦*命名的。它基于这样一种想法,认为人体内存在磁流,治疗者可以通过使用磁石和电机来影响它(图34)。麦斯麦的实验导致了令人瞠目的迷狂与梦游状态,尤其使女性患者们坦白了她们内心最深处的自我(参见 Barkhoff 1995)。克莱斯特笔下来自海尔布洛恩的小凯特(1810)在其同名的戏剧中,仅是对此的一个文学佐证,就像是同时期的许多艺术形象一样,她也源于医学病例(见本书第4章)。

一方面,心灵的平衡可能会被催眠师或是色情读物扰乱,对此的警告随处可见;另一方面,对心灵深处的控制可能也意味着压迫:"地下室的狗"该被重新拴在链子上(Mann 2002, S. 72),托马斯·曼在1896年时如是表达。这一类规训的焦点自然是性欲。利希滕贝格在1777年时,讥讽地将多愁善感的人定义为长着"一颗带睾丸的心"(Lichtenberg 1968ff., Bd. 1, S. 508),他首先想到的可能是像歌德笔下维特一类的人物(详见本书5.2)。启蒙时期的医生们极尽能事地渲染手淫的危险。不过还有女性性欲亢进和男性性欲亢进,即病态的、过于旺盛的男女性欲,或者是夜遗,它们也都是学院派医学讨论的对象。自由主义的教育学原本主张,对人及其无畏的自我解放进行无禁忌的启蒙,给它的追随者们散播新的恐惧,以防他们的心灵与健康受到所谓的威胁。

就这样,医学的好奇心在不同的前沿阵地越来越深入地攻入人的内心,没有什么领域在手术刀面前是安全的。被处以了绞刑的罪犯被送到了解剖学剧院(Anatomisches Theater)**,如我们在霍加斯的《残忍之四阶段》(*Vier Stadien der Grausamkeit*, 1751)最后一幅画上

---

* 麦斯麦(Franz Anton Mesmer, 1734—1815),德国心理学家,催眠术学科的奠基人。

** 解剖学剧院是早期现代大学教授解剖学的房间或大厅,布局类似古希腊露天剧院,由环形的观众席与中央的解剖台构成,解剖台用于公开展示解剖的过程。

所看到的那样（图13）。在书中，汤姆·尼禄，虐待动物者和抢劫杀人犯，在这里被当众掏空了内脏。现实主义不留任何情面，但也不算夸张得离谱：在现实生活中，骨头也是经过煮沸消毒处理，用来制作骨骼标本，清洁卫生工作就留给狗来完成。尤其新奇的是，头部被结实的颅骨螺栓支撑抬起，使眼球暴露出来。他们当时就以此来做练习，准备新式的白内障手术，在没有麻醉的情况下，手术是艰难而极其痛苦的。对于天生眼盲或是白内障患者来说，手术会带他们从无知的黑暗洞穴中走出，引向启蒙之光。但最初的情况其实是矛盾的，对光明的渴望伴随着强烈的恐惧，害怕灼瞎及完全失明。在克林格曼（他以笔名Bonaventura为人熟知）*1804年的小说《守夜人》中，天生眼盲的主人公在手术之后呐喊："啊，黑夜啊黑夜，请你回来！我再也受不了这所有的爱与光明！"（Bonaventura 2003, S. 98）

许多自然科学的发现都可以在文学隐喻和美学理论中体现出来。1781年，席勒计划发明一种"戏剧手法，仿佛能捕捉心灵最隐秘的活动"，这一想法是基于想将罪恶和情感都"标本化"（Schiller 1992ff., Bd. 2, S. 15f.），就像他1801年时所说的那样，通过"呈现无法避免的命运，给人们打免疫针"，让观众可以坚强地面对严肃的生活（Schiller 1992ff., Bd. 8, S. 837）。"免疫"，即疫苗接种，兴起于这一时期的英国，人们发现挤奶女工们对牛痘不敏感，她们因一直与病原体打交道，从而获得了免疫力。席勒还在其他地方将爱情不可抗拒的自然力类比为万有引力（艾萨克·牛顿1686年建立的理论）、磁力（查尔斯·库伦，1785年）、血液循环（威廉·哈维，1618年）以及身心共情（恩斯特·普拉特纳等，1772年，详见本书7.2）。歌德

---

* 恩斯特·奥古斯特·弗里德里希·克林格曼（Ernst August Friedrich Klingemann, 1777—1831），德国作家。

则为爱情哲学加入了托尔本·贝格曼（Torbern Bergman）在《有择吸引论》(*De attractionibuselectivis*，1775；*Wahlverwandtschaften*，1785)中关于化学亲和力的发现，并把这一标题用到了他的小说《亲和力》(*Die Wahlverwandtschaften*，1809)上。贝格曼指出，一旦有物质带着更强的吸引力出现，原有的化学配价就会分离与再组合。

以上例证表明，在研究人的时代，情感已经失去了诗意的纯真性。它被拿来测量、观察、解剖、实验性地加以刺激，被记录在病历中，最终被拿来分析：或以医学的冷峻口吻，或通过文学丰富的隐喻、绘画中新的表达形式以及戏剧舞台上还原心理的肢体语言。如今各科学文化之间互不相干，在启蒙晚期与乐于合作的浪漫主义早期，它们的关联要紧密得多。显然正是在这个意义上，利希滕贝格1796年在《涂鸦集》(*Sudelbuch*)中写下了："包罗万象的医学、包罗万象的哲学"(Lichtenberg 1968ff., Bd. 1, S. 911)。

1.2 作为研究视域的文学人类学

在本书中，文学人类学意欲利用由"人学"得出的内容与方法论视野，更好地来理解文本。它的宗旨是，文学研究是为文学服务的，而非反之，所以它更多的是提供了阐释的可能性，而非以稳固与维护某种理论立场为己任。正是在这个意义上，日耳曼学研究者沃尔夫冈·里德尔（Wolfgang Riedel）反对系统固化的各种理论、立场和方法之间的争斗，这种较量在文学研究者那里很受欢迎。里德尔讨论的更是一种开放意义上的文学人类学，而非一种可能的方法论的角度与选项：

选项在此的意思我理解是处理文本与传统的方式，它并不一定非得需要大量的理论支撑[1]，却仍然（也许恰恰因此）具有可操作性，只要它适合从所选取的角度来阐释流传下来的文学作品，有需要的话（但并非不惜一切代价），对它们进行"新的"解读，不过无论如何都会加深对文本的理解，并让今天的读者（比如说大学生们）接受它们。（Riedel 2004, S. 355f.）

这种对文学阐释的坚定表态是对一场论争的回应。论争关涉研究方向明显的跨学科化与思想史化的趋势（尤其受到英国"观念史"传统的影响，参见 HWPh 1971ff., Bd. 4, Sp. 135–137）。在日耳曼学界，对此标志性的奠基之作应属兴斯（Hans-Jürgen Schings）的《忧郁与启蒙》(*Melancholie und Aufklärung*, 1977)：这本书首次用医学史与科学史的精神来全面溯源 18 世纪文学。针对这样一种文学史化的倾向，先是文化人类学，紧接着文化学都提出了不同的质疑：

1. 从文化人类学的角度来看，区分虚构的与事实的证明是没有意义的。传统意义上的文学不应受到特殊对待。文化自身所有的表现形式都可被当作人的"文本"来阅读。文学研究者与人类学的田野调查者或历史学家没有什么两样，都是为了研究人而阅读。而文学作为其"所属文化的评论"（Riedel 2004, S. 351），与其保持着距离，具有独特的美学地位，而并非仅是某个知识序列的文献，诚然，这种认知未受到普遍意义上的关注。
2. 局限于在文学中来证明特定的医学与心理学主题、动因和知识内容，这种狭隘的文学研究兴趣与广义地将文化视为文本

---

[1] Substruktionen，即有力论证。

一样，会遭到同样的诟病，即把文学当作纯粹的证明材料来滥用。当日耳曼学研究者几乎干着与科学史学家一样的活时，情况尤其如此，他们把对"'完整的人'的兴趣反转成了对理论史和科学史材料的微观研究"，"'美文'本身倒成了次要的"（Erhart 1999, S. 109）。针对这一状况，提议强调要有"独一无二的、专门的人类学知识形式"（Benthien 2002, S. 70），它的特殊"技巧"（Pethes 2007, S. 23），最终落在"人类学的文学性"上（Pfotenhauer in: Schings 1994, S. 557）。与此相应，本书将探讨游记文学、散文、诗歌、剧本与戏剧当中所运用的人类学表现手段与效果策略。

3. 法国哲学家米歇尔·福柯（1926—1984）在日耳曼学研究者中备受推崇，他的追随者们认为，专注于历史现象与文学个案的思想史还需进一步发掘理论深度。作为另类的思想家与文化批评者，福柯试图借鉴各式各样的——大部分是法语的——文献资料，通过"考古式"的方法来发现隐藏着的权力结构。在启蒙表面的人道化之下——比如在对待罪犯与精神病人方面（详见本书第 3、4、13 章），福柯嗅到的是隐藏的规训、监控及压迫机制的不断增强，他对启蒙的诊断因而是批判性的。这样的想法可以从本书的论证结果中衍生出来，但本书本身有意识地放弃了对所描述的现象强加评判。

人们有时会指责文学人类学钟情于现象学的方法，在理论上过于保守，这其实主要是学科本身原因造成的。18 世纪的人类学并不全是哲学与医学交叉而产生的，作为 17 世纪法国道德论的思维形式（Cantarutti 1990），它与受苏格兰和英国影响的通俗哲学（Böhr 2003）以及新兴的生命哲学（Košenina 2006, S. 15–36）极为接近。这三种思潮共有的特点是，反对系统思维与抽象化，与文学形式的游戏互动，以及对人类生活的方方面面都保持开放的态度。哲学医生们发表的人类学专业论文与著作中也经常会流露出一种散漫的思维方式，通过运用警句、对话体、散文、书信、独白等新的风格，与老式的学院派哲学使用的艰深形式与死板系统形成鲜明对比。

人类学与文学的亲近还不尽于此，因为人在文学中所具有的核心地位，是几乎其他任何文化领域都难以企及的，所以里德尔强调，"文学从这个意义上讲，就是人类学"，他进一步阐释道：

> 与哲学不同……文学研究天生就与人类学亲近。虽然它与哲学一样也是人文学科，但它关涉的精神意象与超验主体的纯粹理性不一样，它是不可能也不愿意与作为经验的人的个体、与他们的偶然性与脆弱性、他们的情感、欲望与梦想分离的……除了在文学史中以外，还能在别的语言记载中理解想象力与情感的历史吗？夸张一点讲：文学就是理性的他者的话语。
> (Riedel 1994, S. 101)

还可以添加许多内容来做进一步阐释，但这个论点已足够简洁明了，可以让我们在阅读时将它记在脑中，加以验证。现在就能隐约地看到一条脉络，它从18世纪末的赫尔德一直延伸到20世纪初的弗洛伊德那里。后者在进行精神分析时常用文学[如威廉·延森(Wilhelm Jensen) 1903年的小说《格拉第瓦》(*Gradiva*)]与神话（如索福克勒斯的《俄狄浦斯王》）主题，并非偶然。赫尔德在1774年时就指出了通向人类学的三条根本道路：

- "生平描述"，即传记与自传（参见 Pfotenhauer 1987）；
- "医生与友人的评论"，即观察与病历；
- 最后是"作家的预言"，因为在莎士比亚和其他伟大作家所创造的一个人物中,"往往隐藏着人完整的一生"(Herder 1985ff., Bd. 4, S. 340–343)。
无论是在文学作品里、在案例故事中、在戏剧舞台上、在绘画中,当然还有在人类学的专业读物里,这些大人物与小人物的命运,就是本书接下来的章节所关注的对象。

问题与思考

- 请举例证明在18世纪感性的地位得到了提高。
- 如何来理解肉体与心灵的矛盾问题?又有哪些解决的方案呢?
- 席勒的博士论文标题"试论人的动物性与精神性之关联"在多大程度上反映了哲学医生的纲领?
- 请谈谈文学人类学方法的目的是什么。
- 请阐述人类学与文学之间的交互关系。
- 请讨论沃尔夫冈·里德尔关于"文学最终即人类学"这一论点。

推荐书目

- **Johann Gottfried Herder**(约翰·戈特弗里德·赫尔德):**Vom Erkennen und Empfinden der menschlichen Seele [1773]**(《论人类心灵的认知与感觉》[1773]),in: Werke in zehn Bänden, Bd. 4, hg. v. Jürgen Brummack und Martin Bollacher, Frankfurt a. M. 1994, S. 327—393.
这篇论文针对的是人类学最重要的一些问题(刺激、感官、认知与意志,身心问题),旨在证明认知不可能脱离感觉,反之亦然。
- **Der sympathetische Arzt. Texte zur Medizin im 18. Jahrhundert**(《共情

的医生：18世纪关于医学的文本》)，hg. v. Heinz Schott（海因茨·肖特），München 1998.
简短的文本节选涉及人类学的诸多主题，是入门读物，适宜闲暇时浏览。

- Claudia Benthien（克劳迪娅·本廷）: Historische Anthropologie: Neuere deutsche Literatur（《历史人类学：近代德国文学》), in: dies. / Hans Rudolf Velten (Hg.), Germanistik als Kulturwissenschaft. Eine Einführung in neue Theoriekonzepte, Reinbek bei Hamburg 2002, S. 56–82.
对历史人类学与文学人类学在文化学理论领域进行简明定位。

- Wolfgang Riedel（沃尔夫冈·里德尔）: Anthropologie und Literatur in der deutschen Spätaufklärung. Skizze einer Forschungslandschaft（《德国启蒙晚期的人类学与文学：研究概览》), in: Internationales Archiv für Sozialgeschichte der deutschen Literatur, Sonderheft 6, 1994, S. 93–157.
涉及文学人类学所有领域的标杆性研究报告。

- Wolfgang Riedel（沃尔夫冈·里德尔）: Literarische Anthropologie. Eine Unterscheidung（《文学人类学：一种区分》), in: Wolfgang Braungart / Klaus Ridder / Friedmar Apel (Hg.), Wahrnehmen und Handeln. Perspektiven einer Literaturanthropologie, Bielefeld 2004, S. 337–366.
对文学人类学进行了纲领性定位，将其作为文学研究的观念史的、阐释学的视角。

- Wolfgang Riedel（沃尔夫冈·里德尔）: Nach der Achsendrehung. Literarische Anthropologie im 20. Jahrhundert（《转折之后：20世纪的文学人类学》), Würzburg 2014.
搜集文章讨论了"文学人类学"的现实性，涵括了经典现代派（本恩、德布林、霍夫曼施塔尔、曼、穆齐尔等）、战后文学（弗里施、科本）及当代文学（恩岑斯贝格尔、格恩哈特、格林贝恩, H. 穆勒）。

- Hans-Jürgen Schings (Hg.)（汉斯·尤尔根·兴斯）: Der ganze Mensch. Anthropologie und Literatur im 18. Jahrhundert（《完整的人：18世纪的人类学与文学》). DFG Symposion 1992, Stuttgart / Weimar 1994.
学术水准很高的论文集，讨论了人类学的相关主题。

- Carsten Zelle（卡斯滕·策勒）: „Vernünftige Ärzte ". Hallesche Psychomediziner und die Anfänge der Anthropologie in der deutschsprachigen

Frühaufklärung(《"理性的医生":德语区启蒙运动早期的哈勒大学心理医学家与人类学的开端》), Tübingen 2002.
这本书使研究兴趣发生了转移,由之前关注 1770 年后在莱比锡的人类学变成关注其前身,即 1750 年前后在哈勒大学的人类学。
- **Carsten Zelle**(卡斯滕·策勒):**Anthropologie: Literatur – Wissen – Wissenschaft**(《人类学:文学–知识–科学》). Aussichten einer literarischen Anthropologie' der Aufklärung, in: Stefanie Stockkorst (Hg.), Epoche und Projekt. Perspektiven der Aufklärungsforschung, Göttingen 2013, S. 285-302.
最新研究成果总结,以约翰·戈特洛布·克吕格尔为例尤为明晰。

2 寻根之旅：
狼孩与高贵的野蛮人

图 4. 戈特弗里德·盖斯勒：《旅途中的学者》，匀过色的水彩钢笔画

2 寻根之旅：狼孩与高贵的野蛮人

在戈特弗里德·盖斯勒（Gottfried Geißler, 1770—1844）的漫画《旅途中的学者》中，可以看到三位来自欧洲的研究者，来到了一座棕榈遍布的岛屿。考察的目的就写在手里拿的纸条上："发现失落的王国'乌托邦'计划"。近处的基督教的十字架似乎在暗示，欧洲人之前曾造访过这片土地。但在启蒙时代，人们旅行不仅是为了发现新大陆与水路，或是为了满足寻找理想国乌托邦的渴望。他们还怀有博物学的兴趣，一方面对新发现的植物与动物进行定义与归类（画中带着植物标本采集箱的先生就是做这个的），另一方面则是为了搜集"矿物质""化石""稀罕物"与"古董"——这些都是他们博物标本箱上贴的标签。画中央那位胖学者正在写"旅行日志"，并把一切都和他胳膊下夹的那一堆旧报道来作比对。而那个时代最热门的研究对象，这三个人却匪夷所思地视而不见：就是那些在他们帐前的土著居民，他们是当时正兴起的研究民族与人类历史的人类学所关注的对象。

随着那些伟大的发现之旅的推进——从 15 世纪克里斯托弗·哥伦布（Christoph Kolumbus）登陆美洲到 18 世纪詹姆斯·库克（James Cook）的环球航行，人类学发展迅猛。在启蒙运动时，人们就对人的天性、语言以及不同民族的起源抱有浓厚兴趣。1755 年，作为哲学家的卢梭还几乎无视生物学的研究结果，提出"人与人之间不平等"这一论点，这使对人类自然状态进行历史与经验还原的诉求变得愈加强烈。针对卢梭，克里斯多夫·马丁·维兰德（Christoph Martin Wieland）设计出一个关于人的实验，意欲还原人完全与世隔绝的状态。野蛮的"自然之子"成了系统教育尝试的试验品。像格奥尔格·福斯特（Georg Forster）与亚历山大·冯·洪堡（Alexander von Humboldt）这样的科考旅行者则用多样的人类学调查结果来支持这些结论，从而纠正了哲学理论，并为实现全球范围内的文化学类比奠定了基础。

2.1 卢梭与狼孩

"在我们所有的知识中，让我们获益最多、却也是进展最慢的，我觉得是关于对人的认知。"(Rousseau 1983, S. 63) 在《论人类不平等的起源与基础》(1775)中，卢梭用这句对人类学的辩护作为他全书的开场白。他提出，人由于越来越远离自然状态[l'état de nature]，而失去了原有的自由，并进入一种自然的与政治的不平等状态，书中这一具有文化批判性的论点被整整热议了一个时代。那么在人性中，什么是原有的、什么又是人为造成的呢？卢梭虽然也在思考解决这一问题的可能性尝试，但从一开始就没有将自然状态作为历史事实，而是作为一种假设性建构(hypothetische Konstruktion)来对待的。

卢梭想要"假设，他[即人]在过去所有时代都像我今天所见到的样子"；自由而"高贵的野蛮人"看上去倒更像思想实验(Gedankenexperiment)的幻想物，因为它剥离了人所习得的所有社会属性：

> 我看见它[1]，看它在橡树下如何填饱肚皮，如何随便在一条小溪中饮水止渴，然后在给它提供了食物的同一棵树下，找到了自己休憩的温床。(Rousseau 1983, S. 85)

---

[1] 那装备齐全的动物。

2 寻根之旅：狼孩与高贵的野蛮人

卢梭以为，"自然研究者的观察"或是"比较解剖学"的结论并不适宜作为"扎实思考的基础"（Rousseau 1983, S. 83），但在脚注中，他却还是会时不时地讨论它们。

维兰德的观点截然不同，1770年，他在两篇散文中对卢梭大加嘲讽。在第一篇《对卢梭关于人的原初状态的思考》（*Betrachtungen über J. J. Rousseaus ursprünglichen Zustand des Menschen*）中，他问我们是否该光着身子，"像他［卢梭］书封面铜版画中年轻的霍屯督族人一样"，回到森林中我们四足并用的祖先那里，来逃离文明的祸害？在第二篇文章《论卢梭建议的发现人性真正状态的尝试——兼与普罗米修斯一席梦中交谈》（*Über die von J.J. Rousseau vorgeschlagenen Versuche den wahren Stand der Natur des Menschen zu entdecken nebst einem Traumgespräch mit Prometheus*）中，维兰德提出了做一个关于人的实验的想法，并设计出一个思想的实验。于他而言，"要发现我们天性后隐藏着的秘密，最快捷与安全的手段是经验"，而不是哲学，所以他想要"问问自然本身"（Wieland 1794ff., Bd. 14, S. 185）。

针对卢梭关于高贵野蛮人的感伤想象，维兰德——当然是故意挑衅地——建议，给新生儿蒙上双眼，让他们在与世隔绝的状态下成长二十年。哲学乳娘们不得说话，他们应该考证，这些小孩是否能好好地靠卢梭的橡果来充饥。实验自然科学的进步精神令人惊叹，实验对象们被精挑细选了出来，被孤立与观察，严格监控一切可能有的刺激，并记录与分析结果。维兰德甚至拟定将比较组分成四个区域：同性别的孩子、孤立的一对对孩子、单独的少男或少女，人数时而平衡，时而不同。

这一蔑视人的实验结果相对清晰，几乎没有孩子可以存活。维兰德夸张的戏讽揭露出实验的荒谬性，因为"这么多个世纪的经验"

表明,"自然想要将我们变成什么样"(Wieland 1794ff., Bd. 14, S. 204)。使人之所以成为人的,不是卢梭认为的孤独,而是与不同辈分的人在一起的共同生活。维兰德还将讽刺延伸到了文学领域,使其无论是作为实验的想法还是想象力的表达,都毕肖地模仿了卢梭。书中叙述者"我"谈起与普罗米修斯在梦中的会晤,他告诉这位在神话里人的创造者,哲学建议人类"重返自然的状态",这意味着:

> 光着身子或裹着熊皮,躺在树下……嚼着橡果或树根,在小溪或水洼中喝水,随便见到个女人就与她交媾,不管她和她的孩子们以后会怎样;一生的大部分时间都在昏睡,不思、不想、不为,对他人毫不关心,也极少考虑自己,更不会去思考未来。(Wieland 1794ff., Bd. 14, S. 212)

对此,普罗米修斯报以开心的大笑。不过维兰德在思想的实验或是梦中所想象的事情,在现实生活中也可偶然见到。早在卡斯帕·豪泽尔[*]之前,就有关于狼孩或熊孩的报道(参见 Blumenthal 2005),18 世纪时,他们被深入地讨论与研究,甚至在瑞典博物学家林奈博大精深的动植物分类体系《自然系统》(*Systema naturae*, 1735; *System der Natur*, 1740)一书中,也有关于他们的记载。卢梭本人在一条注释中也提到此事,但他关于自然人(Naturmensch)的想法却并未因此受到影响。这些野蛮的生物不仅在家乡的密林出没,还刺激着艺术的想象力,被春秋笔法地杜撰了出来:要么是作为

---

[*] 卡斯帕·豪泽尔(Kaspar Hauser),德国著名的野孩子。出生不详,1828 年 5 月突然出现在纽伦堡,相貌看来约 16 岁,智力低下,寡言,他所能记起来的事就是被关在一个黑屋子里,以水与面包度日,此事当时引起欧洲社会轰动。

2 寻根之旅：狼孩与高贵的野蛮人

非自愿的堕落的结果；要么是在乌托邦式的自然地被作为实施理想教育的对象；抑或是遇到船难的欧洲人在异域荒岛的求生经历，或是由于土著居民迁居到了我们的区域（参见 Pethes 2007, S. 62–121）。还有一个与此紧密相关的问题，就是启蒙时期人类学家们对人与猴区别的讨论。它在文学中也留下了清晰的印记，出现了有教养的、几乎完全被"同化"了的猩猩形象，用以影射与挖苦欧洲社会现实（参见 Kosěnina 2003, S. 25–54）。人们会首先想到 E.T.A. 霍夫曼（E.T.A. Hoffmann）的《关于一位有教养的年轻人的报道》(*Nachricht von einem gebildeten jungen Mann*, 1814)、威廉·豪夫（Wilhelm Hauff）的《沐猴而冠》(*Der Affe als Mensch*, 1827)、利奥波德·萨赫－马索克（Leopold von Sacher/Masoch）的《在圣彼得堡的狄德罗》(*Diderot in Petersburg,* 1873)，当然还有卡夫卡的《写给科学院的信》(*Bericht für eine Akademie,* 1917)。

在关于狼孩的有据记载中，这里要特别介绍一下野男孩维克多（见图 5）的故事，他是 1800 年在法国南部的阿韦龙省被发现的（参

图 5. 阿韦龙省的维克多（年份不详）

见 Blumenthal 2005, S. 162–180）。

这件事标志着从自然史到现代意义上的实验自然科学的过渡，这一点在维兰德的思想实验中也有所反映。最开始是有位修道院的院长，称其收留了一名 11 岁左右的男孩。这个孩子不会说话，没有任何知识、愿望、记忆和道德感，一言以蔽之，更像动物而不像人。这件事情传到了"人类观察协会"[Societé des Observateurs de l'homme]那里，聋哑人研究专家们想要研究这个男孩，并把他接到了巴黎。面对人们强烈的好奇心，维克多却变得越来越具攻击性。法国著名的心理医生菲利普·皮内尔*最后认定这个野孩子是"白痴"，因为他与其诊疗院的精神病人和智障人群极为相似。

医生让·伊塔尔**不认同这种观点。他研究了这个孩子六年，完成了"为时最长的、系统性的教育实验之一"（Pethes 2007, S. 83）。实验的结果完全颠覆了卢梭的论点：在这个个案中，确实没有任何迹象表明，人在自然的隔绝状态中会发展得特别好。感觉论者伊塔尔与他的老师埃蒂耶那·博诺·德·孔狄亚克（Étienne Bonnet de Condillac）一样，相信人的理智是在感官认知的基础上形成的。他一连数月试图通过有针对性的刺激，训练维克多对冷与热、硬与软、平滑与粗糙的基本感知。维克多渐渐地对照顾他的女管家和医生产生了依赖感，出现了同情及悔恨等特征，除了手势以外，甚至发出来一些类似语言的音节。但实验还是失败了，无论如何努力，维克多还是没能学会说话。在他大约四十岁去世时，仍然是自闭的，智力发育极其迟滞。

---

* 菲利普·皮内尔（Philippe Pinel, 1745—1826），法国精神病学家，被称为"现代心理治疗之父"。

** 让·伊塔尔（Jean Itard, 1774—1838），法国医生。

很显然，（迟来的）的教育并非无所不能。这在当时是一个重要的认识，因为人们一直在争论，到底人是先天禀赋的产物（如皮内尔），还是教育的结果（像孔狄亚克所认为的），抑或二者兼而有之（如卢梭）。从科学意义上讲，如果要让结果具有确实的可比较性，需要研究更多数量的狼孩。认为那些异域文化的"野蛮人"是人类历史发展中某种童年阶段的形式的想法，却预示着在另外一个相关研究领域会有新的观察发现（参见 Goldmann 1985）。启蒙时期的游记文学因而对于文化人类学具有重要意义（参见本书 8.3）。格奥尔格·福斯特的《环游世界》就是其杰出代表之一。

2.2 格奥尔格·福斯特的南太平洋考察之旅

格奥尔格·福斯特是个神童。在随父亲约翰·赖因霍尔德（Johann Reinhold）去伏尔加河考察之后，这个年方 12 岁的小男孩刚到伦敦，就将一则俄语故事译成了英文，并被马上发表。这两门语言都是他新学的。此后不久，他又将路易-安东尼·德·布干维尔（Louis-Antoine de Bougainville）关于塔希提的报道从法语译了过来。伦敦的古代文化研究协会（Society of Antiquaries）吸收了这位极具语言天赋的年轻绅士为他们的荣誉成员（参见 Uhlig 2004, S. 28）。当詹姆斯·库克召他与父亲一起去进行第二次环球航行（1772—1775）时，这个 17 岁的青年已是一位学识渊博的世界公民了。在结束了为期 1111 天的冒险之旅后，他用极为优雅的英语完成了《环游世界》（1777，以下简称《环》），并与《吹牛大王历险记》一书的作者鲁道夫·埃里希·拉斯佩（Rudolf Erich Raspe）一道，将这本内容丰富的巨著译成了德语（即《环》）。

这本著作是彼时刚刚兴起的民族学、更确切地说是种族学的奠基之作，当时被称为自然地理或是人类史。福斯特此举的成功并非基于他所游历岛屿与所收集博物标本的数量，而是因为他对新的自然在研究上有质的突破。他亲自用笔与水彩作画572幅，记录下了270种新的动植物种类，是对林奈《自然系统》的补充。诚然，维兰德在看到《环》在《德国水星》(*Der Teutsche Merkur*, 1778)杂志上预发表时，曾不无遗憾地表示，"在这样的旅行中，竟然没有专门雇一个人，其职责便是研究与如实描画下他所遇到的新的人"，因为这些人"也是博物的一部分"（Wieland 1778.4, S. 143）。维兰德再次指出，对人的认识的加深才是《环》最为丰硕的成果。的确，这些"新的人"与民族才是书讨论的主题。在此后的几十年间，直至19世纪中叶达尔文的进化论的出现之前，此书为最重要的各种人类学讨论——包括关于不同人种的、关涉人与猴区别的以及关乎人类史的——提供了素材基础。

福斯特的《环》不仅为这一切提供了独一无二的材料，而且无论是在方法上、还是文学造诣上都达到了令人惊叹的高水准。在书的纲领性前言中，他解释道，他"旅行的哲学史"包括了"人类历史中的各种发现……不管是在哪种专制政体下"。他此书的终极目标在于，"从尽可能多的不同角度来观照人性"（Forster 1967, S. 11f., 17）。首先，福斯特与旧的报道拉开距离，它们只是进行纯粹的事实材料收集，如"微观学家们"般仅仅提供了"由单个松散的部件组成的一堆混杂物"。他则反其道而行之，强调观察者的主体性与对原有立场的依赖性，并反思："人们常会从不同视角来看待同一事物"，所以一定要知道，"我借助来看事物的玻璃本身是染了什么颜色的"（Forster 1967, S. 15–17）。

福斯特的田野研究方法是非常现代的，他想以一种谨慎的态度接近南太平洋的各民族，以赠送礼物的方式来建立联系，对手语进

2 寻根之旅：狼孩与高贵的野蛮人

行系统地比较与诠释，甚至展开了语言学研究。没有当地的向导与线人，是不可能发现这个陌生的新世界的，他们才使得各种误读浮出水面（参见 Bödeker 2006）。最后，福斯特还在语言形式上颇下了一番功夫："决定我们对文学作品的评价与乐趣的，不仅仅是被描述对象的纷繁多样性，还有风格的纯净与优雅"。总体而言，福斯特追求"清晰而明了"的写作，即使没有华丽的辞藻，他的叙述也绝不会有贫乏与无聊的危险（Forster 1967, S. 18）。

此书使人类学研究中第一次出现了一位懂行且谨慎的观察者，他重视与被研究民族间的复杂交互关系，以及考察之旅给这些民族带来的危险。福斯特一再警告，科学不能只以欧洲为中心：

> 真的！如果科学与个别人的博学是要以整个民族的幸福为代价的话，那么希望南太平洋还是永远不要为这些躁动不安的欧洲人所发现，这无论是对发现者还是被发现者而言，都要更好些！（Forster 1967, S. 332）

他一直控诉他同行者的破坏力与"残忍"，指责他们"囿于偏见，对南太平洋当地居民的评价过于仓促草率"，视他们为"野人""没有理性的动物"，而非将他们当作"兄弟"来对待（Forster 1967, S. 520）。总而言之，这里已流露出对"忧郁的热带"（*Traurige Tropen*, 1955）的惊人的敏感性，而这一地域将成为人类学家列维－斯特劳斯民族相对论（völkerkundliche Relativitätstheorie）的研究中心。

从这个意义上讲，福斯特对性这一问题的观察尤为审慎。作为牧师的儿子，他充满道德感，在南太平洋却不得不要亲眼见证肮脏的卖淫、粗鄙的性行为以及性病的蔓延，后者是船员们在和土著民交往时染上的。福斯特对这种用工具和武器来换取美人的原始交易极为不齿,却又无法阻止这一切。在塔希提的马塔韦海湾,奋进号考察船两次停泊了较长时间,他描写到,当地的姑娘们清楚地知道,英国水手们的到访提供了"绝佳的机会,将他们身上的一切骗得精光,包括珊瑚、钉子、斧头或者衬衣"。不过,鉴于这贪婪与堕落是由欧洲人引发的,福斯特的斥责紧接着又缓和了下来:

> 不过若人们想一想,大部分按照我们的风俗该受到指责的事情,在这里却因为教育的单纯与服饰的简朴,的确可以将其视为无辜;所以从本质上讲,塔希提的风流娘们还没有欧洲那些有教养的娼妓们大胆与放荡。(Forster 1967, S. 307)

对于文化比较而言,特别具有启发性的是福斯特对于人的单独刻画与描写,常常与随船画家霍奇斯(William Hodges)的画作高度契合。在书的前言和正文中,他详尽地讨论了塔希提人欧-麦(O-Mai),他是与狼孩极其类似的一个研究对象,被考察团带回了英国,1776年,又随着库克回到了南太平洋。关于他的评价就是立场问题:"欧-麦在英国要么被认为极其愚蠢,要么被视作绝顶聪明,就看评判他的人本身是什么样的"(Forster 1967, S. 19)。福斯特还极尽笔墨地描绘了社会群岛的女舞者泰娜梅(见图6)的表演,他自己也放弃了刻意保持距离的立场,为之神魂颠倒。于他而言,即使是绘画也无法触及与表现她的美丽:

> 她长长的、未经修剪的头发只是用一根窄细的白色发带随意编了编,自然卷曲着,垂落下来,任何画家的想象力也难以画出更美的形象。她的眼神炽热而生动,圆圆的脸上展露出迷人的微笑。霍奇斯先生想趁此机会为她作画,她的灵动与飘忽

2 寻根之旅：狼孩与高贵的野蛮人

图 6. 约翰·凯斯·舍温：《舞者泰娜梅》，根据威廉·霍奇斯的红铅笔画（1773）而作的铜版画（1777）

却让画作的完成变得无比艰难，使他没法像往常一样得心应手。32 虽然舍温*先生巧夺天工，将此画刻成了铜版，但仍无法及真人曼妙之万一。（Forster 1967, S. 358）

总体而言，福斯特的观照与实验仅仅是工具，而不是操之过急的结论。现有的理论为新的经验所推翻。因此他认为，卢梭关于高贵野蛮人的感伤想象就像是所谓的气候论一样，与事实不符。按照气候

---

* 约翰·凯斯·舍温（John Keyes Sherwin, 1751—1790），英国铜版画与历史画画家。

论的说法，欧洲之所以会比炎热或寒冷的地域更为发达，是得益于处在温度适宜的纬度带。然而，浅肤色的波利尼西亚人与深肤色的美拉尼西亚人生活在温度接近的温暖区域，无论是体格还是文化，都与欧洲截然不同。同样是建立在经验的基础之上，福斯特之后还会强烈反驳基督教的教条，同时也是康德的观点，认为所有人都拥有共同的起源（单一起源论），他主张人类有不同分支（多种起源论）。在《环》的基础上，他还写了两篇短小的散文，分别是《再谈人种问题》(Noch etwas über Menschenraßen, 1786)与《人类未来史纲要》(Leitfaden zu einer künftigen Geschichte der Menschheit, 1789)，继续发扬了他这一观点（参见 Forster 2004; van Hoorn 2004）。它们都旨在证明，关涉民族研究的人类学不是坐在学者书斋里的"扶手椅旅行者"做出来的，即不能以演绎的方式来进行。

2.3 亚历山大·冯·洪堡对美洲民族的研究

1790年，20岁的亚历山大·洪堡陪同福斯特去了荷兰、英国与法国，后者将旅行所得著成《下莱茵河之见》(Ansichten vom Niederrhein, 1791—1794)，是德国游记文学的杰作。之后，洪堡无论是在方法上还是广度上，都继续弘扬了福斯特的旅行人类学。这一点人们直到近年来才意识到。在威廉·米尔曼(Wilhelm Mühlmann)的经典之作《人类学史》(1948)中，几乎没提到过洪堡（参见 Mühlmann 1986），原因是：洪堡对于为时五年(1799—1804)的中南美洲之旅的整理与评介共有30卷，是用法语出版的(1805—1839)；其中包括《美洲土著民的科迪勒拉山脉与纪念碑之描述》(Vues des Cordillères et Monuments des Peuples Indigènes de l'Amérique, 1810—1813，以下简称《美》)，直到2004年才在德国完整出版。在

2 寻根之旅：狼孩与高贵的野蛮人

这部巨著以及《自然之见》(Ansichten der Natur, 1808)完成之前，洪堡还于1805年在柏林做了一个报告，题为"论美洲原住民及其留下的纪念碑"。接下来，我们将以这篇在《新柏林月刊》(1806年3月)发表的短文为例，一窥洪堡的人类学要义，另外还会附带论及《自然之见》中的片段"原始森林中夜晚的动物生活"。

洪堡的考察之旅可以分成三个阶段：奥里诺科河沿岸（委内瑞拉，1799—1800），安第斯山脉沿线（哥伦比亚、厄瓜多尔、秘鲁，1800—1802）以及墨西哥（1803—1804）。《美》在编排上并没有按照时间顺序——它始于1803年的墨西哥之旅，结束于特内里费（1799年的启程），且他总是从普遍历史、地理学和语言学的角度出发，将所有的观察置于具体的历史背景与比较关联之中。"通过他对于高度发达文明的比较研究，洪堡创建了全球化的比较文化学"（参见后记，in: Humboldt 2004, S. 414）。在1806年的柏林演讲中，他继续沿用了"将相去甚远的国度与时代进行比较"的风格（1806, S. 189）。他首先用广袤无垠、杳无人烟、还未被文明痕迹染指的自然印象来对抗欧洲对人的执着关注。康德以为人所欣赏与敬畏的主要源泉有二——"我头上之星空，以及我心中之道德律"（Kant 1983, Bd. 4, S. 300），洪堡则与之形成鲜明对立，他解释道：

> 如果说在我们的国度，看见璀璨的星空会唤起对居住着人的世界图景的想象，那么在卡西基亚雷河与阿塔瓦波河畔的孤寂丛林中，悄然觉醒的却是这样一种自然观念，在那里，活跃的生命力只会在无数的植物种类中形成，而不会创造性地上升到人的形象。（Humboldt 1806, S. 180）

这样一种观点对于当时的欧洲来说还是相当陌生的。与此相应，洪堡还在他论述热带森林中动物声音的散文中，纠正了对于"原始丛林"的错误猜想。印第安人将动物们会在某些夜晚发出特别的噪声解释为——"它们在庆祝满月"（Humboldt 1969, S. 63），这可以看作对书呆子康德的嘲讽：崇高的欧洲人在星空下感受到道德的净化与升华，而热带的动物们却在口齿不清地对着月亮嘶吼。在柏林演讲中，他诟病之前的学者对"原住民"的历史所做的研究贫乏，大都是些"缺乏批判精神的报道"（Humboldt 1806, S. 181）。作为比照，他特别强调了一位意大利学者搜集阿兹特克人象形文字的重要意义。

对于洪堡而言，最为重要的是"语言，它是人类文化最古老与久远的纪念物，是历史研究的重要源泉"（Humboldt 1806, S. 185）。在关于美洲到底有无原住民，这块大陆居住的是不是后来才由其他地区迁徙过来的移民这一有争议的问题上，语言与神话传说不同，它可以作为历史见证。洪堡举例说明，诺曼人与冰岛人是迁徙到格陵兰岛的，爱斯基摩人则与拉普兰人和住在亚洲极地圈的萨摩耶特人有着亲缘关系。然而，住在北部与中南美洲的居民却没有任何关联，无论外貌和语言都不一样：

> 美洲的语言与亚洲北端千岛群岛的语言有远亲关系，就是说与楚科奇人、科里亚克人、勘察加人的语言或者是欧洲拉普兰人的语言有关联。（Humboldt 1806,S. 198）

比起关于可能的起源与迁徙的猜想，经验性的结论要重要得多，譬如洪堡在奥里诺科河沿岸人迹罕至的森林与草原中，发现了象形文字，就在今天的委内瑞拉境内。1800年时，那里"只住着游牧民族，处在人类发展的最低阶段，赤身裸体，过着像动物一样的生活"，而

2 寻根之旅：狼孩与高贵的野蛮人

在此前，那里却从未有过民族，"他们的文化远在如今这几代之上"（Humboldt 1806, S. 201）。

这篇短文就已透露出洪堡动态的历史化思维方式，与僵化的、运用分类与表格的科学形成鲜明对比。他提出比较人类学的概念，运用了类比的方法，并使用了来自世界各地的游记报道与自然研究的证明，这是之前从未有过的。这篇简短的柏林演讲已预示出洪堡卷帙浩繁的全集将要兑现的事情：它表明，文化的产生与消亡并没有可控的规律可循；某些特定的发展之间并无交互影响，它们在世界上遥远的地域出现，只有靠细心的观察与渊博的比较知识才能推进人类学研究的发展。就像是关于狼孩的讨论使卢梭对于完美自然状态的感伤建构站不住脚了，那么福斯特与洪堡在南太平洋与中南美洲的科考之旅也使得对欧洲文化优越性的信念打了折扣。洪堡的文章发表于拿破仑战争期间，半年之后，普鲁士大败于耶拿－奥尔施泰特。他忍不住要去影射一番，认为这些事件都会成为欧洲的痛处，削弱它的自以为是：

> 现在笼罩新大陆的，是自然的骚动[①]与政治的寂静，而在旧大陆，民族之间的严重矛盾破坏了对宁静自然的享受。也许有一天，由于自然与道德力量的奇特失衡，会让世界的一部分去承担另一部分的角色。火山在下一次爆发前，会沉寂好几个世纪，认为在旧的国度里，自然中笼罩着某种祥和，这种想法仅仅是基于我们想象力的一个游戏罢了。（Humboldt 1806, S. 192）

---

① 指当时的火山很活跃。

问题与思考

- 请论述关于狼孩的教育实验及与其相关的问题。
- 请自选格奥尔格·福斯特《环游世界》中的一个片段,分析其观察的谨慎性与叙述方式。
- 从什么意义上讲亚历山大·冯·洪堡是在进行比较人类学的研究?
- 请以我们介绍过的作家为例,解释归纳(从经验到理论)与演绎(将猜想运用于经验)这两种科学方法的区别?
- 直至今日,科学考察之旅给原住民带来了哪些危险?它们原则上是可以避免的吗?

推荐书目

- **Georg Forster**(格奥尔格·福斯特):**Reise um die Welt**(《环游世界》), hg. v. Gerhard Steiner, Frankfurt a. M. 1967, Vorrede, S. 11–22. – *Kritische Ausgabe*: Ders.: Sämtliche Schriften, Tagebücher, Briefe, hg. v. Gerhard Steiner, Bd. 2 / 3, Berlin 1965 / 66.
- **Georg Forster**(格奥尔格·福斯特):**Über Leckereyen und andere Essays**(《论美食及其他散文》), hg. v. Tanja van Hoorn, Hannover 2004. – *Texte zur Weiterführung*: S. 7–37, 117–126.
- **Alexander von Humboldt**(亚历山大·冯·洪堡):**Ansichten von der Natur**(《自然之见》), hg. v. Adolf Meyer-Abich, Stuttgart 1969 (RUB 2948), S. 55–65.
- **Alexander von Humboldt**(亚历山大·冯·洪堡):**Ueber die Urvölker von Amerika, und die Denkmähler welche von ihnen übrig geblieben sind**("论美洲原住民及其留下的纪念碑"), in: Neue Berlinische Monatsschrift 1806 (1. Halbjahr), S. 177—208. – Web-Adresse: http://www.ub.uni-bielefeld.de/diglib/aufkl/berlmon/ berlmon.htm. *Neuausgabe*: „Ueber die

Urvölker von Amerika und die Denkmähler welche von ihnen übrig geblieben sind ". Anthropologische und ethnographische Schriften, hg. v. Oliver Lubrich, Hannover 2009, S. 7–24.

- **Christoph Martin Wieland**(克里斯多夫·马丁·维兰德): **Sämtliche Werke**(《作品全集》), Bd. 14, Leipzig 1795 (Nachdruck Hamburg 1984), S. 177–235.
- **Jörn Garber**(约恩·加贝尔)/ **Tanja van Hoorn (Hg.)**(坦妮娅·凡·霍恩): Natur – Mensch – Kultur. Georg Forster im Wissenschaftsfeld seiner Zeit(《自然-人-文化:在其同时代科学语境中的格奥尔格·福斯特》), Hannover 2006.

  最新的论文集,其中有文章讨论了福斯特对人类学的理解、关于人种学的实践、类人猿问题以及博物学工作的懈怠马虎。

- **Jürgen Goldstein**(于尔根·戈尔德施泰恩): **Georg Forster. Zwischen Freiheit und Naturgewalt**(《格奥尔格·福斯特:在自由与自然力之间》), Berlin 2015.

  具有启发性的思想史与生平历史,把作为自然研究者与环球旅行者的福斯特与作为政治哲学家与巴黎雅各宾派的他关联了起来。

- **Stefan Hermes**(斯蒂芬·赫尔梅斯), **Sebastian Kaufmann**(塞巴斯蒂安·考夫曼)**(Hg.): Der ganze Mensch – die ganze Menschheit**(《完整的人-整个人类》). Völkerkundliche Anthropologie, Literatur und Ästhetik um 1800, Berlin, Boston 2014.

  民族学意义上的、而非心理学-医学意义上的文学人类学论文集(包括对格莱姆、赫尔德、荷尔德林、康德、克莱斯特、克林格曼、伦茨、席勒与维兰德的研究)。

- **Tanja van Hoorn**(坦妮娅·凡·霍恩): **Dem Leibe abgelesen. Georg Forster im Kontext der physischen Anthropologie des 18. Jahrhunderts**(《从身体上看出来:格奥尔格·福斯特在18世纪生理人类学的语境中》), Tübingen 2004.

  对福斯特在《环游世界》中的人类学立场以及其1786—1789年间的短文作了多维度分析。

- **Oliver Lubrich**(奥利弗·卢布里希)/ **Ottmar Ette**(奥特玛·艾特): **Die**

Reise durch eine andere Bibliothek(《游历另一种图书馆》), in: Alexander von Humboldt, Ansichten der Kordilleren und Monumente der eingeborenen Völker Amerikas, Frankfurt a. M. 2004, S. 406-432.

该作品的德语首版，后记简明扼要地介绍了作为自然科学家与人类学家的亚历山大·洪堡。

- **Anette Mook**（安妮特·莫克）: **Die Brüder von Humboldt und die naturwissenschaftlichen Grundlagen ihrer Anthropologie**（《洪堡兄弟与他们人类学的自然科学基础》）, in: Simone de Angelis u. a. (Hg.), ‚Natur', Naturrecht und Geschichte. Aspekte eines fundamentalen Begründungsdiskurses der Neuzeit (1600–1900), Heidelberg 2010, S. 185-208.

论文以洪堡兄弟的教育历程与文献研究为基础，推导出他们人类学的基本立场。

- **Sergio Moravia**（塞尔吉奥·莫拉维亚）: **Beobachtende Vernunft. Philosophie und Anthropologie in der Aufklärung**（《观察的理性：启蒙时代的哲学与人类学》）, Frankfurt a. M. / Berlin / Wien 1977.

法国关于人类学与种族学历史的经典之作，其中有涉及阿韦龙野孩维克多与狼孩的片段。

- **Michael Neumann**（米夏埃尔·诺依曼）: **Philosophische Nachrichten aus der Südsee. Georg Forsters „Reise um die Welt"**（《来自南太平洋的哲学报道：格奥尔格·福斯特的〈环游世界〉》）, in: Hans-Jürgen Schings (Hg.), Der ganze Mensch, Stuttgart / Weimar 1994, S. 516-544.

有关于人类学家格奥尔格·福斯特研究方法的相关文章。

- **Nicolas Pethes**（尼古拉斯·佩特斯）: **Zöglinge der Natur. Der literarische Menschenversuch des 18. Jahrhunderts**（《自然的学生：18世纪关于人的文学试验》）, Göttingen 2007, S. 50-90.

以现代自然科学的精神为指导，通过对研究对象的孤立、刺激、观察、记录与阐释结果，来研究这一主题。

- **Reisen und Wissen**（《旅行与知识》）. Themenheft der Zeitschrift für Germanistik 24, 2014, S. 7-142.

该期杂志的论文围绕着游记文学中对人的发现研究，讨论了沙米索、福斯特、亚历山大·洪堡、O. v. 科策布、马蒂乌斯、施魏格尔、维尔德等人的作品。

- **Jörg Robert**（约克·罗伯特）/ **Friederike Felicitas Günther**（弗里德里喀·费里契塔丝·君特尔）**(Hg.): Poetik des Wilden**（《野人诗学》）. Festschrift für Wolfgang Riedel, Würzburg 2012.
  论文集探讨了从古代至今的文学与民族学对野人的兴趣（布罗克斯、福斯特与席勒等）。

3　疯人院：研究处在极端之境的人

图 7. 威廉·霍加斯：《汤姆·瑞克维尔在疯人院》，组画《浪子的历程》（"The Rake's Progress"，1735；1763 年修改版）之第 8 张 *

---

* 图下文字为英语，兹译如下：

疯狂！你这大脑的混乱

你是什么，既给予欢乐，也引起痛苦？（转下页）

3 疯人院：研究处在极端之境的人

威廉·霍加斯的组画《浪子的历程》终结于（第8张画）伦敦的伯利恒精神病院（Bedlam）。主人公托马斯·瑞克维尔（Thomas Rakewell，姓名中的"rake"即"浪子""登徒子"，"to rake"意即"贪婪地攫取"）先是在上流社会、接着又在酒馆和赌场将他那吝啬父亲留下的遗产挥霍一空。无论是他忠贞的情侣萨拉·杨，还是他与一位富裕老女人的假结婚，都没能让这位浪子免于负债入狱及沦落至疯人院的下场。在这幅图上我们看到他——带着可能是自己捅的刀伤——颓然地躺在地上。围着他的是萨拉、一名牧师和一个看守，后者正在摆弄他的脚链。在背景处可见形形色色的被关押者，包括一名宗教狂热分子，一名政治空想家，还有一位忙得不亦乐乎的伪学者。身着白色衣裙的高贵女士们是来猎奇的游客，因为伯利恒精神病院在当时是极具吸引力的景点。她们代表着观察者好奇的目光，可能是出于偷窥、抑或是心理学研究的兴趣。

（接上页）幻想统治之暴政！

机械的幻想！它能大肆建造巨大的迷宫，

粗糙，脱节，全无形状，

充满恐怖，充满欢乐！

恐怖的形状，甚至让上苍的仁慈显得可疑；

欢乐的形状，只要看见它，就会劈开脾脏颤动的边缘。

"啊，岁月虚空！瞧这，天堂的印记已被你抹去！"

青春这般任性的胡为

这亲爱的儿子，又带给你怎样的慰藉？

惊惧地听到他啷当的锁链声

看到死亡与绝望缠斗！

看见他被你出卖给毁灭，

诅咒你自己吧，诅咒你的金钱！

伦敦的伯利恒以及巴黎的比赛特尔*这样的精神病院，它们标志着已过渡到对疯癫的新理解：疯癫不再被视为是一种魔鬼附体的现象而是值得研究的病症。作为学科的心理学与此同步诞生。对于18世纪的人类学而言，疯人院就是观察人内心活动最重要的场所。在这里，就像在法庭、监狱与刑场一样，可以从极端的角度来探究人性。这些"恐怖之地"不仅是对自然科学家的挑战，同时也激发画家和文学家们创作出不同寻常的艺术作品。疯人院成为艺术与文学的热门主题。譬如霍加斯就凭借他的组画大获成功，甚至有人在画作还未完成时就悄悄潜入他的画室，然后凭记忆将它们复制下来。伯利恒精神病院的这一幕后来以铜版画的形式广为流传，启蒙主义者利希滕贝格曾对此作了详尽的阐释。在本章中，我们将从两种不同的体裁着手，来探讨这一主题：一是海因里希·冯·克莱斯特（Heinrich von Kleist）1800年的一篇书信报道，二是马蒂亚斯·克劳迪乌斯（Matthias Claudius）1782年的一则文学改编。

3.1 "恐怖之地"与利希滕贝格对画的解读

迷人的地方［locus amoenus］是恋人们田园诗般的庇护所，与此相反，疯人院则被人们称为极端之所［locus extremus］，甚至是恐怖之地［locus terribilis］。当时的人们在这惊悚之地寻求一种异样临界体验带来的精神刺激。就像是山峦的陡峭峡谷和未设保护的台阶诱人去与危险游戏，使关于崇高的美学从仅是表演的悲剧舞台移到了自然的真实舞台一样，疯人院也受到了持久的追捧。在绘画与文学中，它被花样迭出地演绎，成为一种类型和模式（Topos，在希腊

---

* 比赛特尔（Bicêtre），位于今天的巴黎附近（西南方向），曾是医院、疯人院与监狱。

3 疯人院：研究处在极端之境的人

语中该词意为"地点"）。在1913年的《日记》中，罗伯特·穆齐尔（Robert Musil）记录了他在罗马游历此类场所的经历，还在《没有个性的人》（1933）中对这一经历再次做了文学改编。另外，穆齐尔使用的也是"疯人院"这一概念，它在研究中早已作为类型史根深蒂固（参见 Bennholdt-Thomsen/Guzzoni 1982; Košenina 2007）。在启蒙时代，绝大部分这种具有多功能的机构都叫"看守所及疯人院"。1805年，拜罗伊特建立了"精神病人心理诊疗所"，这不仅是在命名上的人道化，它也是德国第一所心理诊疗医院。

在去伦敦的大批游客中，几乎没有人会错过去伯利恒医院一游的机会。只需付极少的门票钱，就可以享受到形形色色的服务。许多迹象甚至表明，病人们的举止的疯狂远超他们的真实病情，只为获得更多的小费（参见 Hattori 1995）。利希滕贝格借用了自己在1775年的亲身经历，十年之后写成了《霍加斯铜版画详解》（*Ausführliche Erklärung der Hogarthischen Kupferstiche*）。霍加斯对伯利恒医院的描绘只是艺术史长河中的一例而已（参见 Kromm 2002）。类似的场景描绘还出现在乔纳森·斯威夫特（Jonathan Swift）的讽刺小说《一只桶的故事》（*A Tale of a Tub*, 5. Auft., 1710；德语译名 *Märchen von der Tonne*, 1729）、托马斯·罗兰森（Thomas Rowlandson）的政治漫画《疯人院》（*The Hospital of Lunatics*, 1789）或是戈雅的油画《疯人院》（*Casa de locos*, 1808年前后）中。

利希滕贝格在解读画时遵循的修辞结构在其他体裁中也找得到：一般是跟随着一名看守的指引，他常会以亲切友善的谈话形式，开始带领大家游历参观，访客、更确切地说是观察者的目光，会从一个房间移到另一个，从一个个案转向下一个。对于被观察病人的简短评述给人以一种井然有序的印象。事实上，当时人们已经开始根据特定的病症来区分不同的心理疾病，并在分类系统中对它们加以整理描述（即"疾病分类学"）。这种一一道来的全景式叙述依照悬念递增的修辞原则，往往以对一个尤为严重、悲惨、惹人怜悯的病例的思考而告终。

利希滕贝格也是以漫游者式的目光跟随着霍加斯。但他并未将一件耸人听闻的事件作为焦点，而是注重许多分散的小效果。他的观察方法是具有革命性的，因为他将所描述的现象调整或转至所有可能的方向，斟酌角度，小心翼翼地去触碰那隐藏的意义关联。旅行家格奥尔格·福斯特在民族研究中运用到的理解式的观察（见本书第2章），利希滕贝格也在他谨慎的评画过程中做到了（阐释学）。他对霍加斯的解读可谓名副其实地让人对其绘画开了眼，即使对文学研究者而言，它也是极上乘的阐释艺术。

《霍加斯铜版画详解》（1794—1799）最初是由哥廷根 Taschen Calender 出版社发行的，在它的首版前言中，利希滕贝格总结出了这一方法。他不愿用"短促而干瘪的词汇"来平庸无味地说明"事物的含义"，而想用画家的眼睛及作家的手段，来理解与诗意地呈现所表现的内容：

> 艺术家画出来的东西，也一定可以照样把它说出来，即如果艺术家能像运用刻刀一样来运用笔锋，那么他会如何将画的东西用语言表达出来。（Lichtenberg 1968ff., Bd. 3, S. 660f.）

在描绘瞬间的绘画与描写完整情节的诗意语言之间，利希滕贝格不仅在考虑它们在媒介上的差异，他还在思索一个现代的评论者该有的自信。有人认为他可能违背了霍加斯的原意，对于这样的指责，他并不买账，"只要我没有把画上原有的东西想没了或解释没了就行"（Lichtenberg 1968ff., Bd. 3, S. 665）。

3 疯人院：研究处在极端之境的人

利希滕贝格觉得霍加斯是个"捣蛋鬼"，在"暗中埋伏下套，使阐释变得扑朔迷离"（Lichtenberg 1968ff., Bd. 3, S. 827）。他的阐释者也效仿他，从来都只是小心假设，绝不把话说死。他不断询问："那么我们这样理解对吗？真是如此吗？"（Lichtenberg 1968ff., Bd. 3, S. 909）。到处都充斥着"顾虑的信号"，如"我觉得""我担心""如果我没看错的话""我倾向于"这样的字眼，辅以像"估计""也许""可能"等相应的副词（参见 Wieckenberg 1992, S. 46）。利希滕贝格寻求的是阐释的多义性，所以会邀请观察者主动去参与理解霍加斯字谜画的过程。对《浪子的历程》第 8 幅与最后一幅画的解读也是如此，它依循的是下面的人类学前提："应该可以从伯利恒精神病院人们的疯癫状态中更好地推断出，何以为人，在这点上超越前人"（Lichtenberg 1968ff., Bd. 2, S. 143）。认为霍加斯运用他的"刻刀"，就像戏剧心理学家莎士比亚和表现艺术家大卫·加里克[*]一样（见本书 10.1），提升了"所有阶级人的直观认知"，这样的评价也是同一个意思（Lichtenberg 1968ff., Bd. 1, S. 466）。

利希滕贝格敏锐地觉察到，那些重病号都被关在编了号的牢房里（Lichtenberg 1968ff., Bd. 3, S. 901–910）：左边的第 54 号房内，住着是一位迷信的宗教狂热分子；他的上方有三张圣徒像、一个十字架，还有透过窗户射进来的启蒙的耀眼之光，他却保持着祈祷的僵硬姿势；在第 55 号房内我们可以看到一位头戴草冠、手持节杖的政治空想家，正在当着女士们的面朝空中小便；在大门紧闭的第 56 号房内可能掩埋着一段不幸的爱情。门前有一些出来放风的病人在吵吵嚷嚷，都是清一色的光头，因为当时人们认为，这样可以让脑子里

---

[*] 大卫·加里克（David Garrick, 1717—1779），英国演员与剧院经理，对于 18 世纪的戏剧实践影响深远。

的那些古怪念头更方便出去。在画中央的三人组是测量艺术家们：其中一人正将他的计算结果写到墙上，上方有"经度"的字样，也许是为了获得 1614 年确定经度方法比赛的大奖，奖金优厚。站在他前方的助手，将一张星图卷成筒状，在观察天花板——抑或在偷窥那两位女士？裁缝则头戴描样、手拿量尺，貌似在讥讽她们。右边的"三套车"利希滕贝格解释为是信-望-爱：上方是关于教皇的漫画像（因为教皇拿着一个简陋的十字架，戴着三重冕）；他前面是一位维特式的、正在恋爱中的忧郁症患者，脖子上套着一个类似花环或是绳子的东西，身旁还有一个拉小提琴的人，头上顶着乐谱，脸上是疯癫的空洞笑容。

比所有这些精彩的细节观察更为重要的是利希滕贝格的洞见，认为这方寸之地（直至右边高高的铁栏杆）的"微观宇宙"与"广阔的宏观之伯利恒，即世界本身"之间是类似的（Lichtenberg 1968ff., Bd. 3, S. 902）。在浪漫派将疯癫视为灵感源泉之前，利希滕贝格就已提升了它的地位（见本书第 13 章）：

> 曾有人激动地对着一个疯子嚷嚷道："但你知不知道，你是在疯人院住着呢？"想让他迷途知返，结果疯子却无比淡定地看着他，反问道："那你就确定你没有住在疯人院里吗？"（Lichtenberg 1968ff., Bd. 3, S. 906）

正是由于极度地不确定，疯癫起于何处又终于何处，该如何来解释这类现象，经验心理学的先驱者卡尔·菲利普·莫里茨才会焦急地为他的《经验心理学杂志》（1783—1793）寻找证据。作为心理学家的席勒在 1786 年时也曾宣称，"验尸、医院和疯人院"是人类学研究的绝佳源泉（Schiller 1992ff., Bd. 7, S. 562）。

3.2 克莱斯特的目击证人报道

作家克莱斯特在参观完维尔茨堡的尤里乌斯医院后，于1800年9月13日就此写了一封信，若有可能，莫里茨定会乐意将其发表在他的《杂志》上：其一是由于它具有目击证人报道的特点——是"事实，而非道德说教和空话"；其二，它可以与已在杂志匿名发表的《旅行者日记残片》(Fragment aus dem Tagebuch eines Reisenden) 一文形成呼应 (Moritz Magazin 1986, Bd. 1, S. 8; Bd. 6, S. 242–266)。《旅》文代表了一种文学模式：先是参观 L 市（路德维希堡）的优美园林，然后途经 N（内卡河）河谷，在对四个病人作了泛泛介绍之后，描述聚焦到了一位发疯的硕士身上，他在研究末世论时失去了理智。我们可以得知该病人前期的完整故事，他曾被"哲学医生们"(Moritz Magazin 1986, Bd. 6, S. 243) 用饮食疗法短期治愈过，因为偶然的机会，他再次看到了医院和他以前的老病房，旧疾创伤性复发，在狂怒中他打死了自己的父亲。这绝不是用客观冷静笔触描写的病例个案，更像是经过文学打磨过的"故事"，之后还有专业的"心理学点评"(Moritz Magazin 1986, Bd. 6, S. 265)。

这种结构在霍加斯的铜版画那里就已见雏形，克莱斯特的信也与此相去不远。一来这是他定期写给未婚妻威廉明娜·冯·岑格 (Wilhelmine von Zenge) 的游记之一，另一方面，它有文学加工的痕迹也是毋庸置疑的。正如《杂志》刊登的那篇记载一样，克莱斯特的写作也是在历史 [Historia] 与文学 [Fabula] 之间摇摆，并同时还引发了学界的一场小争论：有人认为，这封信是克莱斯特的第一篇虚构文本（参见 Gilman 1981），虽然有证据表明，它依据的是历史事实，因而不可能完全是凭空捏造（参见 Bennholdt-Thomsen 1982），但是它的文学特征却也让人无法反驳它是虚构这样的论点。许多特征都支持这种说法，即克莱斯特从维尔茨堡的来信，也包括其他信件，都可"当作他的第一部小说"来读，他就是其中独一无二的主人公（参见 Schulz 2007, S. 158 u. ö）。

就像关于伯利恒医院的游记与《杂志》的病例报道一样，克莱斯特在信的开端部分先是描述了这座"目的性极强"的医院及其令人印象深刻的建筑（"像是一座宫殿"），在人"全然无助"时，它以"最温暖的仁爱"提供帮助，虽然自身是天主教派，却以格外的"宗教宽容"而著称（Kleist 1987ff., Bd. 4, S. 117f.）。接着就开始了对"小伯利恒"的游历，以及——像在霍加斯那里一样——关于人性边缘的临界体验：

> 在疯癫者身上，有些东西让人觉得恶心、可笑，也有许多东西让人受教、心生怜悯。上下铺都睡着一些人，像木头一样，完全麻木不仁，不由让人怀疑，到底还能不能将他们称为人。
> （Kleist 1987ff., Bd. 4, S. 118）

紧接着是对个别病号的探访：先是一位言必拉丁语的老学究教授，再是一名连一个简单的口误都会引发骇人的强迫妄想症的僧侣，还有一位商人，因为没能从父亲那袭得贵族头衔，所以疯了。为求结构上达到悬念递增的效果，而使用三个简短的事例来作为开场的铺垫，这在修辞学上是比较常见的手法："不过最恐怖的还是一个人的模样，他是被一个违背自然的恶习逼疯的——一个 18 岁的青年男子"（Kleist 1987ff., Bd. 4, S. 119）。破折号在这里是为了营造时间与距离，用于消化这一令人震惊的事情：因为"违背自然的恶习"是当时对手淫的表达。

48

3 疯人院：研究处在极端之境的人

这一现象是教育学与心理学争论不休的话题，从专业书籍到 1765 年版的法国《大百科全书》中都有讨论（参见 Lütkehaus 1992）。一方面，新的人学研究宣布，要针对完整的人做不设限的、不带任何顾虑的启蒙，发掘其所有的喜好与弱点；另一方面，宗教和道德却在设限。医学应该消除我们对不明欲望的害怕，但是人们又认为，只有用恐吓的方式才能祛除掉性的某些形式。意味深长的沉默反而导致了"性的无处不在"（Begemann 1987, S. 208–228）。老师们用新编的神话和传说来吓唬孩子们，这原本是他们该要克服的东西，甚至还规定孩子们使用阴茎环（见图 8）这种工具，来抵御手淫这种该受到诅咒的恶习（详见本书 6.2）。

图 8. 对付手淫的阴茎环

迄今为止一直被学界忽视的是，克莱斯特的哲学老师克里斯蒂安·恩斯特·温施（Christian Ernst Wünsch）曾在他《与年轻人谈天说地》(1780) 一书的附言中，详尽地讨论过这种"不知廉耻的纵欲行为"，严重警告它将会给身体带来的"可怕的毁灭性"——尤其是

"整个四肢的[腐烂脱落],特别是他们①亵渎最多的部位"(Wünsch 1780, Bd. 3, S. 533ff.)。

克莱斯特在——为未婚妻抑或是自己——绘声绘色地来描绘这位年轻的手淫者时,秉承的正是这样一种教育学的口吻。他在此用了一个超过二十行、长得让人喘不过气来的句子,将自我玷污带来的危险症状一一罗列,极尽恐怖之能事。那像"死人一样发白的面颊","濒死的、黯淡无光的眼睛,稀松的、干枯如老人般的头发","过早的谢顶","赤裸的、苍白的、干瘪的四肢",给人的整体印象是悲惨与一发不可收的堕落,这种描述和医学教科书讲的差不多(参见 Schott 1998, S. 282)。这样一具裹在约束衣里的、干瘪枯萎的肉体,在克莱斯特看来,已是彻底瘫软与永远麻木了。就像在巴洛克时期的寓意画(Emblem)下方总会配上一句道德说辞一样,克莱斯特也在呼吁:"哦!宁愿死上千回,也不愿过这样的一生!自然就这样情非得已地在可怕地报复着这罪恶的行径!哦!再不要看这骇人的模样——"(Kleist 1987ff., Bd. 4, S. 119)。

3.3 克劳迪乌斯现代版的道德小说

作家克劳迪乌斯的短篇小说《参观在××的圣约伯医院》,无论在修辞还是寓意上,谋篇布局都与上面极其相似:在循序渐进的、充满象征寓意的参观之后,接着就是道德教义。克莱斯特的信是在文学性上有要求的体裁形式,与它相比,收录在《万德斯贝克信使》(*Wandsbecker Bothen*)中克劳迪乌斯原本发表在报刊上的小说就与纪实报道相去更远了。文中故事的发生地是克劳迪乌斯熟悉的汉堡

---

① 指未婚人士。

3 疯人院：研究处在极端之境的人

救济院（der Hamburger Pesthof），在现在的圣保罗区，或者是还要早一百年建立的"圣约伯"医院。它影射的是圣经中的约伯，上帝的挑战者与受罚者，但也泛指一切受苦的人。

文本结构明晰。叙述者先是介绍了陪同他的一众人：寡言少语的托波尔先生，一位名叫万格的传道士和他的儿子，还有大学生森内特，然后又引入了看守贝纳德先生以及看护科内尼奥先生。一行人显然不是为了猎奇，而是对提升修养更感兴趣。他们先参观了博物标本馆，然后再去教会医院，来了解人的天性中更生动呈现出来的阴暗面。按照新的分类标准，参观由癔症病人开始，然后是胡言乱语者，再是有危险性的重症患者，最后在病房结束。

第一类病人会出现部分妄想，菲利普·皮内尔——1800年精神病院的创办者——称之为"执念"[Idée fixe]：这里的女人——看守甚至说是"总是"——为爱情与宗教着魔；男性病人则患有洁癖强迫症（有人"觉得自己是黑人，勤奋地要将自己洗白"）、时间强迫症（有人"披头散发地站着，总是用手指指向沙漏计时器"）或是冷漠症——一个音乐家的四个儿子就像"死公鸡"一样麻木地围坐着，一旦有人死了，他们就会唱起安魂曲，如参观结束时所展示的那样（Claudius 1984, S. 257f.）。在《万德斯贝克信使》中，人称"德国霍加斯"的丹尼尔·霍多维茨基①给这一情节配了插图，它后来又被克莱斯特借用到了他的小说《神圣的塞西莉亚或是音乐的力量》（*Die heilige Cäcilie oder die Gewalt der Musik*, 1811）中。四个参加圣像破坏运动的新教徒，由于受到一首圣歌的奇妙吸引来到了一所女修道院，而放弃了无耻的袭击行为。多年之后，他们的母亲在疯人院找

---

① 丹尼尔·尼古劳斯·霍多维茨基（Daniel Nikolaus Chodowiecki, 1726—1801），波兰人，后成为德国画家与版画家，柏林艺术学院院长，拥有胡格诺特的血统。

到了他们，已完全对天主教的信仰着了魔："他们穿着长长的黑袍，围坐在桌旁，桌上立着一个十字架，他们全都双手合十，撑在桌面上，像是在默默地祈祷着同样的内容"（Kleist 1987ff., Bd. 3, S. 295）。每天午夜时分，他们就会跑调得令人毛骨悚然地唱起荣归主颂［Gloria in excelsis Deo］（见本书第 9 章）。

第二类胡言乱语者则"衣衫褴褛、身体半裸"地躺在病房，克劳迪乌斯对他们只是简短地一笔带过，有代表性地介绍了一位"最疯"的男人：汉斯·君珀忒（Hans Gumpert）过了九年的奴役生涯，他现在不要访客们给他的小费，反倒问他们要糖吃。基于这短促的印象，克劳迪乌斯便进入了道德说教层面，完全是阐释寓意画的做派［subscriptio］。看护科内尼奥给大家在病房呈现这一切的场景，我们可以在霍多维茨基的第二幅铜版画上看得到（见图 9）。

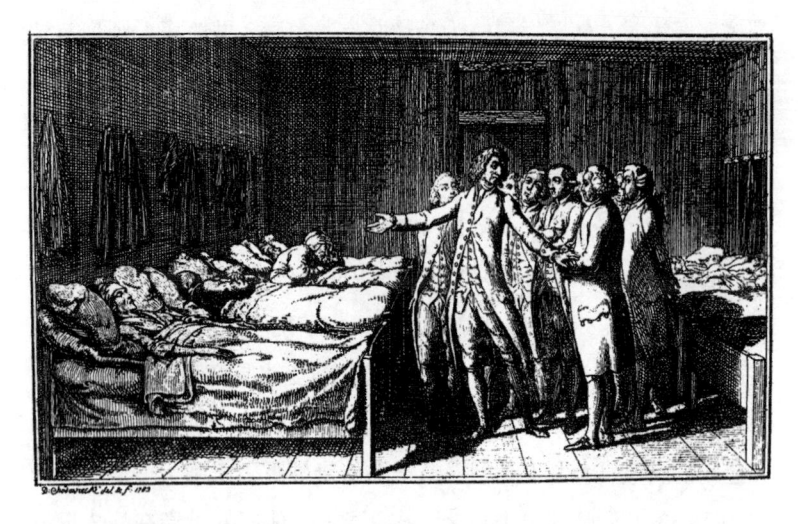

图 9. 丹尼尔·尼古劳斯·霍多维茨基：《查房》，为作家克劳迪乌斯的短篇小说《参观在 ×× 的圣约伯医院》所作铜版画（1782）

这幅画非常典型地紧扣参观收容所的主题，科内尼奥的角色也极有代表性。他先交代一下每个病人的必要材料,然后就像当时内行的哲学医生一样,大谈"他们生活中的种种际遇"(Claudius 1984, S. 258)。最终访客们都想要理解导致这每个人发疯或犯罪的原因。当他们最后问到,作为看守他如何能每天忍受这样的悲惨,科内尼奥的回答意味深长:"若我不看它,它就会因此而变少吗?而且这种事情难道只在这里看得到吗?"(Claudius 1984, S. 259)

最后的结束语让来访者们"无法再完全置身事外"(Claudius 1984, S. 259)。这冷不丁的一句话已不再囿于教育的目的,而是会触动他们的情感:文学艺术的教育意义[docere]由此与情感共鸣[movere]互补。就连读者也会感动,继而深思:利希滕贝格在解读霍加斯的画时,曾以"微观的与宏观的伯利恒精神病院"为喻,提出了关于疯癫的相对论,这也是克劳迪乌斯的主题。它们都关涉到根本性的问题。科内尼奥认为,转过头去不看并不能减少痛苦,加之疯人院不过是社会上普遍流行的心理疾病的反光镜罢了。人类学小说是从传统的道德小说——如让-弗朗索瓦·马蒙泰尔①的小说标题《道德故事》所示(*Contes moraux*, 1761)——逐渐演变而来(参见 Berg 2006),与它不同的是,克劳迪乌斯没有进一步拓展论述美德教义。如同在侦探小说中一样(详见本书第 4 章),读者接过了内行医生这一阐释的角色。靠着简短记录的情况和几个问题,他就要学会自己来诊断,练习人类学的、动机心理学的评判。

科内尼奥的问题的确广有影响,对文学史也是如此:谁又能真的保证,那些往往自认为完全正常的疯子是不是在装疯呢?就拿弗里德里希·迪伦马特的喜剧《物理学家》(1962)来说吧,里面的三位科学家都是在装疯卖傻,以此来打掩护,去争夺可以解释世界的

---

① 让·弗朗索瓦·马蒙泰尔(Jean-François Marmontel, 1723—1799),法国历史学家、作家、百科全书派学者。

公式。又或者一个罪犯只是假装发疯，想以缺乏行为责任能力为由来获得减刑？19世纪的精神病学只注重事实记录，罗姆奥特·卡尔玛柯（Romuald Karmakar）的电影《变态杀人狂》（*Totmacher*, 1995）就是将一桩法医学名案放在了这样的背景关联下，讲述了专门残害男孩的连环杀手哈尔曼的故事（Fritz Haarmann，根据特欧迪奥·莱辛的《哈尔曼，一个狼人的故事》一书改编，*Haarmann, die Geschichte eines Werwolfs*, 1925），让人触目惊心。

最终难以解决的敏感问题是关于疯癫的判定标准。反精神病学和种族精神病学都指出其与社会规范的关联，规范在不同的文化中是可以截然不同的。每个社会都会为自己来定义什么是出格的行为或什么可归为天才（参见 Schneider 2001）。根据自身的经验来探讨这一主题的文学作品有像尤妮卡·齐恩（Unica Zürn）的《茉莉花男人，一种精神病印象》（*Der Mann im Jasmin, Eindrücke aus einer Geisteskrankheit*, 1977），或者是雷恩纳·特戈茨（Rainald Goetz）的小说《疯子》（*Irre*, 1983）。后者在描写参观疯人院时是这么说的：

> 那我就给你看看疯子们吧。那你就会看到，疯子就是疯了。他们不是什么艺术家或革命者。他们就是疯了而已。我可不吃兰恩[①]那一套关于脑子的胡说八道。疯子就是疯了。你尽管参观好了。疯不是什么艺术啊、反抗啊。（Goetz 1986, S. 32）

问题与思考

· 以克劳迪乌斯的文本为例，讨论利希滕贝格关于微观的与宏

---

① 精神分裂症研究者。

3 疯人院：研究处在极端之境的人

观的伯利恒精神病院的想法。
- 克莱斯特在关于维尔茨堡尤里乌斯医院的书信中，使用了什么样的文学策略？
- 请观赏完整的霍加斯组画《浪子的历程》，并试着用利希滕贝格的方法来解读。接着将你的观察结果与利希滕贝格的评价做比较。
- "批评，意味着比作者本人还更好地理解作者"。请比较弗里德里希·施莱格尔（Friedrich Schlegel）《文学笔记》51（*Literarische Notizen*, 1797, Nr. 983）中的这一观点与利希滕贝格的图画阐释学。
- 讨论一下与18世纪作为猎奇之地的疯人院相对应的现代产物（比如像"Big Brother"这样的电视节目，或者在电视上转播死刑，透明手术室，等等）。人们为什么会为这些东西所吸引？
- 请比较穆齐尔小说《没有个性的人》中"疯人们欢迎克拉丽萨"一章（1933，第2卷，第33章）与他在1913年10月的日记，以及参观疯人院这一文学类型的历史。

推荐书目

- **Matthias Claudius**（马蒂亚斯·克劳迪乌斯）**: Sämtliche Werke**（《作品全集》），Darmstadt 1984. – Text grundlage: „Der Besuch im St. Hiob zu ** " [1782], S. 257–259.
- **Heinrich v. Kleist**（海因里希·冯·克莱斯特）**: Sämtliche Werke und Briefe,**（《作品全集与书信》）Bd. 4: Briefe, hg. v. Klaus Müller-Salget und Stefan Ormanns, Frankfurt a. M. 1997. *Textgrundlage*: Kleists Brief an Wilhelmine von Zenge vom 13. September 1800, S. 117–111.

- **Georg Christoph Lichtenberg**(格奥尔克·克里斯托夫·利希滕贝格): **Schriften und Briefe**(《作品与书信》), 6 Bde., hg. v.Wolfgang Promies, München1968–1992.Textgrundlage: Bd.3, S. 660–668, 901–910.
- **Alexander Košenina**(亚历山大·柯舍尼那): **Von Bedlam nach Steinhof: Irrenhausbesuche in der Frühen Neuzeit und Moderne**("从伯利恒到施泰因霍夫:近代早期与现代的造访疯人院"), in: Zeitschrift für Germanistik N.F. 17, 2007, S. 322–339.

  追溯了超出18世纪传统之外的文类史(探访疯人院主题),尤其关注它在造型艺术与现代文学中的体现(罗伯特·穆齐尔,托马斯·贝恩哈特)。
- **Roy Porter**(罗伊·波特): **Wahnsinn. Eine kleine Kulturgeschichte**(《疯癫:一部简明文化史》), Frankfurt a. M. 2007.

  简短易读的精神病学史导论。
- **Georg Reuchlein**(格奥尔格·罗伊希莱恩): **Bürgerliche Gesellschaft, Psychiatrie und Literatur. Zur Entwicklung der Wahnsinnsthematik in der deutschen Literatur des späten 18. und frühen 19. Jahrhunderts**(《市民社会、精神病学与文学:18世纪晚期与19世纪早期德国文学中的疯癫主题的发展》), München 1986.

  关于文学与疯癫主题的标杆性著作,研究了歌德、施毕斯、霍夫曼与毕希纳等人的作品。
- **Jörg Schönert**(约尔格·朔纳特): „**Wie können Sie alle Tage das Elend so ansehen?**" **Matthias Claudius: „Der Besuch im St. Hiob zu **". Aufklärung als Selbstbegrenzung von Erfahrung?**("'您怎么能每天就坐视这不幸?'马蒂亚斯·克劳迪乌斯的《参观在××的圣约伯医院》:作为经验的自我限制之启蒙"), in: Inge Stephan / Hans-Gerd Winter (Hg.), Hamburg im Zeitalter der Aufklärung, Hamburg 1989, S. 333—356.

  将克劳迪乌斯中篇小说归类至主题史研究中,对作品中的精神病院原型给了一些提示。
- **Ernst-Peter Wieckenberg**(恩斯特-彼得·维肯贝格): **Lichtenbergs Erklärungen der Hogarthischen Kupferstiche – ein Anti-Lavater?**("利希滕贝格对于霍加斯铜版画的解读———一位反拉瓦特尔者?"), in: Heinz Ludwig Arnold (Hg.), Georg Christoph Lichtenberg, München 1992, S.

39–56.

对利希滕贝格精湛的阐释艺术进行了细腻的分析，它与面相学家拉瓦特尔武断的评判截然不同。

- **Theodore Ziolkowski（西奥多·齐奥科夫斯基）: Das Irrenhaus. Asyl der Phantasie**（"疯人院：想象力的庇护所"），in: ders., Das Amt der Poeten. Die deutsche Romantik und ihre Institutionen, München 1994, S. 173–276.

易懂的讲座，将精神病学史概论与文学主题传统联系了起来。

4 侦探文学:从案例到小说

图 10.《一个悲惨而真实的故事》,木刻画(1613)*

---

* 传单上的标题为:在萨克森州的克威德尔堡市发生了这样的事。

4 侦探文学：从案例到小说

在1613年的这张传单上方，有一个巴洛克式长度的标题，叫作："一个悲惨而真实的故事"，上面图文并茂地记载了一宗犯罪，应该是在萨克森的克威德林堡发生的。在两幅几乎像放电影一样的长画上（不是常见的单幅画面的次第排列），（即使是不识字的）观众可以一起关注由游走四方的街头艺人讲述的报纸内容，然后可以用很便宜的价格将这一张印纸买下来。在上面这幅图中，我们可以看到理发师（也兼做跌打疗伤、身体护理之类）汉斯·海恩瓦德在商人安托尼·格莱夫的地窖里，先杀死了被叫去拿酒的女仆、然后是女儿、最后是女主人，格莱夫本人则正在逃跑。在中间部分，海恩瓦德向法官告发了商人，格莱夫被严刑逼供，承认了这莫须有的罪名，并被处以了死刑。下图中，三重抢劫杀人犯海恩瓦德拿着一只雕花的酒杯，正在销赃，他被指控、拷打、然后被处以车磔之刑。无辜的法律牺牲品格莱夫虽然让人感到惋惜，但是酷刑逼供作为获取真相的司法手段，却丝毫没有受到质疑与责难。据称，杀人犯就是受了魔鬼的引诱，好的基督徒应谨防一切犯罪。

这份"图片报"是早期追求爆炸性新闻的例证。这个案件可能的确大差不差地这样或那样地发生过，但是它明显地经过了戏剧化的文学加工，让人不得不怀疑"真实的故事"这一说法。因为这宗犯罪1651年被重新收录在了哈尔斯德费尔*出版的案件集《悲惨谋杀案大观》（Harsdörffer 1988, S. 134–137）中，不过在书中，案件的地点被移到了洛林根的迈茨。这类自诩真实的刑事案件数量众多，超

54

---

* 格奥尔格·菲利普·哈尔斯德费尔（Georg Philipp Harsdörffer, 1607—1658），巴洛克时期德国诗人兼翻译家。

59

越了国家和语言的界限,广为流传,到处都在搜集、翻译、改编和更新它们。在启蒙时代,这一体裁逐渐完善成形,犯罪心理学与法制改革的进步成为关注的焦点。罪犯与疯癫者(见本书第3章)一样,被用来当作人性负面的衡量尺度。就这样,早期的侦探文学对人类学小说艺术的发展起到了决定性的促进作用。

4.1 侦探小说文体作为认识人的源泉

55　　图10这个例子表明,人们在近代*对于记录与传播侦探故事有着浓厚的兴趣。迅速增长的印刷品市场,对于时事新闻需求的与日俱增,还有大受欢迎的混合文集,摘自编年史、日历故事或是所谓的"彩皮书"**,都在推波助澜。有一种特别的形式名曰《悲惨故事》(*Histoires tragiques*),是法律案件的合集,主要用于猎奇消遣或是当成司法参考文献。自从法国作家弗朗索瓦·德·罗塞特(François de Rosset)以此为标题创立这一流派后,许多这类杂志都用悲惨的概念——意指可怕的事件——来命名:譬如蔡勒***的《悲伤剧院》(*Theatrum tragicum*, 1628)、哈尔斯德费尔的《悲惨谋杀案大观》(1649—1652)、弗兰齐斯契****的《高高的吊唁厅》(*Hoher Trauer-Saal*, 1669),或是贝尔*****的《新开放的悲苦舞台》(*Neu-eröffnete*

---

* Frühe Neuzeit,近代早期或是近世,在欧洲历史学中一般指从中世纪晚期(13世纪中叶至15世纪末)到18世纪过渡至19世纪这段时间。

** Bunt-Bücher,官方出版的卷宗,因不同主题而配有不同颜色的书皮。

*** 马丁·蔡勒(Martin Zeiler, 1589—1661),巴洛克时代的德国作家。

**** 伊拉斯谟·弗兰齐斯契(Erasmus Francisci,1627—1694),德国博物学家与作家。

***** 约翰·克里斯多夫·贝尔(Johann Christoph Beer, 1691—1760),德国牧师与作家。

Trauer-Bühne，1708—1731，参见 Halisch 1999）。

皮塔瓦尔*的《知名趣案》(*Causes célèbres et intéressantes*)，共20卷（1734—1743），是迄今为止最著名的历史案件选编。至1789年，这位法国法学家的著作再版了25次，并在不断修订与出续集，《新皮塔瓦尔》(1842—1890)甚至有60卷之多，直到今天，还有（地方的）案件集以"皮塔瓦尔"来命名出版。席勒为它的德语选编版《为人类历史作出贡献的奇案》(*Merkwürdige Rechtsfälle als ein Beitrag zur Geschichte der Menschheit*，4卷本，1792—1795）写下了纲领性的前言。就像标题已所暗示的那样，他尤其强调了这些文本对人类学与法制启蒙的意义：

> 一桩刑事案件往往会揭露出思想的最深处，将恶的最隐秘的肌理公之于世。散布于其中的许多法律知识……还大大提高了我们识人与待人的本领。（Schiller 1992ff., Bd. 7, S. 451）

许多新派的、意欲研究人的叙述者都敏锐地察觉到，侦探小说这种体裁将会大大提高人类学的认识。席勒笔下的"真实故事"《卑鄙的罪犯》就是这样开场的："纵观人类历史，对于他的心灵与精神而言，没有什么比记录他的迷惘与混乱更富于教益的了。"（Schiller 2014, S. 9）卡尔·菲利普·莫里茨是柏林《福斯报》(*Die Vossische Zeitung*)的编辑，在他的纲领性文章《一份完美报纸的理想》(*Ideal einer vollkommenen Zeitung*)中，他也认为这是"全人类

---

* 弗朗索瓦·加约·德·皮塔瓦尔（François Gayot de Pitaval, 1673—1743），法国法学家与作家，因《知名趣案》一书而成为案件报道这一体裁的创始人。19世纪时，皮塔瓦尔已成为案件合集的代名词。

都关心"的主题：

> 把简短的罪犯故事从刑事卷宗中调出来，用几个准确而引人瞩目的突出特征，勾勒出他们从小的过失到最极致的道德沦丧的发展过程，这该是多么的富有教益啊！（Moritz 2006, S. 391f.）

从1778年起，受过心理学训练的法学家奥古斯特·戈特利普·迈斯纳（August Gottlieb Meißner）就在他的期刊《速写》（*Skizzen*）中发表侦探小说，也提出了类似的要求。他旨在"促进人们去观察善与恶之间的奇特勾连、美德、弱点与恶习之间的模糊界限、去反思判断的不可靠性、恶行的自我暴露或是其他相关的真理"（Meißner 2003, S. 9）。

作家穆西勒*自1787年起就在杂志上发表犯罪小说，他最终也是将他的作品视为"关于人的一种哲学理论的证据"（Müchler 1812, S. III）。

侦探小说的特点是广受欢迎。克莱斯特的《柏林晚报》（*Berliner Abendblätter*, 1810/11）由于插入了警方记录报告而成为新闻史的成功范例。作为杂志出版人的席勒同样也明白，刊物销量的成功与否就取决于是否有足够的"杜撰的道德故事"或是真实的"稀奇古怪的事情"，并用比如说是"迈斯纳式的对话"将它们表现出来（Schiller 1992ff., Bd. 11, S. 306）。毫无疑问，绝不能堆砌干巴巴的事实。为了赢得观众，皮塔瓦尔就已摒弃了艰深晦涩、法律条文式的写作方式，

---

* 卡尔·弗里德里希·穆西勒（Karl Friedrich Müchler, 1763—1857），德国作家，著有《给有品位读者的趣闻辞典》和《侦探故事——摘自法庭卷宗》等。

在后来的几版中，还引出了"编排事实"[arranger les faits]这一概念（Marsch 1983, S. 123）。事件必须经过编排与加工，使作案动机变得逻辑，并制造悬念。法庭档案、审讯记录与供任材料都需进行整理。席勒试图借此"吊足（读者们的）的胃口"，来刺激他们的"预见力"（Divinationsgabe），即关联和猜测事件的兴趣（Schiller 1992ff., Bd. 7, S. 450f.）。

读者的兴趣是一定的，猎奇之心似乎是人类固有的一种常性。我们从现在的真人秀或是灾难旅游中也见得到。席勒在《关于悲剧艺术》(1792)一文中，甚至将"人们对于充满激情且复杂纠结情形的普遍偏好"（Schiller 1992ff., Bd. 7, S. 449）称之为"一般性的心理法则"（Schiller 1992ff., Bd. 8, S. 251）。这也就可以解释，为什么普通老百姓宁愿争着去看公开的绞刑，也不会去看同时上演的戏剧表演（参见 Zelle 1984）。通过尽可能还原真实的描写去吸引观众、以假乱真，这样一种接受美学的原则对叙事文学作品也很有用。

人们并不怎么在乎真相的细节。在存疑的情况下，可然律优于事实本身。关键是描写看上去要真实可信。所以地点与人名是可以变动的（尤其是之后对事件进行改编时），人物的个性特征可以加以强化，为了传达特定的信息，事件也可以改动。不过尤其重要的是，开始使用了新的叙述技巧。为了将注意力从对犯罪行为的外部描绘转移到对作案者的内在动机，保持距离的、以作者为主导地位的叙述视角消失了——初次读时几乎感觉不到，叙述滑入人物的视角或自由间接引语中。无论是在对话、口供、书信、还是日记片段中，还增加了内省式的第一人称。

娱乐只是表面的目的，隐藏在下的是启蒙的教育要求。1780年代的侦探文学新颖之处就在于，所有的教育意图都得到了极其巧妙的掩饰。一面在传授心理学、人道观念和法制意识，一面却又不怎么引人耳目。因此,"通俗性就像特洛伊木马一样",成为传输法制与宗教批判内容的工具,观众在受到教育的同时,却不会感到不舒服(Pethes 2005, S. 65)。时至今日,可被工具化的通俗文学的用处与危险均在这一点上体现出来。

侦探文学这种体裁用于回答像"文学是什么?"这类简单而又复杂的问题是再合适不过的了。在研究毕希纳如何将谋杀故事改编成戏剧《沃伊采克》(*Woyzeck*, 1836)时,所有材料都完整可用,但这种情况是很罕见的。只有借助记录细致入微的评注版,才得以重构由历史案件报道、心理鉴定和法庭记录组成的复杂谜团,而艺术作品还超越了它们的总和(见本书第 14 章)。通过与同时期流传下来的资料比照,下面两个文本的例子可以清晰地再现刚勾勒出的文学的解密方式。只要有这些参照文本在,就可以更准确地研究文学加工的程度。鉴于此,在分析文本之前,我们都会先看看原型的出处。

4.2 作为牺牲品的人:迈斯纳具有启蒙性的案例故事

历史文献记载与其文学加工之间有着密切的关联,这一点尤其可以用迈斯纳在《速写》(1778—1796)上发表的侦探故事为例来探讨。在席勒之前,他是这一叙述体裁最重要的创建者,特别强调要对犯罪行为的法律条文式的归因[imputatio juridica]与人性的心理探究[imuputatio moralis]进行严格区分:

> 这样人们永远不会忘记法律问责与道德问责之间的巨大区别,即以犯罪行为来判断的法官与以心灵最深处活动来进行判断的人的区别。(Meißner 2003, S. 10)

4 侦探文学：从案例到小说

这一区分也可在《出于宗教狂热的谋杀》[*Mord aus Schwärmerey*，1780，之后又名《被牺牲的孩子们》(*Die geopferten Kinder*)]这个故事中体现出来。这个事件的好处在于，它的历史出处是为人熟知的。迈斯纳在一条脚注中证实，他的材料得益于柏林启蒙者约翰·雅各布·恩格尔(Johann Jakob Engel)的"口头讲述"。他将出版的故事寄给恩格尔后，后者在1782年8月12日回信道：

> 就事实的正确性而言，我对您寄给我的小说没有任何异议。除了仅有的无甚紧要的一点：据我所知，这个男人并非亨胡特兄弟会*教派成员。不过如果您觉得他的行为与亨胡特派的那些怪念头相吻合，又或是因此让人觉得更有可能的话，那您就让他这样保留在您的小说中吧。(Engel 2002, S. 114)

这样的反应清晰地表明了对待事实真相的随意态度。只要能为可然律服务，恩格尔并不反对改变重要的事实情况。故事的逻辑性或是在心理学层面上的因果关联性优于文献记载的内容。即使是恩格尔特别确认的"事实的正确性"这一点，也是值得怀疑的。这里讲述的是一位虔诚的牧羊人的命运，就像脚注里所言，故事"针对档案进行了一些完善"，在1783年出版的"波莫瑞档案"中也有(Meißner 2003, S. 30)。另外，这一故事还被收录在了《德国怪案集》(1786)中，题目叫《亚当·克里斯蒂安·吕德·盖德克献祭了他的孩子并被送进了疯人院》。

---

* 亨胡特兄弟会，Hermhuter（拉丁语 Unitas Fratrum），是从波希米亚宗教改革发展而来的基督教信仰运动，主要是受到了路德新教、卡尔文主义以及后来的虔敬派的影响。

最后这个文本与故事的发生地或是法律文献记载极为接近，它的标题就已提前告知了结局。在文中，我们可以得知其他的细节，比如凶手的名字与年龄，他由于宗教的执念而生祭了他的孩子们；还有情节发生的具体地点（是在安克拉姆附近的土罗）；精准的时间顺序；凶手使用的凶器——首先是用"一根结实的扁担"，然后是"一块帮助脱靴子用的木板"；末了是他被宗教狂热洗脑过的理由："现在我确定，孩子们会蒙主恩宠、永生极乐。"他并未被判处死刑，"波莫瑞刑事委员会"判他终身监禁、"柏林刑事判决委员会"判监禁、腓特烈大帝判他入"疯人院"（Kirchschlager 2002, S. 52–54）。

与这样冷静的"故事叙述"或是"行为类别与性质陈述"（Species facti，这是对犯罪事实构成调查的法律术语表达）相比，迈斯纳的版本以及之前的口头流传用了文学的春秋笔法，戏剧性要强很多。一位来自诺伊尔马克（Die Neumark）的牧羊人，在一次宗教狂热发作时，觉得自己"获得了真正的信仰"，却无法与"先祖们信仰"的虔诚程度相比。在与村里的教师一番谈话之后，他陷入了深思，产生了一个疯狂的念头，觉得自己能超越《圣经》中甘愿牺牲自己儿子以撒的亚伯拉罕。但与《圣经》不同的是，上帝并没有赶来拯救他。

根据梅肖[*]的一幅画作，铜版雕刻家恩特内尔[**]将这一场景定格在了它最关键的时刻（见图11），迈斯纳则将事件最具戏剧性的高潮部分转化成了恐怖而感人的一幕：它描述了牧羊人如何杀死了第一个，然后是第二个孩子，在对第三个孩子下手时，内心却斗争了很长时间：

---

[*] 雅各布·威廉·梅肖（Jacob Wilhelm Mechau，1745—1808），德国浪漫派画家。

[**] 古斯塔夫·格奥尔格·恩特内尔（Gustav Georg Endner，1754—1824），德国铜版画家、插图画家。

4 侦探文学：从案例到小说

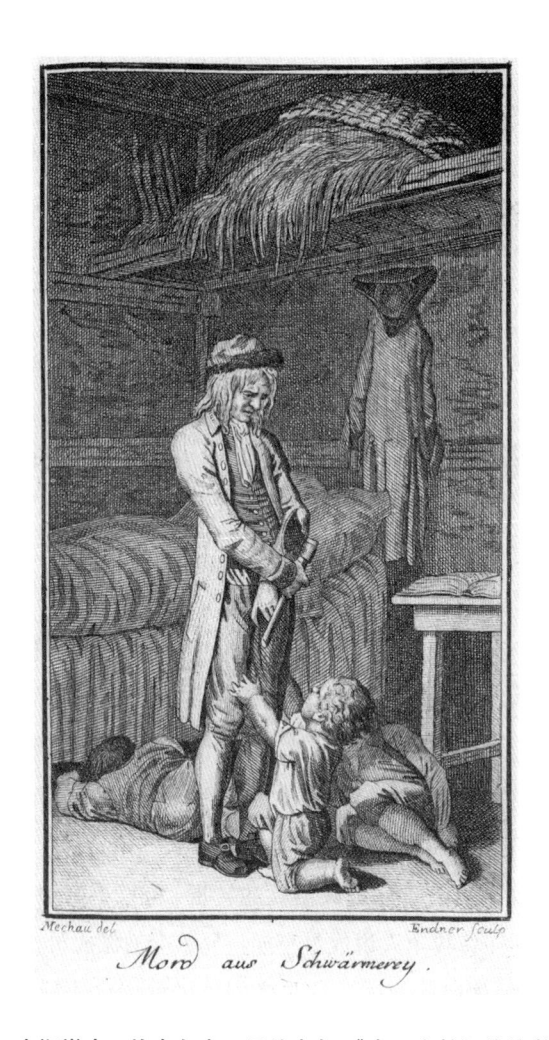

图 11. 古斯塔夫·格奥尔克·恩特内尔：《出于宗教狂热的谋杀》，根据雅各布·威廉·梅肖（Jacob Wilhelm Mechau）的一幅画所作的铜版画

但是最年幼的这个孩子，恐惧地抱着他的双脚，满眼泪水地苦苦哀求着不要杀他，一时间动摇了他坚定的决心。这是他的最爱！他最年幼的孩子！他最后一个孩子！他想，他已经给

上帝献祭了两个！这可怜的孩子是如此殷切地恳求着他！——他事后常承认，所有这一切确实打动了他的内心最深处。他哀切地向上帝祈祷，赐予他力量；行凶的工具从他的手中滑落。但转而又想：若他不将他最后的挚爱献给上帝的话，那又怎么叫牺牲呢？这一想法最终给了他勇气，战胜了慈父之心与人性的软弱，可怜的孩子被砸得脑袋开花，颓然倒地。(Meißner 2003, S. 34)

在此，迈斯纳无法一直当冷静的记录者，作法律意义上的"行为类别与性质陈述"[Species facti]。故事显然以后来的供词为基础，过渡到了人物的视角或者是自由间接引语，还加入了渲染紧张氛围的时间延缓法。乍看起来并不起眼的文本展现出叙述技巧的精妙性。还不止这些：除了文学具有的娱乐与感人的功能[delectare 和 movere]之外，还立即跟上了法律意义上的说教目的[docere]，即教育意义。与同时流传的其他文献出处一样，国王将原判"终身监禁"改成了"疯人院"(Meißner 2003, S. 35)，这是当时新兴起的更人道的心理治疗机构(见本书第 3 章)。

由此，文本具有了启蒙政治性的转折，可以更好地解释迈斯纳为何擅作主张，将牧羊人说成是亨胡特兄弟会教派成员。因为第一，这样可以从柏林启蒙派——这是帝国内最世俗化的派别——的角度，大大加强对顽固保守的宗教立场批判的力度；第二，加入了现代的法治观，对于无行为责任能力的犯罪施以减刑(参见 Schmidt/Hannisa/Niehaus 1998)。迈斯纳认为这样的改动是完全合理的：

有时，我会在诸多的可能性中选择最有可能的一种；每个口头流传都会有小漏洞，我会用不易察觉的过渡将它们连接起

来，我希望，人们不会将这个叫作篡改。(Meißner 2003, S. 9)

这个例子表明，这些文本是如何在事实与虚构、历史文献记载与文学叙述加工之间摇摆不定（参见 Košenina 2005）。

4.3 犯罪的心理逻辑：席勒的小说

席勒承袭了这种通俗流行的传统，在《皮塔瓦尔》(1792)一书的前言中，他甚至认为，"如果好一些的作家都愿意屈尊去学会糟糕的作家们是如何去俘获读者的那些手段的话，受益的将会是真理"(Schiller 1992ff., Bd. 7, S. 450)。但在讲手段之前，得先谈谈理论：《卑鄙的罪犯》一书 1792 年更名为《丧失名誉的罪犯》，在前言中，席勒将自己塑造为历史的记录者，而非追求轰动效应的作家。他反对后者，是因为他们"通过激动人心的演讲"而迷惑了读者，剥夺了读者"自己审判"的"民主自由性"。"历史的记录者"就完全不同了，在这里他相当于冷静分析的心理学家与善于识人者。他对罪犯的"思想"比对他的"罪行"更感兴趣，他想得知罪犯之前的故事，不仅想"了解他犯案的行为过程，还想知道他为何要这么做"(Schiller 2014, S. 10f.)。

从法学史的角度来讲，这后面隐含的是从罪行刑法(Tatstrafrecht)向罪犯刑法(Täterstrafrecht)的转型，即从对犯罪行为的追责转为对罪犯性格心理的追责。人们想知道关于罪犯的一切，包括社会背景、心理状态与生平际遇，不是为了将犯罪行为大事化小，而是为了更恰当地评判被告，抑或用来判定他是否行为责任能力不足。由此而产生了犯罪心理学的新分支。除此之外，无罪的假设也是可以成立的，符合当时法制改革的精神——尤其是意大利法学家贝加利亚*在《论犯罪与刑罚》(1764)一书中的观点。席勒也是谨遵启蒙法学家与侦探小说家的语言使用习惯,将罪犯称为"不幸的人",他们"不论是在犯罪的那个时候,还是赎罪的时候,都是与我们一样的人"(Schiller 2014, S. 10)。叙述者后来评论说:"法官们都在看法典,却无一人去看看被告的心理状态"(Schiller 2014, S. 14)。

这种人道主义的立场贯彻全文。量刑过重、拘禁条件令人发指,酷刑、逼供、不让保释,对这些现象的批判显而易见。从轻微过失到严重犯罪的步步升级也被描述得情有可原:因为是在新的贵族谕令颁布之后,偷猎才成了违法行为,在乡村百姓那里,它是"正义的偷盗"(honett zu stehlen, Schiller 2014, S. 13),因而被视为是对勇气的考验,是对贵族专政的社会反抗行为,是被认可的谋生方式(参见 Nutz 1998)。席勒谨慎而仔细地推衍出犯罪心理的递进逻辑:由于受到不公正的待遇而渐渐变得桀骜,加之在恋人那里得不到认同,它们成了克里斯蒂安·沃尔夫(Christian Wolff)犯罪动机的诱因。

他的名字就已是有寓意的:它指出的恰恰是人的双重性,介乎于野性动物(Wolf,狼)与精神道德性(Christian,常见人名)**之间,这一点席勒在他的医学博士论文《试论人的动物性与精神性之关联》(1780)已有阐发。在此,我们也可以看到他所进行的文学加工(皮塔瓦尔意义上的"编排事件"),因为就像之前迈斯纳的例子一样,它也有可参照的文献出处:席勒可能是通过他的哲学老师阿贝尔***

---

* 贝加利亚(Cesare Beccaria, 1738—1794),出生于意大利米兰贵族,受启蒙思想的影响,就当时刑事司法制度给予了辛辣批判,1764 年完成《犯罪与刑罚》一书,在欧洲引起轰动,被尊为古典犯罪学创始人,现代刑法学之父。

** 形容词 christlich 意为"基督教的"。

*** 雅各布·弗里德里希·阿贝尔(Jacob Friedrich Abel, 1751—1829),德(转下页)

知道这件事的,阿贝尔的父亲就是故事结尾处那位通情达理的法警的原型。他于1760年3月审讯了历史上的罪犯本人,真名叫弗里德里希·施万,来自内卡河边的艾柏斯巴赫。阿贝尔将施万的生平经历收录在他的《人类生活怪现象之集锦与解释》(*Sammlung und Erklärung merkwürdiger Erscheinungen aus dem menschlichen Leben*, 1787)一书中,它恪守人类学叙事文的原则:"有关人的一切事情都是按照一定的生理与心理法则发生的",好的"生平描写"必须交代"因与果的关联"(Abel 1787 in: Schiller 2014, S. 57)。在阿贝尔的版本中,施万的犯罪生涯被描绘得更为详尽,在细节处理上也与席勒有出入,但从总体上讲,人物桀骜、骄傲与胆大包天的性格与席勒的描写很相似。

不过这些小的改动恰恰证明了席勒有文学改编的偏好,尽管他绝不承认这点,在前言中表明自己是历史的记录者。只要把他的描述和官方的通缉令——这是第二个重要的文献记载来源(见图12)——比较一下,就一目了然了:

在通缉令中,对弗里德里希·施万的外表描述是:"他容貌白皙、干净,面颊丰满红润,平整的短发,棕色偏黄,棕黑色的眼睛,宽阔的肩膀,小腿强健有力";而在席勒笔下,克里斯蒂安·沃尔夫的身体可以说是自然粗制滥造的结果:

> 毫不起眼的小个子,卷曲的头发,黑得叫人难受,鼻子瘪得像是被人给压平了,上嘴唇是肿着的,加之还被马给踢得歪了方向,让他看起来恶心极了,足以吓跑所有女人,也给同伴

(接上页)国哲学家,他的主要兴趣是人类的灵魂,并试图寻找其不朽的证据,著有《灵魂学导论》(1786),《人类生活怪现象之集锦与解释》(1784—1790,3卷本)等书。

> **Beschreibung**
> des famosen Bößwichts Friderich Schwahnen,
> von Eberspach Göppinger Amts.
>
> Dieser Räuber und Mörder ist 27. Jahr alt, kurzer Statur, und nur 5. Fuß 7. Zoll lang, dabey aber besezt, eines starcken Kopfs, weissen saubern Angesichts, dicker rother Backen, braun-oder vielmehr gelblechter kurzer glatter Haaren, schwarzbrauner Augen, breiter Schultern, und starcker Waaden.
>
> Was seine Kleidung anbetrifft, so hat er sonsten gemeiniglich ein rothes Brusttuch, blauen-auch zu Zeiten grünen Frieß-Rock, schwarze Hosen, und weisse Strümpf getragen, worauf aber nicht zu gehen, indeme er seine Monturung je, nachdeme er einen Raub, und gewaltsamen Einbruch begangen, verändert, manchmal Waden-Stiffel träget, beständig heimlich Gewöhr- auch mehrmalen eine Flinten oder Kugel-Büxen und Hirschfänger bey sich führet, und sich mittelst Führung eines Hunds bald vor einen Mezger-bald Kieffer-Knecht, welcher Handwercker gewohnliche Ohren-Gehäng er zu Zeiten träget, bald vor einen Bierbrauer, bald vor einen andern Professionisten, bald aber vor einen Jäger ausgibet, und zu solchem Ende falsche Pässe und gedruckte Kundschafften mit sich führet, zu Zeiten auch sich in Weibs-Kleider verkleidet, bald allein gehet, bald aber eine Concubine, bald einen Cameraden, zu Zeiten auch mehrere mit sich führet, und zu Diebs-Banden sich gesellet, bey leztern aber länger nicht verbleibet, als bis er einen Raub mit ihnen begangen, zur Winters-Zeit hin und wieder auf einzelen Höfen, oder abgelegenen Orten, auch mehrmalen im Futter in Ställen jedoch ganz kurze Zeit-zur Sommers-Zeit aber meistens seinen Auffenthalt, als ein Erz-Wilderer in denen Waldungen und Höhlenen hat, wohin er sich das Essen und Trincken entweder durch Cameraden, oder seine Concubinen, nebst Pulver und Bley aus denen Kauf-Läden abholen lässet.
>
> Wann er einen gewaltsamen Einbruch und Raub vor hat, gehet er, wo er vorhero nicht schon bekannt, wie es zu Heßenthal, Geißlingen und Gmünd, und anderer Orten ergangen, etliche Tag, oder etliche Wochen vorhero mit seinen Cameraden oder Concubinen in solches Haus, und wann es ein Wirth, zechet er bey ihme, wann es aber ein Kauffmann, so kauffet, oder failset er Waaren, und siehet mittlerweilen die Gelegenheit zu einem Einbruch aus.

图 12.《对臭名昭著的恶棍弗里德里希·施万的描绘》，通缉令（1758）

们的笑话提供了足够的养料。（Schiller 2014, S. 95; 12）

席勒将历史原型描绘成一个类似黑人的、令人悚惧的形象，这样一来，他遭受到社会的排挤、在女人那里受挫、一心想要证明自己，来弥补相貌上的先天不足的迫切愿望就更显得更为可信了。在阿贝尔的版本中，所有这些东西都无关紧要。施万偷盗并不是为了获得别人的认可；他是在一次出狱后遇见并爱上这个姑娘的，也无须为了她与他人发生争执（与双方的父亲除外）；他杀死的是宿敌，而非情敌；他并未羞辱他的第一个女人，只是把她给忘了，才会娶了盗窃团伙中三姐妹中的一个；他身上"残留的人性"并未完全消失，在宗教的影响下，后来在狱中"洗心革面"，作者对这一过程描述详尽（Abel 1787 in: Schiller 2014, S. 77, 91）。

　　与阿贝尔对每桩罪行都事无巨细地记录相比，席勒精简了素材，并将之戏剧化了。他将对社会与司法不公正的不羁反抗与爱情故事紧密结合了起来，更注重从犯罪直到谋杀过程中的心理变化。不过最本质的不同还在于叙述技巧方面。席勒让读者可以更深入地窥探到罪犯的内心世界。沃尔夫多次从第一人称角度进行讲述（显然是叙述者根据被捕后的审讯记录作的编排），有许多段落常常不知不觉就从以作者为主导的视角滑入人物视角，或变成自由间接引语。时态也转变成现在时，加强了身临其境的效果。

　　阿贝尔极少用这些手段，两个文本对谋杀关键时刻的描绘倒有的一比（参见 Schiller 2014, S. 19 u. 70f.）。无论是在席勒那里还是阿贝尔处，我们都可以见证罪犯内心的斗争与犹疑，究竟是该杀死那头公鹿还是仇人？相对于故事时间而言，叙述时间放慢了节奏：实际上只是持续了几秒钟的事情，在描绘时却被极致地延宕。这种时间的延伸相当于电影中的慢动作。席勒把人物心理活动的高潮转化成了陌生化的体验：克里斯蒂安·沃尔夫自言自语，听到了自己的朗声大笑，直到外界的声响才让他回过神来，但接着又陷入了更长时间的幻觉（"千万个令人毛骨悚然的形象从我身边经过"）与心理折磨（"永远的莫名的恐惧"）之中。总之："我确实不明白，怎么会去杀人的"（Schiller 2014, S. 20f.）。在阿贝尔那里，杀人之后的第一反应也是"害怕与惊呆了"，接着便是"下意识地"仓皇逃跑，在最初的震惊过后，随着时间的推移，那些"折磨人的念头"与"良心"才涌现出来（参见 Abel 1787 in: Schiller 2014, S. 71）。不过总体而言，这里对心理异常状态的描写比较苍白。

若将阿贝尔和席勒对这一案件处理进行细致的版本比较的话，就可以更好地证明心理描写艺术的进步。它从历史纪实［Historia］过渡到了小说情节［Fabula］、从更多是外部纪实式的描写［demonstratio］转变为去发现内在的心理动因［significatio］。犯罪小说这一体裁源于皮塔瓦尔式的案件集，在猎奇的报刊故事中得到了进一步发展（Meißner；Müchler），在席勒处达到了一个巅峰。不仅 19 世纪的侦探文学——从克莱斯特到霍夫曼，从德罗斯特-许尔斯霍夫（Annette von Droste-Hülshoff）到艾伦·坡——是建立这样的叙述传统之上，包括人类学的小说也是遵循的同样的诗学原则（见本书第 5 章）。

问题与思考

- 请重构席勒《丧失名誉的罪犯》一书中从微小过失到严重犯罪的逻辑递进过程。
- 席勒与阿贝尔的描写均以历史真实案件为基础，请比较他们的异同。
- 请描述哪些文学手段可以淡化旧的启蒙文学的说教色彩，并引起观众的兴趣？
- 请说明迈斯纳在《出于宗教狂热的谋杀》一文中，是如何从客观的报道风格转入人物的角度与叙述立场的。请比较他在

4 侦探文学：从案例到小说

描写牧羊人的谋杀场景时，与席勒描写沃尔夫或是阿贝尔描写施万的罪行在叙述技巧运用上的异同（比如说慢动作）。
· 2001年，stern杂志因报道关于"罗腾堡的食人犯"*的爆炸性新闻而受到谴责，这与早期侦探文学关于真相（理）与娱乐的讨论有关联吗？

推荐书目

· **Kriminalgeschichten aus dem 18. Jahrhundert**(《18世纪犯罪故事》), hg. v. Holger Dainat, Bielefeld 1987, 2. Auflage 1990.
可用于分析的其他范文。

· **August Gottlieb Meißner**（奥古斯特·戈特利普·迈斯纳）: **Ausgewählte Kriminalgeschichten**(《犯罪故事选编》), hg. von Alexander Košenina, St. Ingbert 2003, 2. Auflage 2004, S. 7–11, 30–35.
可用于分析的补充文本范例。

· **Karl Müchler**（卡尔·穆西勒）: **Kriminalgeschichten. Aus gerichtlichen Akten gezogen**(《犯罪故事：选自法庭卷宗》). Mit einem Nachwort hg. von Alexander Košenina, Hannover 2011.
柏林行政法学家穆西勒（1764—1857）继迈斯纳和席勒之后，于1792年首次出版了法律案件合集，定名为《犯罪故事》。合集中收录了迈斯纳笔下牧羊人的另一个版本。

· **Friedrich Schiller**（弗里德里希·席勒）: **Der Verbrecher aus verlorener Ehre**(《丧失名誉的罪犯》). Studienausgabe, hg. von Alexander Košenina, Stuttgart 2014.
这本翔实的评注版除了有阿贝尔的案例故事之外，还收录了其他一些材

---

* 阿尔闵·迈维斯（Armin Meiwes），1961年12月1日生于德国，是计算机技术人员，他于2001年在其罗腾堡的住所杀死了通过互联网结识的工程师博恩特·尤尔根·阿尔曼多·布兰德斯（Bernd Jürgen Armando Brandes），并食用了他的部分尸体，轰动一时，被媒体称为"罗腾堡的食人犯"。

料（通缉令、阿贝尔父亲写给公爵的报告、书评、接受史文献等）。
- **Gottfried Immanuel Wenzel**（戈特弗里德·伊曼努尔·温策尔）: Ver-brechen aus Infamie（《卑鄙的罪犯》）. Eine theatralische Menschenschilderung für Richter und Psichologen in drei Akten. Mit einem Nachwort hg. von Alexander Košenina, Hannover 2014.
奥地利的启蒙运动者温策尔（1754—1809）以席勒小说的戏剧构思为基础，将其搬上了舞台。
- **Peter-André Alt**（彼得-安德雷·阿尔特）: Schiller. Leben – Werk – Zeit（《席勒：生平-作品-时代》）, Bd. 1, München 2000, S. 467–488, 513–522.
对作家席勒的介绍以及对犯罪故事的点评。
- **Achim Aurnhammer**（阿西姆·奥恩哈默）: Engagiertes Erzählen: „Der Verbrecher aus verlorener Ehre "（《介入性叙述：〈丧失名誉的罪犯〉》）, in: ders. / Klaus Manger / Friedrich Strack (Hg.), Schiller und die höfische Welt, Tübingen 1990, S. 254–270.
迄今为止对于《丧失名誉的罪犯》的叙述技巧作了最为细致的分析。
- **Richard van Dülmen**（理查德·凡·迪尔曼）: Theater des Schreckens. Gerichtspraxis und Strafrituale in der Frühen Neuzeit（《恐怖的戏剧：近代早期的法庭实践与惩罚仪式》）, München 1985.
关于当时法律史的好读的入门书。
- **Alexander Košenina**（亚历山大·柯舍尼那）: „Tiefere Blicke in das Menschenherz ": Schiller und Pitaval（"'洞见人心'：席勒与皮塔瓦尔"）, in: Germanisch-Romanische Monatsschrift 55, 2005, S. 383—395.
以席勒的《强盗》前言、《丧失名誉的罪犯》以及他的皮塔瓦尔德语选编版为基础，推衍出席勒的犯罪诗学。
- **Ulrich Kronauer**（乌尔里希·克罗瑙尔）/ **Ulrike Zeuch**（乌尔丽克·措依希）(Hg.): Schwerpunkt: Recht und Literatur um 1800（《本期重点：1800年左右的法律与文学》）, in: Internationales Archiv für Sozialgeschichte der deutschen Literatur 31.1, 2006, S. 77–245; 31.2, 2006, S. 90–239.
较新的研究论文集，涉及布伦塔诺、德罗斯特－许尔斯霍夫、歌德、霍夫曼、黑贝尔、克莱斯特、迈斯纳、皮塔瓦尔、席勒等人的作品。

- **Kriminalfallgeschichten**(《犯罪故事》), hg. von Alexander Košenina. Text + Kritik, Sonderband, München 2014.

这个集子收录了从巴洛克时期到当代的关于真实犯罪案例的论文, 它们被不同的文学体裁加工处理, 有戏剧(魏瑟尔、施莱格尔), 叙事诗(比格尔、沙米索、格莱姆、席勒), 中篇小说(哈尔斯德费尔、德罗斯特-许尔斯霍夫、黑贝尔、德布林、基施等), 还有电影。席勒的太阳店老板[*]又重现于现实主义小说中。

- **Edgar Marsch**(埃德加·玛尔施): **Die Kriminalerzählung. Theorie, Geschichte, Analyse**(《犯罪小说: 理论、故事与分析》), München 1972, 2., durchgesehene und erweiterte Auflage 1983.

论述了自席勒与霍夫曼以来的侦探文学, 可靠的导论书, 可惜买不到了。

- **Yvonne Nilges**(伊冯娜·尼格斯): **Schiller und das Recht**(《席勒与法律》), Göttingen 2012.

基础性的研究经典, 除了席勒的小说之外, 还研究了他历史、美学与戏剧作品中(《唐·卡洛斯》《华伦斯坦》《玛利亚·斯图亚特》《威廉·退尔》《德米特里乌斯》)的法律性问题。

- **Recht und Moral. Zur gesellschaftlichen Selbstverständigung über „Verbrechen" vom 17. bis zum 21. Jahrhundert**(《法律与道德: 17至21世纪关于"犯罪"的社会认识》), hg. von Hans-Edwin Friedrich / Claus-Michael Ort, Berlin 2015.

论文集讨论了研究人的犯罪文学, 涵括的时期从近代早期的"奇闻逸事"、到黑贝尔、霍夫曼、克莱斯特的作品, 一直延伸至电视侦探片与法庭秀。

---

* 克里斯蒂安·沃尔夫的别名。

5　人类学小说：内心故事

图 13. 威廉·霍加斯：《残忍的报应》(《解剖学剧院或是残忍的报应》)，铜版画(1751)

5 人类学小说：内心故事

威廉·霍加斯的铜版画《残忍的报应》是他的组画《残忍的四阶段》之中最后一幅，令人触目惊心。这四幅画可以让人得见一个男人的犯罪历程，他小时便虐待动物，成年后鞭杀马匹，诱奸少女致其怀孕，并在怂恿情人偷盗后将其杀害，最终发展成抢劫谋杀犯。第四幅画呈现的是在解剖台上的他。依照当时的法律惯例，他的尸体交由供教学用的解剖学剧院处理。人在这里沦为了纯粹的用于研究的客体，可以对他无所顾忌地为所欲为，一如他之前对待旁人那样。通过一个颅骨螺栓固定，他的头被滑轮抬起，眼睛、内脏和脚部肌肉被剜出。骨头被熬煮消毒后制成标本，这与用狗来清理残渣一样常见。霍加斯的描绘与画中主持教授傲慢的神态一样，自然是夸张的。他的理由是，为了撼动底层人民坚硬的内心，他的运笔也不得不强硬些。

解剖学的隐喻在人类学的语境中备受欢迎。一再提到心灵最深处的机制与最秘密的活动亟待解剖与制成标本的，不仅仅是席勒一人。心灵本身在体内既无法定位，也无法让它显形，人们所能观察到的，仅仅是它的影响力。它们则成了文学描绘的对象，不管是通过肢体语言来表达（哭泣、脸红等），还是经由思想、情感、感性印象的表达来体现。这类新小说成了心灵记录仪，重心从关注外在生平与行为转移至对心理的内观。人类学小说的主题是人的内心故事，在尽可能周密地考量个人的状况与环境后，讲述他的心路发展历程。歌德《少年维特之烦恼》（1774）与莫里茨《安东·莱瑟》中的主人公可谓典型，令人印象尤为深刻，并对后来教育小说这一体裁的发展厥功至伟。

5.1　1774 小说年：歌德、布兰肯伯格与恩格尔

1774 年是德国小说发展的巅峰时刻。除了文学畅销书《少年维特之烦恼》(以下简称《维特》)外，还有两部关于小说的诗学反思之作问世，这一体裁在此之前是很少有人关注的(见本书第 12 章)：它们分别是布兰肯伯格*的大部头著作《试论小说》(1965)与恩格尔**短小精炼的散文《论情节、对话与小说》(1964)。三部作品目标一致：不是把人当作公民、统治者或统帅来看待，而是视为内心有发展、有变化的活生生的人。歌德不需要任何理论，就用他的书信体小说实践了这一想法，而另外两位叙事理论家虽然设计出来了理想的模式，但却无法提供合适的文本印证。整件事情的确让人惊异，因为三位作家的工作都是完全独立的，却在想法上如此相似，甚至连某些表述的细节都完全吻合。

总之在这奇特的巧合之后，理论与文学有了些交互的影响与互动。

1. 1775 年，布兰肯伯格在对《维特》的一篇详尽的书评中，证实了这一吻合性，并解释道："作者想要给我们呈现出……一个男人内心的故事，以及在他性格的基础上，他的命运如何逐渐发展，变成最后那样"；总体而言他是成功的，"因为维特所有思绪与感受的萌生与变化，我们仿佛亲眼得见"

---

*　弗里德里希·冯·布兰肯伯格(Friedrich von Blanckenburg, 1744—1796)，德国作家与文学理论家，著有《试论小说》(1774)、《德意志帝国与风俗史论集》(1775)、《关于历史确定性问题》(1796)等作品。

**　约翰·雅各布·恩格尔(Johann Jakob Engel, 1741—1802)，德国作家与启蒙哲学家，因《论情节、对话与小说》(1774)等一系列散文而成为现代小说理论的拓路人之一。

5 人类学小说：内心故事

（Blanckenburg 1997, S. 27f., 53）。

2. 在歌德的小说中，维特也为自己的故事给出了一个类似的诗学导读。它隐藏在他对一起聊天的伙伴们的警告之中，他们总是操之过急地要评判好与坏："你们为此调查过一个行为的内在原因吗？你们就如此笃定地认为发现了它为何会发生、为何一定会发生的动机？如果你们仔细研究过，就不会这么草率地下判断了"（Goethe 2001, S. 54）。

3. 恩格尔也力图要将诗学与新的小说形式结合起来，虽然侧重点不太一样：他的家庭小说《罗伦茨·斯塔克先生》（*Herr Lorenz Stark*, 1795/96）虽然追求个性化的性格描写与对话式的情景再现，但整体而言比起他在理论上的革新还是差了一截（参见 Heinz 1996, S. 239–249）。

布兰肯伯格的小说理论汇集了迄今为止所有的关键词：

- 内心故事
- 人物性格要有形成与发展的过程
- 发现行为的动机

这部著作标志着与巴洛克时期的理解认知彻底划清界限。巴洛克坚持将混乱的、受制于偶然性的此岸与由神性秩序与天意主导的本质性领域区分开来，布兰肯伯格则把这种形而上与神学的建构降低到了现实与可能性的层面。小说现在不是建立在宗教性的天命与神奇性原则的基础之上，而是倚靠经验与心理的、令人信服的因果关系。除此之外，描写的现实也发生了改变：英雄诗（从古代的史诗直到宫廷的巴洛克小说）关注的向来是公众性的举动与事件，即公民的行为，"而小说研究的则是人的行为与感受"（Blanckenburg 1965, S. 17）。

早在 18 世纪时，人们就已用"实践意义"这一概念来表达它了：

像克里斯多夫·马丁·维兰德就给他的小说取名为《阿伽通的故事》（1766/67）——它是布兰肯伯格引证的主要来源——"一个实际批判故事"（*eine "pragmatisch-kritische Geschichte"*，Wieland 1986, S. 371）。"实践小说"（"pragmatischer Roman"）不仅蕴含丰富的现实（英语的 history 相当于德语的 Geschichte，即历史，是与 novel，即德语的 Roman，"小说"一词是相对立的），而且希望通过对生活世界密切相关的见解来干预现实，传播关于世界与人的知识并借此而产生影响与后果。还在布兰肯伯格之前，维兰德就已在《阿》中总结了相关的叙述原则，汉斯·尤尔根·兴斯为此还造了一个新概念，称其为"人类学小说"（"anthropologischer Roman"，参见 Schings 1980；1984）：维兰德的要求是，"不要仅靠任意的凭空想象……而要依据取之不竭的自然来塑造人物；人的心灵状态和每一种激情的本性都与个人的性格和生活环境相关，有着独特的色彩与层次"，所以要将之描绘成"它有可能会发生的那样"（Wieland 1794ff., Bd. 1, S. X–XI）。布兰肯伯格主要是以戏剧理论，尤其是市民悲剧为基础，细化了这一原则，因为在德国文学中除了维兰德，还找不到其他先例。他计划将小说打造为"人的内心故事"，是"一系列不同情境交替变化导致的结果"（Blanckenburg 1965, S. 391），简言之可暂时概括为以下几点：

- 现实的可信性：小说描述的是"在现实世界中可能会出现的人"（Blanckenburg 1965, S. 257）。
- 无等级说："这样无论是德国的乡间容克贵族，还是宫廷侍从……都可以入书……每个人都有自己的内心故事"（Blanckenburg 1965, S. 388）。
- 变化的人：小说人物不会"机器般地"行事；每件"成为现实的事情"都应从因果关系中推导出来（Blanckenburg 1965, S.

260f.)。
- 心灵与肉体:"一个人的内在与外在密不可分",所以描述要在品性与行为、内心状态与外在表达之间找到一种平衡(Blanckenburg 1965, S. 263)。
- 小说人物的内心修养:"他们的思考与感受能力的'形成',或者更确切地说是'故事'",是小说努力的目标(Blanckenburg 1965, S. 263)。
- 个性化:唯有通过刻画许多"小事"与"独特性",人物才会"丰满";作家必须塑造"个性化"的人物,展示"他们为什么会如此这般行事"(Blanckenburg 1965, S. 209, 281)。
- 独立"思考的读者":"如果小说作家靠些座右铭和格言警句,就想给读者上课的话,那就是他的不幸了"(Blanckenburg 1965, S. 336, 414)。

布兰肯伯格的诗学以对小说的影响与效果之思索结束,正好可以与约翰·雅各布·恩格尔对接。布氏认为,小说不怎么能激起炽烈的情感,其实这个问题作家是可以解决的,"只要他懂得如何将小说转变成情节",即将小说戏剧化;这样的话,受众"就由读者和听众转变成了观众"(Blanckenburg 1965, S. 494, 499)。这正是恩格尔的散文《论情节、对话与小说》论述的核心,它于 1774 年刊发在《美丽科学与自由艺术之新书库》(*Neue Bibliothek der schönen Wissenschaften und der freyen Künste*)杂志上。恩格尔建议叙述者,"凡涉及心灵描写之处,就运用戏剧的手法",这样"无尽的微妙之处"就会跃然纸上(Engel 1964, S. 62f.)。他与布兰肯伯格在概念运用上的一致引人注目:恩格尔也是在讨论内在与外在如何共同运作;讨论事件之间必然的、相联的因果关联链;讨论真正的小说叙述应该向人们展示逐步形成、转变与产生的过程,与不切实际的描写截然不同。

恩格尔比布兰肯伯格更有意识地运用了人类学的概念，提出要具有"深邃的目光，洞察人物心灵的最深处与内心最隐秘的角落"："戏剧性的情节"要有趣得多，它触及人的"心灵"，即"低级的心灵力量"，而"哲思式的"处理则指向"理智"和"高级"的认知能力（Engel 1964, S. 67, 28）。恩格尔真正的革新之处与此密切相关：他强烈呼吁，小说需要有更多的对话，才会变得更生动，因为"在叙述中，情节与行为是已经发生之事，而在对话中，它则发生在此时此刻"，并且是建立在参与者个性化的视角之上的。所以"用对话的形式来刻画人物要远胜于叙述的形式"（Engel 1964, S. 55f., 70）。在启蒙晚期，的确可以在小说中看到越来越多的对话，有的小说甚至全篇都是由对话组成，比如弗里德里希·特劳戈特·哈泽（Friedrich Traugott Hase）的《古斯塔夫·阿德尔曼——一部戏剧小说》（*Gustav Aldermann. Ein dramatischer Roman*, 1779）。

5.2 歌德的《维特》：一份病历报告

《少年维特之烦恼》是一部单一视角的书信体小说，歌德借此尝试以一种别样的方式来呈现直接性与主观性。除了形式之外，主要还有它写实的风格，以及对（建立在事实基础之上的）病史发展因果关联的心理描写，使其也可当作一部人类学小说来阅读。在其自传《诗与真》（1811—1831）中，歌德称《维特》的主题是"一个年轻疯癫病人的内心故事"，主张"真实"的、而非道德评判式的描述："它既不赞同、也不斥责，它只是交待他性情与行为的原委，并正因此而使人豁然开朗与受教"（Goethe 1887ff., Abt. I, Bd. 28, S. 217, 228）。时隔多年之后，歌德指出，无论是在小说的形成还是影响方面，这个虚构的故事在很多地方都根植于现实的土壤：维特的自杀完美演

5 人类学小说：内心故事

绎了时代的流行病"忧郁症"与"疑病症"，它们主要是从以下几方面获得了汲养：

1. "生理的"与"道德的原因"：歌德认为，"厌恶生活"（Ekel vor dem Leben）应该归"医生"与"道德家们"来管。前者关心生理基础，也就是均衡饮食（阳光与空气、吃与喝、运动与休息、睡眠与清醒、消化与情绪起伏）；后者——哲学家与作家们——正相反，要"对生活产生厌倦"的社会因素负责（Goethe 1887ff., Abt. Ⅰ, Bd. 28, S. 209, 210）。歌德指出英国文学就具有忧郁潜质，比如爱德华·杨[*]的《夜思》（Night-Thoughts, 1742—1745），格雷[**]的"墓地诗"（1751），瓦尔顿[***]的诗歌《自杀》（The Suicide, 1771），此外还有忧郁症患者弥尔顿、莪相[****]和莎士比亚。

2. 心理原因：维特在关于自杀的谈话中，将其解释为是"向死之病，人的天性因此大受打击，有时是力气丧失殆尽，有时是使不上劲，再也无法重新振作起来，也没有什么成功的革命能帮助重建生活的日常秩序"。他以一场不幸的爱情为例，得出结论："在混乱而矛盾的力量竞相角逐的迷宫中，人的天性找不到出路，人非死不可"（Goethe 2001, S. 56-58）。在他

---

[*] 爱德华·杨（Edward Young, 1683—1765），英国诗人、批评家、哲学家与神学家，代表作《夜思》。

[**] 托马斯·格雷（Thomas Gray, 1716—1771），英国诗人、文学家、古典学者，剑桥彭布罗克学院教授。

[***] 托马斯·瓦尔顿（Thomas Warton, 1728—1790），英国文史学家，批评家与诗人。

[****] 莪相（Ossian），即奥伊辛，苏格兰诗人亦译作"奥西恩"，是凯尔特神话中爱尔兰著名的英雄人物，传说是一位优秀的诗人。1761 年，苏格兰诗人詹姆斯·迈克弗尔森（1736—1796）声称发现了莪相写的史诗作品，并将其翻译出版。

的自传中，歌德承认，就在小说完成之前，他还有抑郁与自杀倾向，而借这部小说，他则用"开朗明媚"抛开了所有"疑病症的怪相"（Goethe 1887ff., I. Abt., Bd. 28, S. 220）。

3. 耶路撒冷事件：在这样一种状态下，1772年10月30日，年轻的耶路撒冷*自杀，可以说是递给了歌德合适的"导火索"，让他点燃了这本小说会引发的巨大"爆炸"（Goethe 1887ff., I. Abt., Bd. 28, S. 227）。不仅是由于这一真实的自杀事件具有轰动效应，也因为它映射出歌德和夏洛特·布弗和约翰·格奥尔格·克里斯蒂安·凯斯特纳**之间复杂的三角关系。

应将小说当作无法避免且后果严重的心理病态史来理解，歌德就曾在两处地方亲自给出了这样的阅读指南：他从一开始就旨在书写"Historiam morbi"——一个致死的病例故事，这"比所有冠冕堂皇的道德教义要有用千倍"（Gräf 1919, S. 283–285）。只有对这一切都熟视无睹的人，如弗里德里希·尼柯莱***，还写了《少年维特之喜悦》（*Freuden des jungen Werther*, 1775）来戏讽歌德，这些人才会看不出来，"维特的青春之花从一开始就已被致命的蛀虫所啃噬"，这是歌德后来在《诗与真》中补充说明的（Goethe 1887ff., I. Abt., Bd. 28, S. 229）。

从这个意义来讲，这部小说的确可以当成一份构思巧妙的病

---

* 卡尔·威廉·耶路撒冷（Karl Wilhelm Jerusalem, 1747—1772），德国律师，因与已婚的公使馆秘书夫人伊丽莎白·赫尔特爱情不幸，于1772年在维茨拉尔的公寓自杀身亡，歌德在《维特》结尾处以这一事件为原型进行了文学加工。

** 夏洛特·布弗（Charlotte Buff）是歌德小说《维特》中绿蒂的原型，约翰·格奥尔格·凯斯特纳（Johann Georg Christian Kestner）为其丈夫。

*** 克里斯多夫·弗里德里希·尼柯莱（Christoph Friedrich Nicolai, 1733—1811），德国作家与书商。

历来阅读,从心理角度而言,结局也让人信服。没过多久,篇幅更短、更为客观的自杀研究报告就发表在了卡尔·菲利普·莫里茨的《经验心理学杂志》(1783—1793)上,或是收录在克里斯蒂安·海因里希·施毕斯(Christian Heinrich Spieß)更为通俗的《自杀者传》(1785—1789;参见 Spieß 2005)中。歌德提供的细节要丰富得多,它们早该引起收信人的警觉,同时也让读者充当了一位明智的医生的角色。还在认识绿蒂以前,维特的病就已在前几封信中露出了苗头:与蕾欧萝勒的伤心过往、心情的压抑、在自然中寻求逃避、对书籍感到恶心、感觉处处受制而不被理解,这些都组成了这一复杂人物的多面性。

在 1771 年 7 月 1 日于牧师住所内关键性的谈话与 8 月 12 日有关于自杀的讨论之后,越来越多的迹象暗示维特患有疑病症:有些时候,他想"往自己的脑袋里射进一颗子弹";他感觉到,"疾病正悄无声息地卷席着他,他的生命在不可遏止地渐渐消逝";他预见到"永恒敞开的墓穴的深渊";他忽然发现,"不再具有想象的能力,不再对自然抱有情感";"除了墓穴",他看不到"这种痛苦还有其他出路";他觉得"自己像傀儡一样,被人玩弄于股掌之间","不明白,[他]为什么要起床、睡觉";他讲述说,他"上百次地拿起了刀,想给自己压抑的心透透气";他"常想要撕扯开胸膛、砸开脑袋";他认为"已失去了他生命中唯一的幸福";认识到他"全部的生命都在生存与毁灭之间瑟瑟发抖";"闷闷不乐与兴致索然愈来愈深地占据了他的心灵",他"张开双臂","面朝深渊,呼吸的全是'跳下去!跳下去!'";最后他重复地表白了四次:"绿蒂,我心已决,我要去死"(Goethe 2001, S. 45, 50, 62, 63, 66, 78, 85, 102, 103, 105, 114, 122, 128)。

这一系列再明白不过的提示表明,有一张大网笼罩全书,它涵括了诸多因果关联，在接近书的结尾处时愈收愈紧。若细读文本，会发现更多巧妙的暗示：书中讲述了三个小故事，映射出维特的命运。此外它们也给予了他机会，去扮演一个明理的医生的角色。他希望，其他人在对待他的问题时也会如此。这三件事为分析维特的病史提供了一个很好的出发点，它们分别关涉到(1)一个被抛弃的、想投河自尽的姑娘；(2)一个农家小伙，出于嫉妒而打死了一个农仆；(3)海因里希，一个疯狂的寻花者。

1. 借用年轻自杀女的故事，维特想要争取人们对于自杀的理解，将它视为一种疾病。"她立于深渊之前，神情木然，毫无感觉；她的周遭为黑暗所笼罩，没有出路，没有慰藉，没有预兆！因为他抛弃了她，而只有在他那里，她才能感觉到她的存在。"（Goethe 2001, S. 58）

2. 关于农家小伙的插曲是1787年第2版时才加入的，分布在3个片段中：他爱上了他的女主人，却遭到了她的拒绝（Goethe 2001, S. 19f., 93–95, 117–119）。维特关注此事长达一年半之久，为这段隐秘的爱情故事而深深打动，试图去理解小伙杀死情敌的行为，描述他的心理状态，为其开脱（Košenina 2007a）。

3. 海因里希之前是绿蒂父亲的秘书，突发高烧，变得抑郁而狂躁，在疯人院待了一年。维特遇见了这个现已平静、但完全精神错乱的男人，正在寒冬腊月里给他的宝贝寻找鲜花。维特非常内行地讨论了疯癫问题，并尝试通过提问来探究海因里希的过往（参见 Goethe 2001, S. 108–111）。

总而言之，这个世界文学中最知名的自杀事件是一以贯之被推导出来的。1775年，丹尼尔·霍多维茨基出神入化地演绎了小说精雕细画、几近刻意的结尾（见图14）。

5 人类学小说：内心故事

那些告别信与证人的证词、那并未立即致命的头部枪伤、医生们的努力与缓慢的死亡过程，绿蒂的惊慌失措——所有这一切都细致地交代了动因，是整个情节发展水到渠成的结果。布兰肯伯格在他的书评中也证实（参见 Blanckenburg 1997, S. 25–55），这些正是人们希望在新兴起的人类学小说中看到的。

图 14. 丹尼尔·伯格：《垂死的维特》，根据丹尼尔·尼古劳斯·霍多维茨基的构思所作的铜版画（1775）

5.3 莫里茨的《安东·莱瑟》：一部心理小说

卡尔·菲利普·莫里茨给他的《安东·莱瑟》冠以的副标题是"一部心理小说"，纲领性地宣布他将致力于这一新的叙述模式。它也适用于其第 1、2 卷的简短前言。其中他不仅引用了布兰肯伯格对小说的定义，即"人的内心故事"，还提及了其他一些重要的概念，如"源于现实生活的……生平经历""看似微不足道的一些状况""心灵的自我审视""个体的存在"，以及"对一个人生活最为细枝末节的描写"等（Moritz 1972, S. 6, 122）。总之，这个例子呈现出"人类学小说体裁最极端的形式"，主要是"经验心理学的参考文献"，是"没有治疗方案的病理史描述"（M. Engel 1993, S. 146）。

这正是这个文学实验的魅力所在。莫里茨在他也参与创立的经验心理学这一领域下了一番苦功夫（参见本书第 1 章），并为此将他自己的生活作为了研究对象。通过第三人称叙述，小说实现了主客体的区分。莫里茨写的是关于莱瑟的故事，而莱瑟就是曾经的他，他是通过叙述视角所产生的距离感，完成了——按当时的话说——对"自己生活的描述"。另外根据新发现的文献资料，也几乎可以打消对此事真实性的怀疑。从 1769—1770 年不伦瑞克的制帽匠约翰·西蒙·罗本施坦恩（Johann Simon Lobenstein）写给寂静派[*]邪教首领约翰·弗里德里希·冯·弗莱施拜恩（Johann Friedrich von Fleischbein）的信来看，卡尔·菲利普·莫里茨的确经历过内心的痛苦与折磨（参见 Wingertszahn 2002）。

---

[*] 寂静派，Quietismus，是基督教神秘主义与苦修主义的一种特殊形式，主张完全将自己交给上帝，内心清净地生活，拒绝一切外在的宗教形式，如口头祈祷与圣餐。

5 人类学小说：内心故事

在拓下来的信中（见图 15），制帽师傅用磕磕巴巴的德语抱怨学徒所犯的"错"，并讲述了他如何尝试进行教育：

> 我试着严厉地对待他……用一根小棍子打了他几下 他就装得一副好像受了伤的样子 他奇怪的行为让我害怕 都有些恶心了……（Wingertszahn 2002, S. 15）

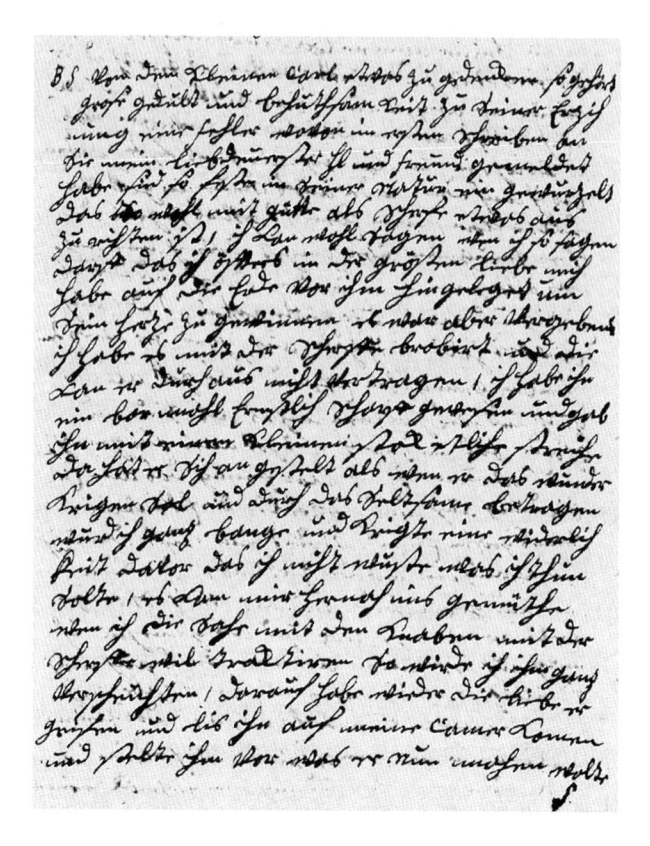

图 15. 约翰·西蒙·罗本史坦恩：《写给约翰·弗里德里希·冯·弗莱施拜恩的信》（1769 年 9 月 14 日）

据说莫里茨反复以自杀来要挟，而莱瑟甚至真的由于"厌倦生活"而企图跳河（Moritz 1972, S. 103）。

这部小说是与《经验心理学杂志》平行进行的活动，杂志在1783/84 年就已发表了关于他个人故事的第一批节选（参见 Moritz 1972, S. 508–534）。它们符合心理学杂志提出的所有要求。因为对于这门新的学科而言，对"自己真实生活的描述或是对自身的观察研究"是比"杜撰"要宝贵得多的参考源泉，对于之后的写作而言，这意味着："诗人与小说家在进行文学加工之前，不得不先研究经验心理学"（Moritz 1997 / 99, Bd. 1, S. 796, 798）。

《维特》呈现的是生平节选，仅仅是两年的时光，而《安东·莱瑟》则详尽描述了从最早的孩提时代到二十岁左右的生活经历。压抑的经历与忧郁的表征紧密勾连，但并非一定要把它解读成危机的加重。文中许多地方强调的更是，安东·莱瑟是如何战胜了他家庭中静寂派式的权威教育以及紧接着的学徒时期，是如何分阶段地通过阅读、写作、布道与演戏，为与世界之间建立起一种积极互动的关系做好准备，这种关系也逐渐地为他创造了前提，去克服社交恐惧与决定自身命运。鉴于书作者莫里茨后来在柏林所取得的成就，这是一种积极正面的解读，但这当然并非想要质疑，这本书是以他的病史为基础的，但是它的后果没有像维特那般严重。

他的"心灵疾病诊断书"主要以以下"想象力的痛苦"为依据（Müller 1987, S. 321）。布道台、书籍和戏剧舞台成了心灵、现实与想象王国之间的转换平台（参见 Müller 1996）：

1. 布道的影响：安东所欣赏的牧师鲍曼集演讲者、教育家、老师与演员为一身。因被"这个男人的布道所震撼并深深打动"，这个内向的孩子第一次体会到了美学影响的可能性；"他的形象，他的表情，还有他的每一个动作都深深烙在了安东的心中"(Moritz 1972, S. 75, 77)。在这里埋下了他日后自己朗诵与讲道练习的种子，还有他渴望在学校或被许多听众所关注的迫切要求。"对于安东而言，没有什么比看见一个公开演讲者更激动人心了，他可以把几千人的心都攥在手里"（Moritz 1972, S. 75）。

2. 狂热的阅读与写作：安东·莱瑟是一名没有节制的读者，起先是读《圣经》与宗教书籍，后来是看"禁书"。这些书包括《一千零一夜》、约翰·戈特弗里德·施纳贝尔（Johann Gottfried Schnabel）的小说《石堡岛》（1731）*，一直到《维特》，它们让他陷入"某种阅读的……狂热之中"："阅读成为了他的一种需要，就像鸦片之于东方人一样"；古旧书店的老板很懂得如何利用他的这种依赖性，直到安东"读书读到债台高筑"。同时，他的"神性的艺术家癫痫"（艺术家癫狂症）也日益严重，即他"自认为是艺术家"，行事做派也是如此（Moritz 1972, S. 33, 201, 155）。安东·莱瑟开始尝试写作（与莫里茨一样），主要是即兴诗、生日祝词、戏剧前言和日记一类。

3. 戏剧瘾：最终安东陷入了"阅读与观看喜剧的狂热"（Moritz 1972, S. 413）。医学还在那个时代就已将这种需求描述为"瘾"，它超出了纯粹热爱的范围（Košenina 2006, S. 120–134）。和看书时一样，安东与人物产生强烈共鸣，通过在剧后模仿他们的情感表演，共鸣得以进一步加深。他是"共情式

---

*《石堡篇》（Insel Felsenburg）是施纳贝尔的长篇小说，共分为四部分，分别发表于1731年、1732年、1736年与1743年，原书共2500页，书名也很长，后来蒂克（Ludwieg Tieck）在1828年将其改编缩简后，以《石堡岛》一名出版，并因此闻名。小说讲述的是主人公艾伯哈德·尤利乌斯（Eberhard Julius）去理想化的南太平洋岛屿"石堡岛"冒险的故事。

演员"的追随者,这种方式与注重反思、揣摩与内心保持距离的表演是不同的(见本书10.1)。只有这样才能解释他在想象世界中的自我消解:"他觉得,他体会角色的那种强烈感会卷走一切,让他忘却自我"(Moritz 1972, S. 391)。

诚然,莱瑟的心理活动图远不止于以上这三个具有代表性的情结范畴。该书不是按照艺术的视角,而是心理的角度来构建的,对于带有医生式的或是分析性目光的读者而言,它就是一份长长的、详尽的病历。作家阿尔诺·施密特(Arno Schmidt)一直在孜孜不倦地收集启蒙时期的荒唐"怪人",在莫里茨200周年诞辰时,他称此书"不仅是德语世界中也是所有自传中最了不起的一部"(Schmidt 1956 in: Moritz 1997 / 99, Bd. 1, S. 981)。作为内心故事,它在情节上没有大的跌宕起伏,无论是从经验的、还是记录的层面来讲,都为人类学小说的书写提供了一个典型的、可谓教材式的范本,几近枯燥。

问题与思考

- 恩格尔和布兰肯伯格推荐使用哪些叙述表达手段,来赋予人类学小说更多的个性化色彩与心理学的可能性?
- 请讨论对于文学中人物内心历程有影响的因素。
- 请分析维特1771年7月1日的信(Geothe 2001:34—40)。在这里建议使用哪些方法来应对"糟糕的情绪"与"坏心情"(böser Humor,拉丁语humores,意为"体液")?找找书中关于"饮食"规范的说明(见本书5.2)。
- 请对照维特的痛苦来阅读歌德《维特》一书中关于女性自杀者、青年农民与寻花者这三个小故事。
- 请比较《安东·莱瑟》一书的开头与莫里茨本人在《经验心理

学杂志》中关于童年回忆的思考(Moritz, 1972, S. 508—511)。
- 请收集并分析文中其他可以体现安东·莱瑟的表现欲、阅读狂热与戏剧瘾的地方。

推荐书目

- **Casus. Von Hoffmanns Erzählungen zu Freuds Novellen**(《案例:从霍夫曼至弗洛伊德的小说》). Eine Anthologie der Fachprosagattung | 'Fallerzählung', hg. von Carsten Zelle, Hannover 2015.
此选集点评了教育学、医学与心理学意义上的纪实故事,其中也包括对歌德的《维特》进行补充与延伸的病例小说(S. 79–111)。
- **Friedrich v. Blanckenburg**(弗里德里希·冯·布兰肯伯格): **Versuch über den Roman**(《试论小说》). Auszug in: Romantheorie 1620—1880. Dokumentation ihrer Geschichte in Deutschland, hg. v. Eberhard Lämmert u. a., Frankfurt a. M. 1988. Auszug aus Blanckenburgs Romantheorie, S. 144–149.
布兰肯伯格小说理论节选。
- **Johann Jakob Engel**(约翰·雅各布·恩格尔): **Über Handlung, Gespräch und Erzählung [1774]**(《论情节、对话与小说》), hg. v. Ernst Theodor Voss, Stuttgart 1964.
- **Johann Wolfgang Goethe**(约翰·沃尔夫冈·歌德): **Die Leiden des jungen Werther**(《少年维特之烦恼》), hg. v. Ernst Beutler, Stuttgart 2001 (RUB 67). Zur Analyse empfohlene Textpassagen: S. 5–14, 34–40, 52–59, 93–95, 108–111, 117–119. – Kommentierter Paralleldruck der Fassungen von 1774 und 1787: Ders.: Sämtliche Werke [Frankfurter Ausgabe], Bd. I, 8, hg. v. Waltraud Wiethö lter, Frankfurt a. M. 1994.
- **Karl Philipp Moritz**(卡尔·菲利普·莫里茨): **Anton Reiser. Ein psychologischer Roman**(《安东·莱瑟:一部心理小说》), hg. v. Wolfgang Martens, Stuttgart 1972 (RUB 4813). – Kritische, kommentierte Ausgabe: Ders.: Sämtliche Werke, Bd. 1, hg. v. Christof Wingertszahn, Tübingen

2006.

- **Manfred Engel**(曼弗雷德·恩格尔): **Der Roman der Goethezeit, Bd. 1: Anfänge in Klassik und Frühromantik**(《歌德时代的小说,第 1 卷:古典主义与早期浪漫派的开端》), Stuttgart/Weimar 1993, S. 89–155, 203–215.
关于人类学小说理念发展(布兰肯伯格、莫里茨、歌德等)的基础性著作,同时也顾及了英法的传统。

- **Fallgeschichten. Von der Dokumentation zur Fiktion**(《病例故事:从纪实到虚构》). Themenheft der Zeitschrift für Germanistik 19, 2009, S. 282–395.
期刊文章讨论了这一在事实与虚构之间摇摆的文学体裁,涉及安德烈亚斯·埃利亚斯·毕希纳(Andreas Elias Büchner)、歌德、克雷培林、伦茨、席勒等作品的医学史关联。

- **Jutta Heinz**(尤塔·海因茨): **Wissen vom Menschen und Erzählen vom Einzelfall. Untersuchungen zum anthropologischen Roman der Spätaufklärung**(《关于人的知识与对个案的叙述:启蒙晚期人类学小说研究》), Berlin / New York 1996. Verbindet den Kontext der
用文学人类学方法进行的单个文本分析(哈泽、希佩尔、雅各比、克林格尔、韦策尔等的作品)

- **Alexander Košenina**(亚历山大·柯舍尼那)(Hg.): **Johann Jakob Engel (1741—1802): Philosoph für die Welt, Ästhetiker und Dichter**(《约翰·雅各布·恩格尔(1741—1802):世界哲学家、美学家与作家》), Hannover-Laatzen 2005.
论文集讨论了恩格尔的对话诗学、美学以及他的小说《罗伦茨·斯塔克先生》(1801)。

- **Alexander Košenina**(亚历山大·柯舍尼那)/ **Carsten Zelle**(卡斯滕·策勒)(Hg.): **Kleine anthropologische Prosaformen der Goethezeit (1750—1830)**(《歌德时代短小的人类学散文形式》), Hannover 2011.
论文集没有讨论知名的"人类学长篇小说",而是研究了布拉克布施、克劳迪乌斯、恩格尔、歌德、豪夫、哈尔斯德费尔、克吕格尔、赫尔茨、穆西勒、穆索伊斯、韦策尔、维兰德等人更为短小的叙事作品形式。

- **Reinhart Meyer-Kalkus**(赖因哈特·迈尔-卡尔库斯): **Werthers Krank-**

heit zum Tode. Pathologie und Familie in der Empfindsamkeit(《维特的致死之病：感伤主义时期的病理学与家庭》), in: Helmut Schmiedt (Hg.), „Wie froh bin ich, daß ich weg bin". Die „Leiden des jungen Werther" in literaturpsychologischer Sicht, Würzburg 1989, S. 85–146.
引用心理分析，诠释维特的失恋与心理剧。

- **Inka Mülder-Bach**(英卡·穆尔德-巴赫)/ **Michael Ott**(米夏埃尔·奥特) **(Hg.): Was der Fall ist. Casus und lapsus**(《是么回事：案例与过失》), Paderborn 2014.
论文集讨论了人类学与法学的个案故事，包括毕希纳的《伦茨》，歌德的《维特》与克莱斯特的《O. 侯爵夫人》等。

- **Lothar Müller**(洛塔尔·穆勒): **Anton Reiser**("安东·莱瑟"), in: Interpretationen: Romane des 17. und 18. Jahrhunderts, Stuttgart 1996, S. 259–301 (RUB 9474).
在文学人类学的语境下，该文进行了简明扼要的单个文本分析。

- **Nicolas Pethes**(尼古拉斯·佩特斯): **Literarische Fallgeschichten. Zur Poetik einer epistemischen Schreibweise**(《文学的案例故事：一种认知式的书写方式的诗学》), Konstanz 2016.
论文选集研究了伦茨、莫里茨、施毕斯、霍夫曼、毕希纳、施蒂夫特、拉伯、德布林、本恩哈特等人的作品。

- **Karl N. Renner**(卡尔·N.·莱内尔): **„. . . laß das Büchlein deinen Freund seyn". Goethes Roman „Die Leiden des jungen Werthers" und die Diätetik der Aufklärung**("'让这本小书做你的朋友'：歌德的小说《少年维特之烦恼》与启蒙时期的养生学"), in: Günter Häntzschel/John Ormrod/ ders. (Hg.), Zur Sozialgeschichte der deutschen Literatur von der Aufklärung bis zur Jahrhundertwende, Tübingen 1985, S. 1–20.
以养生学与医学史为背景，解读维特的病史。

6　人的教化：启蒙的教育理论

图 16. 格奥尔克·伊曼努尔·奥匹兹:《上课》,水彩钢笔画

画家奥皮茨*的漫画展示了1800年前后时的"一节课",对于教育工作者而言,噩梦里都不会比这更糟糕了。画中教师的教鞭无意指向了黑板上的"纪律"二字,但他完全无

---

* 格奥尔克·伊曼努尔·奥皮茨（Goerg Emanuel Opiz, 1775—1841）,德国画家与版画家,作为小说家发表作品时用的假名是"Bohemus"。

法掌控课堂：只有两个在他视线范围内死读书的孩子，还在中规中矩地读着课本，在画的左边边缘处，有一个男孩则正在幸灾乐祸地看着同学受罚。在老师的背后，所有同学都在搞恶作剧，他们做鬼脸，给老师贴了个纸糊的尾巴，戴着帽子、拿着棍子模仿他，用墨水乱涂乱画，打架斗殴，玩着陀螺或是小折刀。这幅讽刺画的矛头显然是指向反权威的进步教育派（Reformpädagogik），在启蒙时期，他们的拥护者主张人的天性禀赋应该无拘束地自由发展。

1783年，伊曼努尔·康德在关于启蒙定义的散文中，指出了通向成年与自主的道路，但它并不会自动出现。人们需要引导，才会运用理性以及其他的禀赋。另外人类学家还发现了个体发展与人类历史之间的关联：单个小孩的学习进步重复的是作为种族的人类数千年来的开化过程。教育、启蒙与人类学几乎成了近义词，就像人类学一样，教育学首次获得了成为大学专业的资格。教育的蓬勃发展渗透到了各个社会领域：全民义务教育的实施是扫盲最重要的手段；大众启蒙运动传授给了农村居民实用的知识；改革学校（Reformschule）反对培养纯粹理性的人，强调实际的、感性的人的重要性，在大学则开设讨论课作为对讲座的补充，艺术、文学与戏剧都要求要有教育的效果。修养小说（Bildungsroman）也许是启蒙教育学最为杰出的文学成果。

6.1 相邻学科：人类学与教育学

伊曼努尔·康德将启蒙定义为"人类走出由自身原因造成的未成年状态"（Kant 1783 in: Aufklärung 1974, S. 9），将人类学定义为关于人的行为的理论，"作为具备有自由行动能力的主体，人会把自己变成什么样,或者可能与应该把自己变成什么样"(Kant 1983, Bd. 6, S. 399),由此就出现了一个关键性的问题:为了实现自我,人需要怎样的引导?康德在《论教育》(*Über Pädagogik*, 1803)一文中回答了这个问题,它与《实用人类学》相似,全然不在乎人的天生资质。这两个讲座都强调,人必须要接受引导、教育——简言之,要经受启蒙,才能独立运用自己的潜力,得以完善:

> 人是唯一需要教育的生物。这里所说的教育是指看护(照料、赡养)、规训(纪律),还有与教育并行不悖的指导与传授……人只有通过教育才能成为人。他的全部都是教育的结果。(Kant 1983, Bd. 6, S. 697–699)

借由支持教育学,康德反驳了卢梭在其教育小说《爱弥儿:论教育》(1762)——据说康德简直是贪婪地读完了此书——提出的论点,认为自然是人最好的老师(见本书第1章)。这部作品著名的开头部分声称:

> 所有经造物主之手创造的东西都是好的,所有经人之手的都会走样……他[1]不愿任何东西保留自然的状态,甚至对人也是如此。他像训练马戏团的马一样训练人。他让人适应他的手段,并像对待花园里的树一样将人折弯。(Rousseau 1978, S. 107)

---

[1] 指人。

6 人的教化：启蒙的教育理论

与启蒙时期大多数人类导师一样，康德则主张：

- 以纪律来约束人的野性，
- 以教化来克服人的自然野蛮状态，
- 以文明来发展明智而有礼的交际，
- 以道德化来追求良善的、为大家所公认的目的（参见 Kant 1983, Bd. 6, S. 706f.）。

人类学旨在以对人的精确认知为基础去实现自我，这使它与教育学极为相似，有的地方甚至完全一致，因此无论是教育学概念的出现，还是它成为大学专业的时间都与人类学高度契合（参见 HWPh 1971ff.,Bd. 7, Sp. 1–35）：1779 年，恩斯特·克里斯蒂安·特拉普（Ernst Christian Trapp）在哈勒大学获得了德国的第一个教育学教席，他也因此成了未来老师们的学术上的、学院化的导师。

与教育家巴泽多、坎佩和扎尔茨曼一样——这里仅举几个最知名的代表，特拉普也是仁爱主义改革运动的追随者。[*]他们将卢梭的虚构性自传《爱弥儿》视为杰出的榜样，不仅是因为书中所提出的观点与建议，更因为这些观点与建议是通过对鲜活的个人经历的仔细观察，生动地推衍才得出来。书中的教育学不是建立在教师权威的、保守的原则之上，而是教育者与学生之间实验性互动的结果，并且借用一个成长中孩子的目光，从下往上地展示出来。这种崇尚以现

---

[*] 约翰·贝恩哈德·巴泽多（Johann Bernhard Basedow，1724—1790），德国神学家、教育家、作家；约阿希姆·海因里希·坎佩（Joachim Heinrich Campe，1746—1818），德国作家、语言学家、教育家与出版商；克里斯蒂安·戈特希尔夫·扎尔茨曼（Christian Gotthilf Salzmann，1744—1811），德国教育改革家。仁爱主义改革运动（Reformbewegung der Philanthropie）是德国启蒙时期重要的教育改革运动，它的追随者视仁爱与博爱为教育的首要目的。

实为主导的方法与经验心理学相似(见本书第1章),教育改革家们以此为基础开展了新的学校改革项目:

其中最著名的是1774年由巴泽多创立的"德绍仁爱学校"(或"德绍改革派进步学校",Dessauer Philanthropin),这是被人讨论得最多的启蒙教育实验。他们广招名师,通过自己办的杂志《仁爱档案馆》(*Philanthropisches Archiv*, 1776)、《教育商榷》(*Pädagogische Unterhandlungen*, 1777—1784),以及学校创办者自己撰写的、插图丰富的纲领性教材《基础课本》(*Elementarwerk*, 1774),来向公众介绍他们的理念(参见片段 in: Ewers 1980, S. 169–180)。1776年5月,许多名人都去德绍参观了一次由校方精心安排的公开考试。其中也包括马格德堡的教师约翰·戈特弗里德·舒梅尔(Johann Gottfried Schummel),他在短篇小说《弗里茨的德绍之旅》(*Fritzens Reise nach Dessau*, 1776, 参见片段 in: Ewers 1980, S. 400–404)中,从一个感到惊讶的孩童的视角——因此也带着讽刺的疏离感——对这一事件进行了加工。舒梅尔自己也曾在德绍求职,后来却借讽刺作品《山羊胡子——我们教育世纪的一段悲喜史》(*Spitzbart. Eine komi-tragische Geschichte für unser pädagogisches Jahrhundert*, 1779),而成为文学怀疑派的领头人。对于学习应遵循游戏性、生动性原则,应以实用为主导,以及反对以往占主导地位的古语言课这几点,怀疑派并无太大异议;在主张教育的反权威风格,强调奖励而非责罚原则、强调身心全面发展这几点上,也几乎未有分歧。他们的批评与讥讽针对的是高要求的教育理论与实践中常见的失败之间存在的巨大反差。诚然,这种反差也在仁爱派的偶像卢梭身上体现出来,他将自己的孩子送去了孤儿院。巴泽多也更多是一个项目策划者,而非成功的学校改革实施者。在他和他的学院大部分老师闹翻之后,1778年,他辞去了领导一职,并于1780年离开了学校,学校最终撑到了 1793 年。

比巴泽多要成功的是扎尔茨曼，他是 1781 年作为宗教课老师来到德绍仁爱学校的。1784 年，他在图灵根森林自己的产业施奈普芬塔尔（Schnepfenthal）创立了自己的教育学院。那里的扎尔茨曼学校一直存在至今，并由前东德的高中（erweiterte Oberschule）演变为现在的语言专业中学（Spezialgymnasium für Sprachen）。扎尔茨曼转移了启蒙教育学的重心。他的着重点不在于给孩子的教育以指导，而是如何教育教育者。不光是孩子，如卢梭笔下的男孩爱弥儿，家长与老师也需要发展与改变，他们也需要学习。扎尔茨曼的《道德启蒙书》（1782/83）不是写给孩子们，而是给教育者看的。他们应该借助书中丰富的插画，以生动的、好玩的、而非说教的方式，将书中所描绘的主题与故事讲给孩子们听，并尽可能使其变得有趣。扎尔茨曼洞悉过度说教所带来的反作用，它让人对一切规定的东西感到厌烦，或是被禁止的东西所吸引：

> 我们本来也许很乐意做的好事，一旦它是因命令而必须为之，就会让我们厌烦……在本书中找不到规定性的东西。不会说：你不应该浪费，你应该爱你的父母，而是让它[①]感受到浪费的糟糕与父母的好，从而它坚信应该恨此而爱彼。（Salzmann 1785, S. XX f.）

6.2 性教育：扎尔茨曼的敏感话题

在启蒙时期，性教育是尤为麻烦的问题。一方面不应对关于人

---

① 指孩子。

的任何知识予以隐瞒,对人的生理功能要进行生动的解释,另一方面却又遵循刚刚提及的扎尔茨曼的反向思维逻辑,回避性生活领域,认为它是刺激与欲望的可能源泉。最让人害怕的是"自我玷污"这种"流行恶习",在1794年的一份文献中,它被称为是"我们世纪的瘟疫"(Schott 1998, S. 281)。扎尔茨曼并非想引起人们对于身体衰颓与生不如死的疾病的恐惧(Begemann 1987, S. 208–228),就像是看了克莱斯特关于参观维尔茨堡的尤里乌斯医院的信所感受到的那样,在《启蒙书》中,扎尔茨曼主张的是对一切自然关联给予尽可能客观的解释:

> 我完全相信……若要彻底铲除这啃噬人类根基的可怕恶习,最强有力的手段莫过于与孩子们坦率地讨论生殖器官,讨论它强烈的目的性、它的易受伤性,就像是讨论其他器官一样。(Salzmann 1785, S. IX)

巴泽多在他的《基础课本》中,就向我们展示了这样的性启蒙教育应该是什么样子。在书的一章中,他委婉地描述了人的生命起源于男人与女人的"亲密"接触,它"于普通男女而言是极其下流丢人的,但对于丈夫与妻子而言却是允许且值得称道的"。如不是夫妻关系,这种接触就是"不贞或淫荡",是伤风败俗(Ewers 1980, S. 177—179)。扎尔茨曼则因担心读者产生歪念头,而违背了自己的信念,在《启蒙书》中对这一问题避而不谈。但是书中所有的故事与铜版画都在告诫人们节制,比如说对这种胆大妄为的、狂热的游戏的描绘(见图17),就是以眼泪收场的:"若是耽于享乐而不知节制,便是如此下场"(Salzmann 1785, S. 46)。

6 人的教化：启蒙的教育理论

图 17. 约翰·格奥尔克·彭策尔：《若是耽于享乐而不知节制，便是如此下场》，依据丹尼尔·尼古劳斯·霍多维茨基的构思所作的铜版画

扎尔茨曼在其论文《论青少年的隐秘罪孽》(*Über die heimlichen Sünden der Jugend*, 1787)中，详细讨论了手淫这一话题。他主要是公开了一些匿名的坦白信件，它们大都说明了学生们信息的极度匮乏。不过也有例证表明，当时的医学杂志是唆使人自慰的（参见片

段，in: Lütkehaus 1992, S. 125–136)。扎尔茨曼的研究就像其他文献出处一样，讨论的只是男孩子们的情况，但也有例外：在1782年的《医生与非医生年鉴》(*Almanach für Aerzte und Nichtaerzte*) 中可以找到这样一篇文章，题为"什么是女性手淫？一个对人类而言重要的问题"("Was ist weibliche Onanie? Eine Frage der Menschheit wichtig"，见本书 15.1，期刊)。

他们不仅只是写写，行动起来也是毫不含糊：比如仁爱主义运动的倡导者坎佩就采用了一位学生的自我治疗方式。这位学生勇敢地将自己的包皮钉在桌子上，扎出小洞，待伤好之后，便用一个弯曲的黄铜丝穿过小洞，将阴茎圈住，这样每当勃起或他要"自取其辱"时，便会疼痛难当，从而到达阻止的效果。坎佩就按照这个模式，将其稍作改进，定期给他的学生们做这一"手术"(参见 Lütkehaus 1992, S. 147–150)。歌德不幸的小说人物维特(见本书 5.2)"无福消受"这一切。他默默地因这"堕落的激情"感到痛苦，直至"缠绵的病症"完全"耗尽了他的气力"，他决定："我要去死！"(Goethe 2001, S. 9, 50f., 128)

比歌德的小说要更具体，也比专业杂志要更有宣传效果的是扎尔茨曼具有社会批判性的书信体小说《卡尔·冯·卡尔斯伯格或是关于人的悲惨》，他在书中也讨论了这一话题。在放荡不羁的大学生涯之后，标题中的主人公突然开始向人的悲惨宣战。譬如为受到残酷处罚的单身母亲说话(见图 21)，反对因看下流小说而成了勾引者的大学同学，或是痛斥军队里的鞭挞惩罚*。总体而言，这部超过两

---

* 鞭挞惩罚 (das Spießrutenlaufen)，直至19世纪德国军队的一种体罚方式，被判刑者须穿过由几十人至三百人站成两行的巷子，每人都会打他一鞭或是一棍。

6 人的教化：启蒙的教育理论

千页的鸿篇巨著几乎具有百科全书的特征。可以通过一个目录表来探究各式各样的悲惨，并将其用于教育目的。从这个意义上讲，把其中有关一个不幸的手淫者的插曲从全书中剥离出来并非难事（参见片段 in：Lütkehaus 1992, S. 108–124）。但这个故事对于书的内容而言却具有举足轻重的意义，因为它对于卡尔转变成一位仁爱主义者有着决定性的影响。当事人是他的表兄费迪南德，是他叔叔兼资助者的儿子，他的叔叔是一名贵族大庄园主，当过上校。

这位正派人名如其人，唤作冯·布拉沃*先生，发现他的儿子从学校回家时，状态极其糟糕。在给卡尔·冯·卡尔斯伯格的信中，他写到，费迪南德在他强硬的追问下承认，做了"搞虚身子"的事情，不过这个极度苍白无力的少年"得知这种事情是不被允许的，居然感到很讶异"。冯·布拉沃勃然大怒，两次写信给这个"恶习盛行"学校的不负责任的校长，认为主要是他们不食人间烟火地"咬文嚼字与读死书"，使其丧失了"正常的理智"与"体魄的康健"（Lütkehaus 1992, S. 109, 111, 114）：

> 他们——别管是谁吧——感到很自豪，知道"搞虚身子"的拉丁语、希腊语该怎么说，也许还会给我从贺拉兹、奥维德、西塞罗的作品以及荷马的《奥德赛》中引证一堆相关的段落，但是我却认识这件事情的本质，我知道，它是该受到诅咒的恶习，会让人变得畜生不如，让他变得愚蠢、女里女气，无法履行婚姻义务。（Lütkehaus 1992, S. 115）

---

* Brav，德语意为"正派的、规矩的、勇敢的"。

可怜的父亲将儿子送到格林瑙的卡尔·冯·卡尔斯菲尔特处疗养,有一位有经验的医生给予辅助治疗。过了许久,费迪南德才从自闭与消沉中渐渐恢复。卡尔用《圣经》的叙述风格讲述了一个梦,作为这个插曲的结尾,同时也作为对它总结性的评价。在梦中出现了两组年轻人:一组"由于自我玷污与其他形式的淫乱而身体越来越虚弱,理智与血液都遭到了破坏";另一组则既没有身子变虚和神经衰弱,也没有遭到教条、虚荣和专制主义的腐蚀。在梦中,后一组人被视为(基督教的)启蒙理想的希望,他们是"在主完成了他的伟业,摧毁了无知、愚昧与邪恶的王国之后,会出现的更好的人"(Lütkehaus 1992, S. 118f.)。

6.3 完整的人:威廉·迈斯特的教育信

在面对究竟应该将人培养成公民抑或是人这个问题时,仁爱主义运动的追随者毫不犹豫地选择了公民的适用性与有用性。但启蒙的理想,即完整人格的全面发展,却并未因此而消逝。拾起这一理想的主要是所谓新人文主义(Neuhumanismus)的代表。在赫尔德或是洪堡那里,"人性教育"是关键词。赫尔德用了许多复合词来转义地表达人道(Humanität)概念,如"人类(Menschheit)、人性(Menschlichkeit)、人权(Menschenrechte)、人的义务(Menschenpflichten)、人的尊严(Menschenwürde)、仁爱(Menschenliebe)"等,总之,意在"对人进行高尚的教育,使其具有理性与自由、细腻的感官与欲望、具有最温柔的个性与最强健的体魄"(Herder 1985ff., Bd. 7,目录:作为人的人 S. 147; Bd. 6, S. 154)。洪堡的教育理想与之并无二致:"人追求的真正目标在于……极尽平衡地将其所有潜力发展至一个整体,而这一发展不

6 人的教化：启蒙的教育理论

可或缺的首要前提是自由"（W. Humboldt 1967, S. 22）。尤为关键的是这一教育理念对整体性与全面性的强调。如今的学院派将教育狭隘地视为成知识与理解，在 1800 年前后时，情况并非如此，那时的教育注重一切精神的、感性的、道德的、身体的以及社会性能力的培养。

这种全面教育理念的核心思想也影响了歌德小说《威廉·迈斯特的学习年代》（1795/1796）中的所谓"教育信"。书中的同名主人公在书的第 5 部第 3 章中，用这封简短的信件回复了友人维尔纳，后者向威廉描绘了"市民生活的幸福"（Goethe 1982, S. 300），并同时提醒他"勿忘生意人的义务与责任"。因为威廉原本是由于生意的缘故才会踏上旅程，半途中却与其初衷渐行渐远，而去坚定地追求戏剧生涯。在他启程开始新人生的过程中（可以以此来概括全书的情节），威廉的信是一份关键性的文献。它的主要论点是：

> 我可以一言以蔽之地告诉你：如我本来的样子来培养我自己，这是我从年轻时起，就模模糊糊有的梦想与意愿。（Goethe 1982, S. 301）

在这个纲领性的表达中，引人注意的是，它在语法上使用了主动态形式：人不是要经由外部来塑造——或像更古老一些的传统中那样——单纯地变成上帝的拓本（Abbild Gottes），而是将命运掌握在自己手中。"大胆地运用自己的理智吧！"康德的"启蒙箴言"如是说（Kant 1783 in: Aufklärung 1974, S. 9）。虽然威廉·迈斯特的计划远远超出了纯粹知性训练的范畴，但是二者在实现自我这一主张上是共通的。实现自我的理念也可以在同时期的自然研究中找到：

比如说人类学家布卢门巴赫*就在他的论文《论生命力》(*Über den Bildungstrieb*, 1789)中,研究了这种蕴藏于所有生物中的繁殖力与外部塑形的能力[nisus formativus]。歌德在其关于形态学的作品及教育诗《植物变形学》(*Metamorphose der Pflanzen*, 1799)与《动物变形学》(*Metamorphose der Tiere*, 1820)中,深入探讨了这一设想。在前一首哀歌体的诗中他写道:"现在你来观察植物的变化/它如何逐渐被引领着/一步一步地,形成花朵与果实"(Goethe 1987, Abt. I, Bd. 1, S. 290)。以这样一种笃信自然内部生长力的发展理念为基础,形成了新的学校类型——"栽培学校"(Pflanzschule),人们就是这么称呼人类学家席勒在斯图加特上的军事学院"卡尔学校"的。

威廉·迈斯特的自我教育计划源于他渴望解放、急于克服既存的各种限制以及改善自身生存环境,故而他运用了自我净化的意象:"若我自己的内心全是炉渣,那么即使造出好铁又有何用?"(Goethe 1982, S. 301)。在1782年的一封信中,歌德又使用了同样的隐喻:"看起来似乎需要一把巨大有力的铁锤,来将我的天性从诸多炉渣中解放出来,让我的心变得纯粹而不含杂质"(Goethe 1987, Abt. Ⅳ, Bd. 6, S. 93)。与锻造工艺类比,是意欲将人变得更为优雅、文明与完美,将其从粗野的幼童期、从自然状态的"炉渣"中解放出来。个体与种族的发展齐头并进,恰如动植物从单一、未分化的内核发展出来的过程也总是重复了一段进化史。

人格成熟与完善的重要先决条件是实际的生活经验与对世界的认知。威廉在给朋友写信时,也发挥了这一论点:"我看过的世界比你想的要多,我对这种经验的运用也比你想的要好"(Goethe 1982,

---

* 约翰·弗里德里希·布卢门巴赫(Johann Friedrich Blumenbach, 1752—1840),德国医学家、生理学家与人类学家,是首先将人类作为自然史研究对象的人之一。

S. 301）。在此呼吁的基本是哲学关于世界或者说启蒙通俗哲学的纲领，它与人类学密不可分（参见 Böhr 2003）。恩斯特·普拉特纳认为"对人完整天性的认知与对世界的认知不可分"，他说这话不仅是以人类学家的身份，同时他也主张"讲授世界"是大学"哲学教授"的任务（Platner 2007, S. 23, 58）。就像通俗哲学的代表们一样，威廉也尤为看重"天性的和谐发展"，它关注所有的禀赋：除了"精神与趣味"之外，还包括"身体训练""语言与声音""精神与体魄"以及"诗艺"与"戏剧"（Goethe 1982, S. 303）。在那个年代，主要是形体与声音表达的训练，还有对人与世界的认知被认为是表演艺术的基础（见本书第 10 章），这也是威廉的远大抱负所在。

威廉之所以坚信，他的个性只有在戏剧舞台上才能得以充分地发展，是因为他认为市民生活是具有局限性的。贵族拥有所有教育的机会与一切体面的可能，而普通市民却"只能培养个别的能力，让自己成为可用之人"；他"只需存在就够了，若要有非分之想，那就愚蠢而可笑了"（Goethe 1982, S. 303）。所有关于"贵族-市民"对立的评论都会提到通俗哲学家克里斯蒂安·加弗*的一篇论证翔实的散文，席勒言简意赅地将它归结为一句话："市民要劳作，贵族要体面"（Schiller 1992ff., Bd. 8, S. 695）。其实在这部小说写作时期，阶级之间的差异早已不像威廉所认为的那样不可逾越。歌德本人就是一个很好的例子，他将对于艺术与科学的广泛兴趣（包括积极的戏剧表演活动）与宫廷与政治的体面任务（尤为重要的是，它让他晋升为贵族）有机地结合了起来。

在威廉的学习之路上，他尝试在戏剧的世界安身立命，屡屡受

---

* 克里斯蒂安·加弗（Christian Garve, 1742—1798），是启蒙晚期除康德与门德尔松之外最著名的德国哲学家。

挫。关键是他受教育与成熟的过程,是这些经验让他成了一个完整的人。正是在这个意义上,威廉在书快结尾时给朋友的另一封信中解释道:

> 不幸的教育方式啊!它将真正教育最有效的手段摧毁,只向我们指明终点,而非让我们在追寻的途中感到幸福。(Goethe 1982, S. 526)

直到最后威廉才得知,他的教育计划并不完全是由他自己决定的。"秘密塔社"从他孩提时代起,就以他难以察觉的谨慎方式观察着他,引导着他。故而威廉成了"受摆布的偶然之棋子"(Pethes 2007, S. 303),成了塔社教育实验的对象,歌德在此隐射的秘密组织是光明会[*]。许多政界与艺术界的要人都加入了这个势力庞大的集团,直到近期人们才破解了许多假名。这样一些有历史依据的视角在研究中开始逐渐取代了经典教育小说阐释的陈旧套路(参见 Pethes 2007, S. 298–312)。总体而言,这部小说就我们一开始就提出的问题——人究竟需要多少指引去实现自我?——给出了一个在教育上很进步的答案:威廉认为可以靠自己独立自由的抉择,脱离稳定的市民商人阶层,而实际上却一直有人在悄悄地给他出主意,引导着他。塔社的教育家们是成功的,因为他们没有让人察觉到他们的使命。

问题与思考

· 请描述在多大程度上,教育学与人类学可以理解为平行学科。

---

[*] Geheimbund der Illuminaten,光明会,又译光照会,是 1776 年 5 月 1 日启蒙运动时,成立于巴伐利亚的一个秘密组织,创建者为实践哲学教授亚当·维索兹。

6 人的教化：启蒙的教育理论

- 仁爱主义改革运动遵循哪些原则？
- 为什么启蒙运动觉得性教育是敏感话题？它提出了哪些建议？
- 如果把医学专业关于手淫的讨论收录进一部小说的话，会有哪些好处与坏处？
- 假想您是一名教师，以威廉·迈斯特的教育信为基础，写一个简明的教育计划。

推荐书目

- **Johann Wolfgang Goethe**（约翰·沃尔夫冈·歌德）: **Wilhelm Meisters Lehrjahre. Ein Roman**（《威廉·迈斯特的学习年代：一部小说》）, hg. v. Ehrhard Bahr, Stuttgart 1982 (RUB 7826). Textgrundlage (Kap. V, 3): S. 301–305. – Kommentierte Ausgabe: & Ders.: Sämtliche Werke, Münchner Ausgabe, Bd. 5, hg. v. Hans-Jürgen Schings, München / Wien 1988, S. 288–292.
- **Kinder- und Jugendliteratur der Aufklärung. Eine Textsammlung**（《启蒙时期的儿童与青年文学：文本节选集》）, hg. v. Hans-Heino Ewers, Stuttgart 1980 (RUB 9992).
摘自教育学和文学的多样文本节选（有叙事诗、寓言、道德小说、童话、戏剧、游记等）。
- **Ludger Lütkehaus**（卢德格尔·吕特克豪斯）(Hg.): „O Wollust, o Hölle". Die Onanie – Stationen einer Inquisition（《"哦！肉欲，哦！地狱"：手淫——在不同时期受到的严刑审讯》）, Frankfurt a. M. 1992.
该书记录了有关手淫话语的文本，出现在《圣经》、法国大百科全书派、德国仁爱运动者、荷尔德林、康德、克莱斯特、尼采、叔本华、弗洛伊德、托马斯·曼或是韦德金德的作品中。
- **Winfried Böhm**（温弗里德·伯姆）: **Geschichte der Pädagogik. Von Platon bis zur Gegenwart**（《教育学的历史：从柏拉图至今》）, München

98

2004, 2. Auflage 2007.

简短介绍了教育学理论，专门辟有章节讨论卢梭及其之后的教育学（第5章与第6章）。

- Ursula Franke（乌尔泽拉·弗兰克）: Artikel „Bildung /ästhetische Erziehung"（"词条'修养/美学教育'"）, in: Ästhetische Grundbegriffe. Historisches Wörterbuch in sieben Bänden, hg. v. Karlheinz Barck u. a., Bd. 1, Stuttgart / Weimar 2000, S. 696–727.

区分清晰、证据充分地讨论了概念史，表明修养乃一种设想，即通过艺术来达到教育人的目的，还有许多其他可供进一步研究的文学提示。

- Notker Hammerstein（诺特克·哈默施泰因）/ Ulrich Herrmann（乌尔里希·赫尔曼）(Hg.): Handbuch der deutschen Bildungsgeschichte, Bd. II: 18. Jahrhundert. Vom späten 17. Jahrhundert bis zur Neuordnung Deutschlands um 1800（《德国教育历史手册，第2卷：18世纪：从17世纪晚期至1800左右德国的新秩序》）, München 2005.

细致全面地介绍了教育史，涉及虔敬派与犹太教教育、改革派教育与大众教育、所有中小学校形式、大学与文化机构（剧院、读书协会、博物馆）等主题。

- Helmut Koopmann（赫尔穆特·科普曼）: Wilhelm Meisters Lehrjahre [1795 / 96]（《威廉·迈斯特的学习年代 [1795/1796]》）, in: Goethes Erzählwerk. Interpretationen, hg. v. Paul Michael Lützeler und James E. McLeod, Stuttgart 1985, S. 168–191 (RUB 8081).

该论文将《威廉·迈斯特的学习时代》作为社会小说来解读，而不是修养小说，核心讨论的问题是公民与贵族的矛盾冲突，以及戏剧舞台如何成为社会化自我展现的象征之地。

- Heinrich Macher（海因里希·马赫尔）: Der Aufklärungsroman als „Gemälde" des menschlichen Elends. Christian Gotthilf Salzmanns „Carl von Carlsberg" [1783—1788]（"启蒙小说作为人性悲惨的'画卷'：克里斯蒂安·戈特希尔夫·扎尔茨曼的小说《卡尔·冯·卡尔斯伯格》[1783—1788]"）, in: ders./Gerhard Kaiser (Hg.), Schönheit, welche nach Wahrheit dürstet. Beiträge zur deutschen Literatur von der Aufklärung bis zur Gegenwart, Heidelberg 2003, S. 27–51.

该文介绍了社会悲惨的不同诗学画面,旨在起到教育观众的作用。
- **Hans Scheuerl**(汉斯·朔伊尔)**(Hg.): Klassiker der Pädagogik. Erster Band: Von Erasmus von Rotterdam bis Herbert Spencer**(《教育学经典,第 1 卷:从鹿特丹的伊拉斯谟至赫伯特·斯宾塞》), München 1979, 2. Auflage 1991.

介绍了巴泽多、坎佩、赫尔德、裴斯泰洛齐、卢梭、扎尔茨曼、特拉普等启蒙教育家。

7 人类学的(教育)诗

图18. 约翰·沃尔夫冈·歌德:《普罗米修斯》,铅笔、钢笔画(1805/1808年前后)

7 人类学的(教育)诗

歌德用铅笔与棕色水彩画了一幅名为"少年与鹰"的画,它展现了一位肌肉强健的男人,像古典时期常见的那样赤身裸体,紧紧攀附在山之巅峰。他正用右手去抓或是去赶走一只雄鹰。这充满力量的、英雄的姿态不禁让人想起两位神话人物——普罗米修斯与伽倪墨得斯,歌德曾在 1773—1775 年间写了两首长的赞歌来颂扬他们:普罗米修斯因反叛而被众神之父锁在了高加索山上,每天都会有一只鹰或是秃鹫来啄食其肝脏,在传统上他总是被塑造成牺牲者的样子。1770 年代的狂飙突进运动中,人们重新释义了这一形象,视其为桀骜的反抗者:在画中,他正与"雷神"朱庇特那只会放出闪电的鹰搏斗。这幅画也可以说画的是与他对立的一个人物——伽倪墨得斯,就是朱庇特化身为鹰,从伊达山上掳走的那个少年,因其美貌而让他在众神宴饮时司敬酒一职。无论人们怎么解释,少年在与鹰搏斗时(这是天才喜爱的画面),所展现出的泰坦神一般的伟力是显而易见的。用《圣经》中的"瞧,这个人!"("Ecce homo";《约翰福音》19.5)* 来做标题可能合适。

一方面,人类学的诗歌以教育诗的形式来传授关于人的知识,讨论人在世界中所处的位置,从亚历山大·蒲柏的诗《人论》(1733/1734)** 到席勒早期的哲学诗(1782)均是如此;另一方面,对人的新认识也影响了诗歌的表现形式,包括诗歌的节奏与格律。就像散文和戏剧一样,诗歌也可以表达人的内心,譬如刻画激情的角

---

* Ecce homo,拉丁语"瞧,这个人",是《新约圣经·约翰福音》中,彼得拉在令人鞭打耶稣基督后,向众人展示头戴荆冠的耶稣时,向众人说的话。汉语译法不一,有"看,这个人!""试观此人""你们看这个人""试观斯人"等。

**《人论》(*An Essay on Man*)是英国诗人亚历山大·蒲柏(1688—1744)用英雄双韵体诗行写的哲学散文。

逐、心灵的脉搏和灵与肉的交互激荡。迄今为止，研究对这一方面鲜有关注。然而早在1747年时，苏克罗[*]就希望通过他的教育诗《论人》(*Versuche vom Menschen*)，"开始用诗行来书写心理学"(Sucro 2008, S. 25)。这样一种表现形式在歌德的早期诗歌中达到了巅峰：《心跳加速》(*Mir schlug das Herz*, 1771)展现的是主体当下的心境，而《普罗米修斯》(1774年前后)则是新人类的肖像画。

7.1　关于人的诗化理论：蒲柏与苏克罗

将完整的人作为一整首诗的主题，这么做最有名的莫过于蒲柏的《人论》。除了莎士比亚的戏剧之外，它是最多被译成德语的英语文本（参见 Baasner 2003）。它所取得的成功反映出启蒙对人的浓厚兴趣，人被放置到了世界的中心（人类中心论）。弗拉德[**]的图解《尘世的历史》(*Microcosmi historia*, 1619, 见图 19)清晰地表明了人的这种宇宙地位。

人用他的胳膊与腿撑起了整个世界秩序，包括相互交融的天穹，在外圈具有象征意义的（古代）七大行星（按顺时针方向分别是：土星、木星、火星、太阳、金星、水星和月亮），还有赋予它们的多样意义，分别代表着不同的元素／金属、气质／性格、疾病或其他坏事。

在世界体系中赋予人中心的、和谐化的位置，这在近代早期时很常见。蒲柏在教育诗《人论》中，并不满足于仅在第一封信中描述人的这种定位，而是提出要将人类学作为科学来对待。在常被引

---

[*] 克里斯多夫·约瑟夫·苏克罗（Christoph Joseph Sucro, 1718—1756），德国哲学家、作家。

[**] 罗伯特·弗拉德（Robert Fludd, 1574—1637），也称 Robertius de Fluctibus，是英国著名医生、对科学与神秘主义具有浓厚兴趣，同时还是占星家、数学家与宇宙学家。

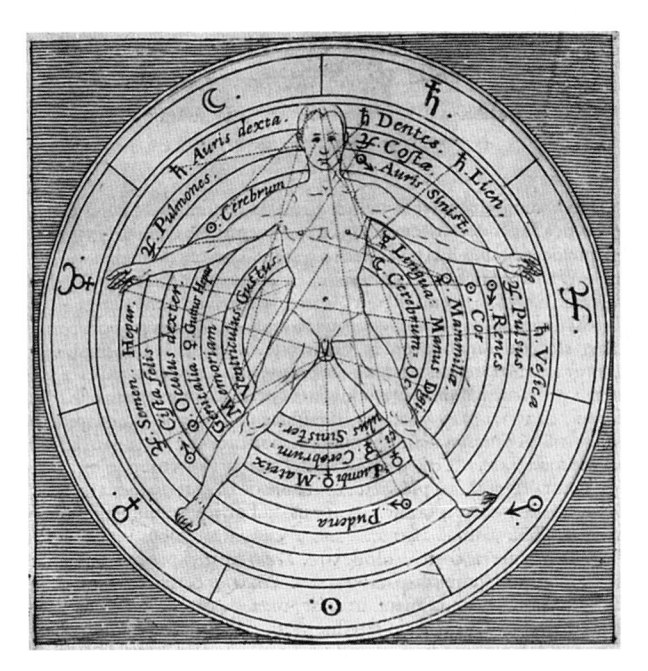

图 19. 罗伯特·弗拉德:《世界图解》,铜版画,出自其《尘世的历史》(1619)

用的第二封信开头的诗行中,这一论点被浓缩提炼为:

> Know then thyself, presume not God to scan;
> The proper study of mankind is Man.
> 认识你自己吧,莫胆敢去探究上帝!
> 人的研究对象应该是人自己。(Pope 1993, S. 38f.)

18 世纪时,对第一行的翻译会带有更强烈的警告意味,禁止不自量力地去研究上帝,那是狂妄、放肆与僭越;与之相对的是第二行,建议孜孜不倦的、科学的、探究与分析式的自我认知(参见 Baasner 2003, S. 189f.)。翻译的不同译法就已清晰表明理解这两行诗所存在的问题。人们究竟是不应该敢于［presume］去研究上帝呢？还是对于上帝，我们只能靠揣测［presume］，而不会有确定的认知？第二行的问题要少些：我们只有通过研究个体，才能获得关于人类的知识；我们的任务是，像研究自己一样地去研究他人；我们的好奇心应当局限在对自身以及真实的世界这个范围之内。所有一切都尽在"人的研究对象应该是人自己"这一表达之中。

纵观蒲柏全诗的话，这两行诗之间有着重要关联。因为可以在自然中认出上帝，而人身上也沾了一些神性的、生动的、有灵的原则。这种广为流传的理论被称为"自然神学"（Physikotheologie），就是说从世界的秩序与目的性可以推导出它的原因，即上帝。蒲柏在第一封信里，是根据新柏拉图主义的"存在巨链"模式，产生这一想法的：在无缝连接的生物链或是生物阶梯图中，世间万物都是按照递进渐升的顺序，彼此关联：链条包括非生物、植物与低级动物等简单的生命体、人类、魂灵、天使，直至上帝。除了以链条为意象之外，以阶梯或台阶为隐喻也深受欢迎：在拉蒙·柳利[*]的《精神的上升与下降之书》(*Liber de ascensu et descensu intellectus*，1512，见图20)中，Homo［人］所处的位置清晰可见，就在动物王国（Brutus，拉丁语意为"愚蠢"）与天堂（C[a]elum）之间。

1933年，美国思想史学家洛夫乔伊[**]在一次杰出的讲座中，详尽论述了"存在巨链"［Vast Chain of Being］这一基本思想几百年来的种种变体。蒲柏的文章《人论》代表了这一传统的一个重要发展阶

---

[*] 拉蒙·柳利(1235—1316)，拉丁语：Raymundus Lullus；加泰罗尼亚语：Ramon Llull，其名在法语中的异体（Raymond Lulle）被译作雷蒙·吕尔。加泰罗尼亚作家、逻辑学家、方济各第三会会士和神秘主义神学家。

[**] 亚瑟·奥肯·洛夫乔伊（Arther O. Lovejoy，1873—1962），美国哲学家与历史学家，以代表作《存在巨链》(1936)创建了观念史这一学科。

7 人类学的(教育)诗

图 20. 拉蒙·柳利:《精神的上升与下降之书》(巴伦西亚,1512)

段。他《存在巨链》或者说是《伟大的阶梯》(*Great scale*)的简版如下:

  生物之链,始于上帝,
  超凡脱俗,高高在上,天使,男人,
  动物,鸟类,鱼类,虫子,
  以及镜所不能见,眼所不能及:
  从无限到你,由你到虚无;

> 我们会给高一等者压力,
> 如同次一等者还我们以压力。
> 但凡造物中有一处空白,
> 这伟大的阶梯便已然毁坏。(Pope 1993, S. 32f.)

阶梯的意象比链条的意象更容易让人联想起上升的趋势,这正好迎合了启蒙追求完善(完美)的要求。在生物阶梯上,人已经占据了一个较高的位置,既可向上,也可向下。比蒲柏略早一些,医生诗人哈勒在1729年的一首教育诗中,也将人定义为是"介乎于畜生与天使之间的、不幸的中间物"(Haller 1983, S. 24),有着广阔的发展空间,而不是被拴在一棵树上。就像那些疯癫与犯罪的例子表明,人可能会降格为动物,而通过教育,人也可能上升至圆满的人格(见本书第2、3、6章)。在此,蒲柏再次警告僭越的危险:

> 因思考而生骄,铸成大错。
> 人人急欲离此世,飞向天国。
> 挤进福祉,扬扬得意:
> 人类要变天使,天使要当上帝。
> 天使想篡位,万劫永不复,
> 人想变天使,忤逆无善终。(Pope 1993, S. 27)

我们可以在歌德的颂歌《普罗米修斯》中,发现这样的叛逆,而教育诗并不适宜此类题材。它是在修辞上有严格规范的文学形式,通过这种方式来传达(人类学的)知识。目的在于将 res[描述对象]与 verba[语言表达]、将教育与娱乐有机地结合起来。古典时期的诗人贺拉兹就曾在《诗艺》(14 v. Chr.; *Von der Dichtkunst*, 1639, V.

333)中，对后者提出过要求：

"aut prodesse volunt aut delectare poetae
aut simul et iucunda et idonea dicere vitae
诗人想要给人以益处或是乐趣，或是
二者兼顾，所言之物既让人愉悦，又于生活有益。"（Horaz 1984, S. 24f.）

克里斯多夫·马丁·维兰德的教育诗《物性论》（*Die Natur der Dinge*, 1752）也完全符合这些标准，且相当传统地阐发了存在链理论与人的灵肉双重性（参见 Hacker 1989）。

远不如他们有名，但在人类学诗歌这一领域却远要更有建树的，是克里斯多夫·约瑟夫·苏克罗。自 1738 年起，他便在哈勒大学跟随亚历山大·葛特列·鲍姆嘉通学习。鲍姆嘉通创立了美学，认为它是以感性认知、即低级的心灵认知力为基础的科学。苏克罗在献给阿尔布莱希特·冯·哈勒的教育诗中，就是以此为依据，表明他是在"开始用诗行来书写心理学"（Sucro 2008, S. 25）。他指的不仅是所要表达的内容，也包括表现的形式。这首诗收录在《教育诗与寓言中的尝试》（1747）中，书的开始就是一篇翔实的论文《论哲学诗》。在文中，苏克罗区分了靠感性思维的诗歌与抽象的哲学和许多晦涩的教育诗的不同。感性的表达应当尽可能的确定与清晰，用"生动性"来打动"低级的心灵认知力"，通俗易懂地去阐明思想，而不要陷入哲学论断式的调子（Sucro 2008, S. 10f.）。这种主张不禁让人想起叙述风格需生动化与个性化的建议（见本书 5.1）。

与上文多次提到的蒲柏一样，这首诗也是分为四部分。在第一部分中，苏克罗（在内容上也是）紧扣存在链与"自我认知"的观念

(Sucro 2008, S. 43):

> 智者的眼睛满足地停驻,
> 在人身上看到了造物的杰作,
> 双重的天性赋予他双重的权利,
> 既是天国的百姓,又是肉体世界的臣民,
> 与天使半沾亲,和动物称兄弟,
> 擅长获得幸福,同样易将其失去。(Sucro 2008, S. 44)

在第二部分中,苏克罗比蒲柏更为细致地讨论了人的"双重天性"。他将人的外部感官与内部感官区分开来,后者才给了我们的"感觉""用来思考的手段":"事物的真实唯有靠感觉得来"(Sucro 2008, S. 47)。第三与第四部分的基础就此打下。在这两部分中,由想象力、直觉、空想与机智(Witz)发展而来的感性认知被视为艺术的根基。

7.2 爱情哲学:席勒的《友谊》

"用诗行来书写心理学",打动人的心灵而非头脑,这一计划在苏克罗的诗《论人》中其实并未实现。席勒的《友谊》(1782)也仍更多的是具有反思性质的观念诗(Ideenlyrik),虽然他将蒲柏、苏克罗或维兰德没完没了的意象链与举例换成了紧凑的十个诗段,也避免了哲学论证的套路(论点-举例-结论),而更倾向灵活且优雅的逻辑。从某种意义上讲,就连苏克罗对感觉的诉求都跃然纸上。诗的语气是欣喜若狂的,对友谊与爱情的赞颂毫无保留,一如既往地乐观认为,可以在存在之链中攀登至顶峰。

7 人类学的（教育）诗

在诗中，席勒扼要地描述了他在 1770 年代，即他青年时期对博爱与完善的狂热信念。后来在《哲学信》(1786) 中，他又借人物尤里乌斯之口表达了这一观点，后者在文中提出"神性知识"（Wissen vom Göttlichen）的主张，并对它进行了诗意的概括（前两段除外）。接着他的朋友拉斐尔就此质疑，这时候的席勒对这种怀疑的论点也是赞同的。简言之：首次在《1782 年诗选》(*Anthologie auf das Jahr 1782*) 中出版的《友谊》(Schiller 1992ff., Bd. 1, S. 525–527) 反映出席勒早期对人与世界的看法，尚在他写关于灵与肉关系的医学博士论文之前（见本书第 1 章）。该诗的人类学内涵可以从文本中推衍出来，简要概括如下。

- 自然的秩序：在诗的前两段中，讨论的是基础的自然力。牛顿的万有引力法则既适合物理性的"肉体世界"，又适用于形而上的"灵魂王国"（第 4 诗行）。就像是行星由于重力与离心力在它们的轨道上旋转，或是溪流最终流向大海，在有着共同核心的"灵魂"（第 10 诗行）或是心灵之间，也存在着一种吸引力或是影响力（"灵魂太阳"，第 11 诗行）。

- 相似性：这种能量的源泉是（柏拉图式的、精神上的）"爱情"（第 14 诗行）、"友谊"（标题）和"好感"（第 42 诗行），在《哲学信》中还加上了血液循环与磁力，它们都类似重力，会对有亲缘性的灵魂产生影响。这种能量"无所不能"（第 13 诗行），让人无法抗拒，会将心与心绑在一块（第 15 诗行），将"原子"的"混乱不堪"（第 22、23 诗行）化为井井有条，总而言之，它意味着一种"完善的过程"（第 18 诗行）。说是"百万里挑一"（第 20、21 诗行）才选出合适的伴侣，是太过夸张，但凸显的正是爱情的巨大力量。

- 反射：照第 5 和第 6 诗段的说法，爱意是靠"炙热的眼神"与

"灼灼的目光"来传递(第25、35诗行)的。这是古代人们的想法。反射的视觉隐喻指涉单子论的哲学思维模式,这也是全诗的基础。按照此模式,宇宙是由不可分的单子[希腊语"monas"]组成,每一个单子又可以反射出整体,即与世界的其他部分保持着自然的联系。(渐进的)万物有灵论都与此相关,如《哲学信》中所言,"自然就是被无穷无尽划分的上帝"(Schiller 1992ff., Bd. 8, S. 227)。这样一种观点我们称之为"泛神论"。

- 存在巨链:在诗的第7—10段中,席勒变化了一下存在链的理念,认为爱"可以引导我们攀登千级台阶向上",将我们变成"神"(第46、44诗行),而仇恨与孤独则反之。爱甚至能赐予力量,赋予"岩石"以"灵魂"(第38诗行)与生命。这是歌德《普罗米修斯》的主题。《友谊》最后一段中,对可怜的"世界主人'(第55诗行)的悲叹,他由于孤独与"缺"爱而创造了相似的灵魂(第55、56诗行),也让人想起歌德的诗。席勒最终类比生物学意义上的存在之链,设计出极为危险的文化等级模式:"从蒙古人一直到希腊的预言家"(第50诗行,另见本书第2章),说明了当时流行的偏见。

7.3 瞧!这个人:歌德的《心跳加速》与《普罗米修斯》

诗歌的心理化在青年歌德那里达到了巅峰。抒情的"我""借由对心灵的'自然语言'的模仿……完全成为了新人类学的主体"(Riedel 1994, S. 145)。歌德1771年5月的诗《心跳加速》(*Mir schlug das Herz*)在颂扬爱情的强烈程度上,毫不逊色于席勒的《友谊》,但语气截然不同。这里不是在讨论有关爱情的哲学,而是叙述

7　人类学的(教育)诗

者"我"看似在热恋当中的絮语。用过去时制造出来的距离感毫不起眼,对于直接性的暗示随处可见:深夜策马时,抵达情人处,最后是告别的场景。这首诗比席勒的早了十年,在抒情的主体性表达上,它意味着质的飞跃。人们受到歌德在《诗与真》中自我评价的引诱,往往很喜欢在这首诗中寻找可能的生平关联,其实它们并不相干。但是这首诗从多大程度上可以说是"用诗行书写的心理学"(苏克罗),也就是说是一首人类学的诗呢?

诗的一开始,并谈不上有独立意志的行为主体。相较于在《虹》(*Iris*, 1775)杂志上发表的初版(此处用的即此版),这首诗在之前更早的拓本和之后的版本《欢迎与告别》(*Willkomm und Abschied*)中,都是以"我的心在跳"(Goethe 1987, S. 128, 283)开头的。主人公完全受到"心"——这个激情的关键器官——的支配,"心"在诗的四段中都有提及,在《维特》的前四封信中,也出现了十三次。"心"同时代表着低级的、前意识的认知能力,它是深夜策马的原动力。心与情感不仅按自己的法则左右着行为,还影响着意识("精神"直到第15诗行才出现)。这种不由自主的力量也在奇特夸张、或是变形的感知中体现出来:一棵雾中的橡树看起来像是令人恐惧的"高耸的巨人"(第6诗行),夜的黑暗威胁着骑士,"灌木丛中/有上百只黑色的眼睛"(第7、8诗行)。"黑夜诞出千种妖怪"(第13诗行)。从病理学的角度讲,这可能是幻觉,或至少是由于害怕而导致的想象力过度夸张。在第二段中,这些幻觉被成功克服,自然在修辞上被削弱("月光……惨淡",第9、10诗行),"勇气"汇集(第14诗行),这些都开始起作用了。

直到第3段中,说话的"我"才作为语法的主体出现。"我的心在跳"是文字游戏,以一种私密的方式证实,作为主体的、正在经历这一切的"我"被弱化成了由自然、肉体和激情掌控的客体,

"它"让人想起利希滕贝格的睿智警句:"人们应该说,(它)在思(es denkt),就像人们说,在闪电(es blitzt)一样。*(Lichtenberg 1968ff., Bd. 2, S. 412)。诗中的主人公也为最终无法控制的内心活动所困扰,在他还没来得及明白、反应与思考(可能的危险)之前,他的心就已然动了。与此相应,在之后的版本《欢迎与告别》的第2诗行中,歌德写道:"做的比想的快"。克莱斯特在这《关于思考》(*Von der Überlegung*, 1810)的"悖论"中,甚至会强调自发的、直觉式的与不矫情的行为的优势:"在行为之后[思考]比之前[思考]要合适得多"(Kleist 1987ff., Bd. 3, S. 554)。激情就像爱情一样难以控制,就像自然规律一样在起作用,这个道理在诗中是由体验而得来,而不是像在席勒那里,是被推导出来的。这也比较符合当时人类学的教义。恩斯特·普拉特纳是人类学的学科创始人,他以身心交互影响为依据,将激情解释为是神经液的活跃运动,它导致心率上升,胃部不适,并会引起联想与做梦:"对任何一种缥缈想法的活跃想象,都以在特定大脑印象中神经液的活跃运动为前提"(Platner 1772, S. 177)。骑士的感受与幻觉有了解释。

在诗的前两段中,"心"逐渐被"精神"、自发的情感逐渐被有意识的行动所取代,与此相应,在第三与第四段中,"我"和"你"之间也达到了一种平衡。这种平衡同样源于人类学:他们的交流是靠不由自主的身体语言,相较于词语,它更迅速、真实而热烈:通过"甜蜜的目光"(第18诗行)、"可爱脸颊"的绯红(第22诗行),通过两颗心跳动的相同节奏("每一次呼吸都是为你",第20诗行),最终是面对离别时的"盈盈泪光"(第30诗行)。"你的眼神诉说着你的心意",这乍一看很寻常,像是对情色诗歌描写典型的爱情阶

---

* 主语应都是"它"。

段的影射——目光［visus］，交谈［alloquium］，接触［tactus］，亲吻［osculum］，结合［coitus］——在这五个步骤中，只有谈话与更为私密的"温存"（第23诗行）没有仔细论及。虽然这首诗有许多传统的元素，在研究中也已有详尽的论述，但它同时还标志着一个新的开端，尤其是从人类学的角度而言。

《普罗米修斯》一诗则从另外的角度、更为极端地延续了这一趋势。首先是形式上的挑衅——自由的节奏，长短不一的诗段与诗行，反映出强烈的情感，胜利的激动情绪用短行体现，回忆时的语气则比较平静舒缓。不寻常的词序、组合与隐喻系列（比如"男孩早晨"Knabenmorgen"/"花梦"Blütenträume"，Goethe 1987, S. 203f., 第50、51诗行），可以归因为快速联想的无序性，是说话者的意识流所导致（参见 Thomé 1983, S. 433）。这样的分析促进了最新研究的发展，它不再从修辞学的角度，而是从人类学的立场来对诗与节奏进行释义，以期更接近自然的、而非规范诗学的言语表达（参见 Friedrich 2002）。

但更为重要的挑衅是在内容层面上。这是一首反赞美诗（Anti-Hymne），神没有受到尊敬，而是被剥夺了权力，同时还出现了狂飙突进与天才时代的新人类。主体自己赋予自己权力，不再是作为正在经历一切的"我"，而是虚构了一个神话人物为角色来说话。普罗米修斯对宙斯所讲的狂妄之言可分为三部分：前三段是控诉神的无能（现在时）；在接着的三段中，是（用过去时）对儿时幼稚信仰的回忆，以及如何将其克服的过程；第八段最终（再次以现在时）展示了忙于造人的普罗米修斯，他正以自己为样板创造出新的族类。

诗的核心力量依然是来自"神圣的、炽热的心"（第32诗行），是它在第一部分点燃了对宙斯的反抗，控诉他作为最高权威（作为上帝、父亲与王侯的化身也很流行）所犯下的三宗大罪。

1. 宙斯应该羞愧得躲起来（用云遮住天空），因为他不懂得尊重与欣赏人间所取得的成就（那这里说话的就应是半神了！）
2. 普罗米修斯用此世，"我的大地"，来对抗"你的"天国，赞美人类历史上所取得的伟大成就：他提到了具有代表性的茅舍、灶台与火焰，也就是说定居、形成群体，将（普罗米修斯从奥林匹斯山上偷来的）火用于文化行为，比如烹调与锻造。人不再居无定所，无依无靠，而是可以保障自己在大地上的自给自足。"火焰"一词也在同一时期的其他诗中出现，可能还代表着精力、创造力与天才。
3. 众神是靠儿童、乞丐与疯人的宗教仪式过活，这种论点将神贬为了纯粹的幻象。"这样一来，'神性'变成了是依赖于人的，成了想象力投射的产物"（Schmidt 1985, S. 266）。

中间的回忆部分继续对宗教进行批判。在寻找方向的孩子渴望有一只"耳朵可以倾听我的控诉／有颗与我一样的心（第 24、25 诗行），换言之，他在渴望一个与人相似的神。但他从"那个高高在上的沉睡者处"（第 35 诗行）得不到任何帮助，普罗米修斯必须要靠自己去战胜"泰坦巨人"（第 28 诗行）、对抗"奴役"（第 30 诗行）、"痛苦"（第 37 诗行）与"恐惧者的泪水"（第 39、40 诗行）。这时他说话的对象已不再是宙斯，而是转向自己："难道不是你自己完成了这一切吗？／神圣的、炽热的心"（第 31、32 诗行）。以人的方式来解决生存问题，并拥有自决的主动权，这些原则远比天真的信仰更有力。这一体验逐渐地将孩子"磨炼成了一个男人"（第 41 诗行），他再也找不到要去尊敬神的理由。不仅如此，他更断然拒绝基督教苦行僧式的遁世与僧侣病*——"仇恨生活／逃往沙漠"（第 46、47 诗行）。

---

* 僧侣病（Acedia）是一种迟钝或对一切漠不关心的状态，最初被认为是僧侣和其他维持孤独生活的苦行者的问题。

7 人类学的(教育)诗

诗的前面几段将人定义为自信的、积极的、独立于一切超验力量的生物,在最后一段中,这一论点通过亲手创造一个人——从无中生有的创造[creatio ex nihilo]——而得以强化。普罗米修斯给这种生物(在神话传说中,他们缺乏灵魂,最后是智慧女神向他施以援手)植入了他自己对神有的反叛精神:"藐视你/同我一般"(第55、56诗行)。这首诗以"我"结束绝非偶然,"我"才是这番亵渎神灵、大逆不道的言论的主体。在他身上,我们可以看到现代的、以经验主义为本的自然科学家们的样子,他们决绝地跨越了一切界限。数代人都将普罗米修斯奉为自主自决、无所畏惧、天才与进步信仰的象征。他比歌德的浮士德或是玛丽·雪莱的弗兰肯斯坦这些人类研究者与塑造者出现得更早。"普罗米修斯"原则与人类学作为学科建立是同步进行的。

问题与思考

- 请阐发苏克罗关于"诗行形式的心理学"想法。人类学诗歌能告诉我们关于人的什么?
- 请给席勒的诗歌《友谊》每一段都冠以小标题,并分析他论证的思路。
- 请阅读蒲柏的《人论》的第一封"信",并论述关于存在巨链的思想。
- 歌德的诗歌《心跳加速》勾勒了怎样的心理变化过程。
- 自《普罗米修斯》在歌德的作品集(1789)中发表以来,这首赞美诗总是被与《伽倪墨得斯》并置。请将两首诗视作互补与平衡,比照阅读。
- 请将歌德《普罗米修斯》中人的自主性与康德的《何谓启蒙》

（Aufklärung 1974, S. 9—17）作比较。

推荐书目

- **Johann Wolfgang Goethe**（约翰·沃尔夫冈·歌德）**: Gedichte 1756—1799,**（《诗选1756—1799》）hg. v. Karl Eibl (1/4 Frankfurter Ausgabe, Bd. I, 1), Frankfurt a. M. 1987. Textgrundlage: „Mir schlug das Herz ", S. 128f., 837–839; „Prometheus ", S. 203f., 922–928.
  雷克拉姆出版社的版本在此不合适，因为它里面没有《心跳加速》（1775）一诗。

- **Alexander Pope**（亚历山大·蒲柏）**: Vom Menschen / Essay on Man**（《人论》）, hg. v. Wolfgang Breidert, Hamburg 1993.

- **Friedrich Schiller**（弗里德里希·席勒）**: Werke und Briefe in zwölf Bänden, Bd. 1**（《12卷本作品与书信，第1卷》）, hg. v. Georg Kurscheidt, Frankfurt a. M. 1992. Textgrundlage: „Die Freundschaft ", S. 525—527, 1188—1191. 雷克拉姆出版社的版本里没有收录这首诗！– Kritische, kommentierte Ausgabe: Schillers Werke. Nationalausgabe, hg. v. Julius Petersen u. a., Bd. 1, Weimar 1943, S. 110f.; Bd. 2 II A, Weimar 1991, S. 101–106.

- **Christoph Joseph Sucro**（克里斯多夫·约瑟夫·苏克罗）**: Versuche in Lehrgedichten und Fabeln [1747]**（《教育诗与寓言中的尝试》）, hg. v. Yvonne Wübben, Hannover 2008.

- **Anthropologien der Lyrik im 18. Jahrhundert**（《18世纪抒情诗的人类学》）**.** Themenheft der Zeitschrift für Germanistik 23, 2013, S. 7–111.
  该期杂志的论文讨论了诗歌对于下列关系反思的答案：如人类学与动物学（布罗克斯、哈勒尔）、人与天气（布罗克斯、克洛普施托克、莱辛、米利乌斯）、人与文学（席勒）、理性与迷信（哈勒尔）的关系等。

- **Gedichte und Interpretationen**（《诗歌与阐释》）, Bd. 2: Aufklärung und Sturm und Drang, hg. v. Karl Richter, Stuttgart 1983, S. 411–435, 453–462 (RUB 7891).
  适合入门的书，简短阐释了《心跳加速》《普罗米修斯》和《友谊》等诗歌。

7 人类学的(教育)诗

- **Interpretationen: Gedichte von Johann Wolfgang Goethe**(《阐释：歌德的诗歌》), hg. v. Bernd Witte, Stuttgart 2005, S. 13–21, 45–61 (RUB 17504).
  含有对《心跳加速》和《普罗米修斯》的新阐释，并附有可供进一步研究的文学提示。
- **Hans-Wolf Jäger**(汉斯-沃尔夫·耶格尔): **Lehrdichtung**("教育诗"), in: Hansers Sozialgeschichte der deutschen Literatur, Bd. 3, hg. v. Rolf Grimminger, München / Wien 1980, S. 500–544.
  介绍了18世纪教育诗的历史与诗学，并就体裁作了细分(自然研究的、法学的、道德哲学的、感伤主义的教育诗)。
- **Schiller-Handbuch. Leben – Werk – Wirkung**(《席勒手册：生平-作品-影响》), hg. v. Matthias Luserke-Jaqui, Stuttgart / Weimar 2005, S. 359–364.
  《友谊》一诗重新出现在《哲学信》(1786)中，在这一语境下对诗的解读。
- **Arthur O. Lovejoy**(亚瑟·奥肯·洛夫乔伊): **Die große Kette der Wesen. Geschichte eines Gedankens**(《存在巨链：一个观念的历史》), Frankfurt a. M. 1985.
  从观念史的角度，研究这一人类学基本观点的精彩发展。
- **Klaus Weimar**(克劳斯·魏玛尔): **Goethes Gedichte: 1769—1775. Interpretationen zu einem Anfang**(《歌德的诗歌：1769—1775，对于一个开端的阐释》), Paderborn u. a. 1982, 2. Auflage 1984.
  极有裨益的诗歌阐释，不带成见、不求系统，尤其适合入门。

8 女性的自主

图 21. 丹尼尔·尼古劳斯·霍多维茨基:《被鞭笞的女人》, 第 1、2 张 (1783), 出自克里斯蒂安·戈特希尔夫·扎尔茨曼的小说《卡尔·冯·卡尔斯伯格或是关于人的悲惨》, 第 1 卷 (1784)

8 女性的自主

霍多维茨基给扎尔茨曼的道德小说《卡尔·冯·卡尔斯伯格或是关于人的悲惨》配的插图中,可以看到三位遭到公开唾弃的单身母亲。一个女人被绑在耻辱柱上,遭受鞭刑,三个婴儿则无助地躺在路边。右边可以看见第四个女人,抱着孩子,惊惧地蹲靠在墙边,可能正等待着相同的命运。对于非婚生子,会判很重的荣誉罪,比如公开地打上羞辱的烙印,绞头发或是具有象征性地推着粪车穿过街巷。新教徒们则喜欢在教众聚会时由教会施刑:歌德的格蕾琴就是"身着赎罪服在教会忏悔",体会到淫荡可能导致的后果(《浮士德》第一卷,第3569诗行)。在普鲁士,这种做法于1765年废除,在魏玛则直至1786年才终结。

奇怪的是,康德和其他启蒙者在力主人的自主性时,却将女性排除在外。她们法律上以及社会意义上的未成年性虽然并非自身原因造成,但是女性被视为天生就处于劣势,"丈夫是她自然的监护人"(Kant 1983, Bd. 6, S. 522)。未婚女性的处境格外艰难,尤其是当有被禁止的情爱关系或怀孕出现时。由于畏惧公开的羞辱与惩罚——就像在画中的那样,杀婴案件增多了。它们也是狂飙突进时流行的文学题材,歌德的《浮士德初稿》(*Urfaust*,约1773—1775年),瓦格纳*的《杀婴女人》(*Die Kindermöderinn*, 1776),还有席勒的诗歌《杀婴者》(*Die Kindsmöderin, 1782*)都是众所周知的例子。在这里,女性都是作为牺牲品的形象出现,而在另一些文本中,她们则是人权的捍卫者:在歌德的叙事诗《法庭前》(*Vor Gericht*,约1776年)中,我们可以看到一位未婚孕妇自信地对于国家与教会的

---

* 海因里希·利奥波德·瓦格纳(Heinrich Leopold Wagner, 1747—1779),德国剧作家。

监控进行控诉。在苏菲·梅罗*的小说《逃往首都》(*Die Flucht nach der Hauptstadt*, 1806)中,一位年轻女子摆脱了包办婚姻。克莱斯特笔下的O.侯爵夫人在不知情的情况下怀孕,在同名小说中,她是在被父亲赶出家门之后,才重新"认识自己"(Kleist 1987ff., Bd. 3, S. 167),并获得真正自我意识的。

8.1 自由婚姻:歌德笔下新模式

伊曼努尔·康德的《何谓启蒙》(1784)主张人通过独立思考"走出由自身原因造成的未成年状态"。这种未成年状态是由人自身造成的,并非因为他缺乏理智,而是因为他缺乏勇气,独立地、"无须他人引导地去运用其理智"(Kant 1784 in: Aufklärung 1974, S. 9)。在这里,康德并没有思考女性既存的未成年性,恐怕他在他的定义中压根儿就没打算考虑这一问题。在这一点上,他完全符合时代精神,女性就是启蒙的盲点。不过,却不乏一种关于"女性的特殊人类学"(weibliche Sonderanthropologie)的讨论与专业论文,后来由此发展出了女性学/妇科(参见 Honegger 1991)。这里仅举几例为证:康德主义者海登赖希**的《男人与女人——论性别哲学》(*Mann und Weib. Ein Beytrag zur Philosophie über die Geschlechter*, 1798);来自柯尼斯堡的启蒙者希佩尔***的《关于婚姻》(*Über die Ehe*, 1774)

---

* 苏菲·梅罗(Sophie Mereau, 1770—1806),德国浪漫派时期作家。

** 卡尔·海因里希·海登赖希(Karl Heinrich Heydenreich, 1764—1801),德国哲学家与诗人。

*** 特奥多尔·戈特利布·冯·希佩尔(Theodor Gottlieb von Hippel, 1741—1796),德国启蒙时期作家与社会批判家。

和《论改善妇女公民权》(*Über die bürgerliche Verbesserung der Weiber*, 1792);霍尔斯特*,作为独身女性学者的捍卫者写下的《论妇女享有更高精神教育的权利》(*Über die Bestimmung des Weibes zur höhren Geistesbildung*, 1802);埃克斯莱本**,第一位获得医学博士的女性,写的《深度调查——阻碍女性上大学的原因》(*Gründliche Untersuchung der Ursachen, die das weibliche Geschlecht vom Studium abhalten*, 1742);哥廷根人类学家迈纳斯***的《女性史》(*Geschichte des weiblichen Geschlechts*, 4卷本,1788—1800);卡尔·弗里德里希·珀克斯****,1783—1793年《经验心理学杂志》(参见莫里茨的杂志,1986)的出版者之一,撰写的《试论女性特征》(*Versuch einer Charakteristik des weiblichen Geschlechts*, 4卷本,1797—1802)。

  以上这些以及其他许多文章,其中有些是完全主张妇女解放的,却没有减少社会对女性的顽固偏见。宗教改革者马丁·路德通过抬高婚姻(针对天主教的禁止牧师结婚),而给女性指定的地位,直到1800年几乎都没有任何改变:女性受到丈夫的监护,而非独立的个体。以下的观点来自法学家克里斯蒂安·路德维希·贝克(Christian Ludwig Beck)的著作《婚姻内外女性权利的界石》(*Grenztein der*

---

* 阿玛莉亚·霍尔斯特(Amalia Holst, 1758—1829),德国作家、知识分子和女权主义者。

** 多罗特娅·克里斯蒂娜·埃克斯莱本(Dorothea Christine Erxleben, 1715—1762),德国第一位女性医学博士。

*** 克里斯多夫·迈纳斯(Christoph Meiners, 1747—1810),德国哲学家与历史学家,支持人类起源的多元论理论。

**** 卡尔·弗里德里希·珀克斯(Karl Friedrich Pockels, 1757—1814),德国通俗哲学作家。

weiblichen Rechte in und außer der Ehe, 1786），在当时深入人心：

> 上帝命令女人，让她的意志臣服于男人的意志，故而在婚姻中，她是女仆，而丈夫是她的主人……虽然"女仆"这个词在女性的自尊看来非常扎眼，健全的理性却用它来指称每一个女人，她不是遵从自己的而是他人的意愿。(Beck 1786 in: van Dülmen 1992, S. 40)

约翰·戈特利布·费希特利用他作为哲学教授的权威，将类似的定义收录进了他的《自然权法基础》(*Grundlage des Naturrechts*, 1796)一书。于他而言，女性面对丈夫，就"停止了作为个体的生活，她的生活是他的生活的一部分"(Fichte 1960, S. 307)。

还可以添加大量的例证，来勾勒出当时的社会全貌（参见 Texte in: van Duülmen 1992, S. 35–49, 68–85, 389–409）。在本书中，这些简略的提及就足以让人感受到，歌德的叙事诗《法庭前》具有不同寻常的挑衅性与出人意表的进步性(Goethe 1998, S. 67)。这首诗 1776 年写成，1788 年时，还不能被收入文集，首次发表于 1815 年出版的 20 卷作品集的第一部分。内容是一名女性的讲话，她在世俗的（"司法官先生"，第 13 诗行）与教会的（"牧师先生"，第 13 诗行）的审判者面前，承认了她的非婚受孕，但却不为自己辩解。因为她并不认为自己有罪，面对不公正的控诉（"呸"，他们啐道："那个婊子"，第 3 诗行），她没有为自己辩护，而是开始批判现有的法律制度。她要求社会与法律承认自主的、非婚的情爱关系。

在我们仔细探讨在法庭前的这个女人巧妙的论证之前，不妨先简要还原一下当时的法律状况。因为非婚同居，且伴有怀孕的后果，这在不同的领地、不同的时期、都被视为不同程度的犯罪（无论对教会还是民法而言），所以这种行为是会遭到指控的。1777年，也就是在这首诗写成的时候，歌德在萨克森-魏玛公国参与了关于针对轻度的有伤风化，废除教会公开赎罪 * 的过程。在普鲁士，腓特烈·威廉一世(Friedrich Wilhelm I.)则早在1735年就力图废除对非婚怀孕的惩罚。他的传记作者大卫·法斯曼(David Faßmann)总结原因如下：

> 这有两个原因。其一，因为这样一个弱者，她的孩子没有父亲，他不会养活他们，她是阳光下最让人不耻、最可怜的东西了；另外，就是为了让这个未婚怀孕者，不会由于惧怕教会公开赎罪和其他的惩罚，而隐瞒她腹中的胎儿，乃至杀婴。(Faßmann 1735 in: van Dülmen 1992, S. 349)

女性可以免罪并不意味着孩子的父亲可以免责，他要么与她结婚——如果他有过承诺，要么有供养义务。诚然，涉及的女性须本身是品行端正的。如果不知道孩子的父亲是谁，就像克莱斯特的O.侯爵夫人一样，那就要展开调查。在歌德的叙事诗中，被询问的女子不愿透露情人的名字："我不会告诉你们 / 我腹中的孩子父亲是谁"（第1、2诗行）。法庭却有义务彻查，不是不近情理，而是为了维护女性的权益。《普鲁士国家基本法》(das Allgemeine Landrecht für die preussischen Staaten, 1794)依据之前的管理法规（第2部分，第1章，第11小节），明确要求弄清楚"孩子父亲的姓名、婚姻状况

---

* 教会公开赎罪(Kirchenbuße, 拉丁语: *poenitentia publica*)指的是一种古老的教会传统，凡罪孽深重或犯重罪者，需在教会公开赎罪，其目的在于展示上帝的公正性，平息神怒，彻底改造罪孽者，赎罪期间他将被逐出教会，接受惩罚后再被重新接纳。

与社会地位":

> § 1027. 让人婚外受孕者,必须补偿受害者,并抚养孩子。
> § 1047. 如果勾引者曾承诺与受害人结婚,且不存在结婚的障碍,那么法官,诚然还要加上神职人员,就要严肃地要求并告诫此人,与受害人切实完婚。(ALR 1794, S. 384f.)

在歌德这里,女人与孩子的父亲是你情我愿的。她是作为一个"正派的女人"在说话(第4诗行),一方面说明她是成熟的女人,而不是被引诱失贞(不然她就该称"处女"),另一方面,按照法律条款规定,她有权享有补偿(ALR 1794, S. 385, § 1037–47)。不过出人意表的地方恰恰在于,按当时的法律她原本是可以结婚的,但她压根儿就不想要。在这一点上,《普鲁士国家基本法》与1776年前后在魏玛实行的领地法几乎没有区别,它规定:"完全有效的婚姻应由牧师主持完婚"(ALR 1794, S. 355)。法定的民事婚姻是1792年随法国大革命才开始实行,在德国,它自1803年之后逐渐普及,1875年才被德意志帝国普遍采用。

诗中的女主人公并非想要获得要教会意义上或是民法意义上缔结的法律形式,而是要自由婚姻或是共识婚姻(Konsensehe,在日耳曼法中它曾又叫"和平婚姻",我们今天可能称之为"类似婚姻的共同体")。在更早的年代,也就是1563年特利安宗教会议(das Trienter Konzil)之前,男女双方无须牧师或证人,他们所达成的婚姻共识就足以构成有效婚姻[consensus facit nuptias],即"由意愿一致形成婚姻"),这也是女主人公所强调的重点。她在法庭前的犀利论证由三步构成。

1. 她不愿说出,"我与谁成婚"("Mit wem ich mich traute",第

5 诗行），却在语言与语法上玩了花样：一方面，她不仅相信（vertrauen）她的伴侣，也"相信自己"（"*sich selbst getraut*"，这是动词"trauen"的反身用法），也就是说，她敢于[*]拥有这样的关系；另一方面，她觉得自己已与这个男人"完婚"（"getraut"是动词"trauen"的及物用法），即已然成了婚。在最后一种意思中，语法上还需要第三个人，帮他们完成结婚仪式。但她借用语言的双关游戏，大胆地提出由自己一人来承担这双重的角色——她意在同时成为成婚行为的主体与客体。

2. 通过运用一些总是正确而内容空洞的逻辑修辞（同义反复），她巧妙地戏弄了教会与司法部门的权威。当然她的"爱人"（第6诗行）要么富有（"他脖子上戴着条金项链"，第7诗行），要么贫穷（"他戴着顶草帽"，第8诗行），第三种可能不存在。他们熟知彼此，生活和睦，"这个上帝都知道"（第12诗行）。通过借用上帝这一更高级的权威，她使自己追求的婚姻模式合法化了，它拥有最高的祝福。对此无论是"牧师"还是"司法官"都比不上，他们的职位失去了原有的功能。再考虑到语法上所玩的花样，表明她甚至想取代主婚人的位置，即妄想扮演上帝的角色，从某种意义上来说，她是女版的普罗米修斯（见本书7.3）。

3. 这样的前提导致的逻辑结论就是："它是我的孩子，未来也是／你们给我添不了任何东西"（第15、16诗行）。她愿意承受整个世界的"冷嘲与热讽"（第10诗行），确定的是，她会带着孩子，并与她的男人一起将它抚养长大，无须其他的补偿。

---

[*] "sich trauen"在德语中同时表示敢于做某事。

自信的女主人公在法庭前所持有的观点,即拥有自由、自主与合法的情爱关系,绝非直到施莱格尔的轰动小说《露琴德》(1799)才再次出现。这种主张在 24 岁的苏菲·梅罗(Sophie Mereau)的处女作《情感的花季》(1794)中,就已简洁地呈现出来。这也是下一章节的主题。在她的处女作中,她写道:

> 两个自由的生命体结成了同盟,共进退,同甘苦——我们的同盟是自发而形成,而不是靠着牧师的祝福、市民的荣誉感,以及伤人的责任感来脆弱地维系。我们自己就是自己的担保人。(Mereau 1997a, S. 43)

8.2 反对包办婚姻:苏菲·梅罗-布伦塔诺

在弗里德里希·席勒的戏剧《阴谋与爱情》(1784)中,无论老乐师米勒是如何直率与粗俗,但在婚姻这件事上,他比同时代的人要前卫得多。对于想求娶他女儿的首相府文书,他坚决地回应道:

> 我是不会强迫我女儿的……是这姑娘得同您生活,不是我……我不会建议女儿嫁任何人——但我不建议她嫁给您……一个男人如果要靠老父亲来帮忙赢得心爱之人——对不住——我不看好他。他若真有出息,他会觉得羞愧,要靠这样一种老套的方式来向他的爱人显本事——若他没有勇气,那他就是个胆小鬼,任凭哪个露易丝都不能要他。(Schiller 1992ff., Bd. 2, S. 570f.)

无须数据调查就可以知道,这样的言论在 18 世纪末是相当罕见的。女性可以自己来决定选择伴侣,甚至反抗权威父亲的意愿,是极其少见且遭人唾弃的。在铜版画家丹尼尔·霍多维茨基的作品《结婚的十二种理由及其后果》(见图 22)中,"钟意"是与"傲慢""说服"或"强迫"一样罕见的动机。

图 22. 丹尼尔·尼古劳斯·霍多维茨基:《包办婚姻》(1789)

在中篇小说《逃往首都》中,苏菲·梅罗讲述了如何摆脱包办婚姻。它发表在《1806年的简版书——献给爱与友谊》(*Taschenbuch für das Jahr 1806. Der Liebe und Freundschaft gewidmet*)上,但有可能1790年代末就已完成了。书作者1793年与法学家弗里德里希·恩斯特·卡尔·梅罗(Friedrich Ernst Karl Mereau)结婚,1801年与其离婚,1803年与作家克莱门斯·布伦塔诺(Clemens Brentano)步入婚姻,其实从1799年起他们就相爱了。在与梅罗在耶拿的婚姻期间,她还有过一个情人,并于1796年9—10月间独自去柏林探望过他。在这段时间内,她一直想通过当演员而独立谋生。与许多浪漫派时期的女性一样,苏菲·梅罗主张女性有自主决定权,对父母包办婚姻的批判就像一根红线贯穿其作品(参见 Hammerstein 1994, S. 279–296)。《逃往首都》展开了这一信念,梅罗的传记作者对此评价道:

> 这个中篇的处理方式在类似的文学作品中可谓独一无二。一个女人,更确切地说是一个姑娘担任了一般是男性扮演的角色。她的一生充满了传奇与冒险,爱过许多人,直到最后才幡然醒悟,与青年时期的恋人结为连理。(Gersdorff 1990, S. 252)

毋庸置疑,这部第一人称的作品带有作者生平的色彩,它讲述的是一位年轻女性是如何成功地摆脱令人窒息的家庭的故事。父亲感兴趣的只是一个用钱买来的贵族头衔,并希望女儿能够"门当户对"地嫁给一个头脑简单却出身高贵的邻居之子。母亲则两耳不闻窗外事,将自己打造成与"故纸堆"为伍的女学者(Mereau 1997, S. 203)。在她的身上,完全合乎情理的、无疑也是梅罗支持的女性对于教育的追求,漫画式地荒腔走板(参见 Košenina 2003, S. 85–109)。在莫里哀的喜剧《可笑的女才子》(1672)中,我们可以看到类似的描写,

8 女性的自主

此外,在伯纳德·皮卡特(见图23)*1716年的一幅铜版画中,也可见一位女子在闺房中正埋头阅读一本大部头古书,而全然不去看管在地上拿着书本嬉戏玩耍的孩子。

小说中的叙述者不是选择博学、而是戏剧作为自己决定的道路,去走出未成年状态。故而她看起来十足像是卡尔·菲利普·莫里茨的小说主人公安东·莱瑟(见本书5.3)与歌德的威廉·迈斯特(见本书6.3)的女性翻版。显而易见,她将歌德小说中的教育纲领运用到了女主人公身上,因为梅罗在对《威廉·迈斯特》热情洋溢的书评中(它经常被误认为是布伦塔诺写的,参见 Gersdorff 1990, S. 256–261)特别强调:

> 每个人都该学会认识自己,并适性而为。他应该遵从自己的天性,并用理性与逻辑思维来满足他的喜好与对生活的要求。(Mereau 1968, S. 235f.)

书中的女性叙述者完全可以印证这一主张,她最大限度地遵循了她的天性与喜好:她先是通过与阿尔比诺——她的情人兼业余戏剧搭档——私奔去柏林,摆脱了父亲的"结婚提议"(Mereau 1997, S. 205)。直到快结尾时我们才得知,她的"一腔真心与不谙世事……使她轻易上了一个狡猾骗子的当"(Mereau 1997, S. 224)。这个虚伪的朋友名叫菲利克斯,他离间了这对情侣,骗阿尔比诺说他的情人被赶去了修道院,同时又让女主人公相信,阿尔比诺被双方父亲抓回了家乡。很快他就得偿所愿,在这个年轻的姑娘面前以"新生活的创造者"(Mereau 1997, S. 213)自居,并为她打开了职业戏剧

---

* 伯纳德·皮卡特(Bernard Picart, 1673—1733),法国雕刻家。

文学人类学

图 23. 伯纳德·皮卡特:《读书的女人》(或《一位女士在图书馆看书》),
铜版画(1716)

之门。

不过在他愿望得到满足后不久,这位情人就露出了他的真实面目:他就像一位"暴君",突然将他对"自由与幸福生活"(Mereau 1997, S. 218f.)的许诺忘得一干二净。年轻的姑娘离开了他,投入一位温柔的年轻艺术家的怀抱,经济极度拮据,跟着一个剧团四处巡演。后来再次逃往柏林，终于在 H 区的剧院找到一个职位，但她的伴侣又突然辞世。最终她重新遇到阿尔比诺，她的初恋情人，与他一起幸福地回到了家乡。他们的结合以前是遭到家庭反对的，现在却可能了。

这个年轻姑娘的漫游年代让她内心成熟了，现在连父母也认为，她在戏剧上所取得的外在成功是勇敢而出色的精神的反映。有点像圣经里那个关于迷失的儿子的故事（《路加福音》15. 11—32），这个曾逃往首都的女儿如今也回了家，并"愿意用安稳的家乡生活去替换（剧院）那轻飘飘的木板地"（Mereau 1997, S. 227）。在这个故事中，年轻人对父辈的反抗不再继续质疑已改良的市民秩序。如果一个社会制度给予人自由选择经验与伴侣的权利，那么就认可它，另外，小说还对无聊的理性姿态保持了恰当的距离：

> 留给我们的是快乐与爱，我们活着更多的是靠幸福而非收入、靠温情而非理性、靠随意而非聪明。如果说我们还有什么别的可期望的，那就是十倍地去生活，为了可以十倍地去相爱。（Mereau 1997, S. 227）

8.3 克莱斯特的个案研究：一桩无法解释的怀孕

自信地反抗对私生活的无理干涉（如在歌德文中），不顾家庭反对，在经过长期找寻后，自主地决定情爱关系（如在梅罗文中），这些也影响了克莱斯特的中篇小说《O. 侯爵夫人》。只不过这里的问题要复杂得多，也微妙得多：O. 侯爵夫人是一位孀居的贵妇，两个孩子的母亲，却莫名其妙地怀了孕，她在报纸上刊登了一则寻人启事，要找到还未出世的孩子的父亲。由于实在无法解释，也源于社会的极端排挤，她才决定迈出这极其勇敢的一步：

1. 她的身体感觉指向怀孕，这却与她的意识与良心发生冲突。
2. 医生与助产士的诊断都被否认，因为不允许发生的事情，就不可能发生。
3. 来自俄国的 F 伯爵应该对怀孕负责，没有人会把他殷勤的求爱和暗示性的话语理解为是良心不安的表现，或是他在寻求一个合适的方式，绝望地企图向她坦白一切。正相反，通过对侯爵夫人的不懈追问，他只想知道，"他这辈子干过的唯一一件不像话的事"（Kleist 2004, S. 12），是否导致了怀孕。
4. 侯爵夫人的父亲不相信女儿是无辜的，他认为她阴险而"虚伪"（Kleist 2004, S. 34），不愿说出情人的名字，所以将她逐出家门。直到后来，她的母亲通过故意试探才打消了这个疑虑：母亲假装认识这个要找的男人，虽然两人之间地位悬殊，但女儿还是感动地愿意承认他为孩子的父亲。她的善良驳斥了欺骗和虚伪的可能性。

乍一看，这个故事荒唐，假得可谓匪夷所思。若以当时的司法案件集为背景的话（见第四章），就不会有这种印象了，因为的确有各种各样无法解释的妊娠故事，女性是在无意识状态中怀孕的。几乎在同一时期，《当代柏林档案》（*Das Berlinische Archiv der Zeit*, 1798）就刊登过一个例子，讲的是一位假死的女人，在葬礼前醒了过来，九个月后生下一个孩子，后来又与偶然回来的孩子父亲结婚的故事，它在专业的妇科杂志中也有讨论。这样一些强奸与道德犯罪，以及它们对于克莱斯特的影响，已经有了充分的研究（参见 Künzel 2003; Dane 2005）。但是妇科与法医学上的问题却没有涉及，即在这样一种存疑的情况下，能否以及如何对孩子的父亲展开调查。无论是为了从刑法角度去查清一桩强奸案，或是搞清楚像女侯爵这种抚养权存在的争议的情况,又或是关于歌德《在法庭前》里的诉讼程序,当时已经就有条件展开这样的调查了。

在克莱斯特的文本中,怀孕很快就得到了确认,是叫了一个医生,而非助产士做的妇科方面的"仔细检查"(Kleist 2004, S. 21),这在当时并不常见。关于父亲问题的解决是从社会层面来考虑的:F伯爵在经过亲身的仔细调查之后,(隐晦而委婉地)承认他就是肇事人,同意结婚,侯爵夫人的父亲则用了一份"婚姻协议"(Kleist 2004, S. 46)来规范这桩婚姻。他送给孩子20000卢布的洗礼费,并立下遗嘱,他死后女儿将是唯一的继承人。如果侯爵夫人能够说出孩子的父亲是谁的话,那么这人就要对此全权负责。按照《基本法》的规定,在分娩前的210—285天之内,可以指证不止一个的性伴侣来进行赔偿(参见 Harms-Ziegler 1997)。这种情况在歌德的小说《威廉·迈斯特的学习时代》中就有出现,菲利克斯是女演员玛丽安娜的儿子,一开始是诺尔贝克、接着是威廉承认他为己出,并给予了他经济上的资助。如果没有达成这样的解决方案,那么当时的医学手段是非常有限的。血型比对直到20世纪初才出现,基因测试更是近期的成果。18世纪时,人们主要看是否长得像:比如在《威廉·迈斯特》中,很多迹象都表明,金发且活跃的菲利克斯应该是诺尔贝克的儿子,而不是深色头发、喜爱沉思的威廉的骨肉(参见 Krimmer 2004)。

小说的第一句话就宣布了O.侯爵夫人的策略,她想要通过在报上刊登寻人启事来找到孩子的父亲,这对她的家庭而言自然是奇耻大辱。就在小说进行到一半的时候——在第14段末,全文共28段,她决定用她的好名声来作赌注,以此让"家人坚信她的无辜"(Kleist 2004, S. 28)。她尝试与父母和兄弟就她尴尬而费解的处境进行沟通,均以失败告终,并以她被逐出家门而达到高潮。一个简明扼要的句子，就表明她完成了从受害者的角色到命运主人的骤然改变：

> 通过艰难的挣扎之后，她认识了她自己，命运把她抛向了深渊，她忽然像是借了自己之手，从那最深处站了起来。(Kleist 2004, S. 27)

对于侯爵夫人而言，这句话把她引向了一种"自立的感觉"，这种感觉主导了小说的后半部分。从这一刻开始，她坚定地反抗"来自世界的攻击"(Kleist 2004, S. 29, 28)：她成功地捍卫了她的庇护所，这是一座乡间的庄园，有着宽阔的、带围墙的花园，她抵御住了伯爵的进一步骚扰，在报纸上登了寻人启事，出色地通过了前文提到的由母亲设计的真相测试，让悔恨的父亲可怜巴巴地来赔罪，在报纸上宣布并最终不情愿地成婚之后，由她来决定了这桩婚姻的全部规则。直到经过了很长时间之后，在此期间，F伯爵依照婚姻协议"放弃一切丈夫的权利"，却履行一切义务(Kleist 2004, S. 46)，他才开始：

> 重新追求伯爵夫人，他的妻子，一年之后，再次获得了她的首肯，举行了第二次婚礼，比第一次要更欢乐，完婚之后举家迁往了V市……还有一批年轻的俄国人现在仍在追随着这第一位的足迹。(Kleist 2004, S. 47)

叙述者反讽的、几乎是嘲笑的语气显而易见。但这却并不会改变这件事情本身令人发指的事实，对于1810年前后的读者而言，这仍是一种挑衅。很多人的看法与女画家施多克*一致，认为这样的故事"女

---

* 约翰娜·多罗特娅·施多克(Johanna Dorothea Stock, 1759—1832)，德国画家，尤以肖像画见长。

人读了没有不脸红的"(Stock 1808 in: Kleist 1987ff., Bd. 3, S. 774)。但它与歌德的《在法庭前》或是梅罗的《逃往首都》组成一个系列，却是最合适不过，虽然在未来很长一段时间内，这些文本中所塑造的女性角色仍然都只是例外而已。

问题与思考

- 在启蒙时期，若女性不顾道德或法律的约束，自主决定恋爱关系，会有什么样的后果？
- 请描述歌德时期伴侣与婚姻的模式，它们在文学中是如何体现出来的？
- 请分析苏菲·梅罗-布伦塔诺的中篇小说《逃往首都》给年轻的女性传递了怎样的信息。
- 请比较歌德的叙事诗《在法庭前》与赞美诗《普罗米修斯》(见本书7.3)。
- 请仔细阅读文本，阐明O.侯爵夫人是如何从家庭与社会的未成年状态中解放出来的。她要与哪些外在的与内在的阻力进行抗争？
- 请仔细观看埃里克·罗梅尔(Eric Rohmer)的电影《O.侯爵夫人》(1976)，尤其注意侯爵夫人是如何从受害者转变成她自己命运的主人的。

推荐书目

- **Johann Wolfgang Goethe**(约翰·沃尔夫冈·歌德): **Gedichte**(《诗集》), hg. v. Stefan Zweig, Stuttgart 1998, S. 67 (RUB 6782). – Kommentierte Ausgabe: Ders.: Gedichte 1756–1799, hg. v. Karl Eibl (1/4 Frankfurter Ausgabe,

Bd. I, 1), Frankfurt a. M. 1987, S. 219, 939f.
- **Heinrich v. Kleist**(海因里希・冯・克莱斯特): **Die Marquise von O...,
  Das Erdbeben in Chili**(《O 侯爵夫人，智利地震》), hg. v. Sabine Doering, Nachwort v. Christian Wagenknecht, Stuttgart 2004 (RUB 8002). – *Kommentierte Ausgabe*: Ders.: Sämtliche Werke und Briefe, Bd. 3, hg. von Klaus Müller-Salget, Frankfurt a. M. 1980.
- **Sophie Mereau-Brentano**(苏菲・梅罗-布伦塔诺): **Ein Glück, das keine Wirklichkeit umspannt. Gedichte und Erzählungen**(《不波及现实的幸福：诗歌与小说》), hg. und kommentiert v. Katharina von Hammerstein, München 1997, S. 203–227.
- **Andrea van Dülmen**(安德烈娅・凡・迪尔曼) (Hg.): **Frauenleben im 18. Jahrhundert**(《18 世纪的女性生活》), München 1992.

按照主题来进行分类的文本节选，涉及主题有女性自决、伴侣选择、婚姻、母性、教育、社交、虔诚性、职业、旅行、疾病等。
- **Barbara Becker-Cantarino**(芭芭拉・贝克尔-坎塔里罗): **Der lange Weg zur Mündigkeit. Frauen und Literatur in Deutschland von 1500 bis 1800**(《走向成年的漫长路：1500 至 1800 年间德国的女性与文学》), München 1989.

介绍了近代早期的女性处境，辟有章节论述女性如何在教会、教育、贵族/市民以及戏剧等领域立足。
- **Hansjürgen Blinn**(汉斯于尔根・布林): „... **Bin doch ein ehrlich Weib**". **Das Frauenbild in Goethes Ballade „Vor Gericht"** („ '...... 我可是个正经女人'：歌德叙事诗《法庭前》中的女性形象"), in: Gerhard Sauder (Hg.), Goethe-Gedichte. Zweiunddreißig Interpretationen, München 1996, S. 69–76. Ergänzt die Interpretation von Walter Müller-Seidel (s. u.) um weitere Beobachtungen.

文章有对《法庭前》的更深入的解读，是对瓦尔特・穆勒-塞德尔诠释的补充。
- **Dirk Grathoff**(德克・格拉特霍夫): **Marquise von O...**(《O. 侯爵夫人》), in: Interpretationen. Erzählungen und Novellen des 19. Jahrhunderts, Stuttgart 1988, S. 97–131 (RUB 17505).

8 女性的自主

该文主要讨论了克莱斯特小说的歧义性。

- Alexander Košenina（亚历山大·柯舍尼那）: Ratlose Schwestern der Marquise von O...: Rätselhafte Schwangerschaften in populären Fallgeschichten – von Pitaval bis Spieß（"O 侯爵夫人无助的姐妹们：流行案例故事中的神秘妊娠——从皮塔瓦尔到施毕斯"），in: Kleist-Jahrbuch 2006, S. 45–59.

在有记录的关于无法解释的怀孕案件这一语境下，分析了克莱斯特的小说。

- Walter Müller-Seidel（瓦尔特·穆勒-塞德尔）: Balladen und Justizkritik. Zu einem wenig bekannten Gedicht Goethes（"叙事诗与司法批判：论歌德一首鲜为人知的诗"），in: Gedichte und Interpretationen, Bd. 2, hg. v. Karl Richter, Stuttgart 1983, S. 437–450 (RUB 7891).

基础的单个文本阐释，展开讨论了叙事诗创作的传统及与法学史的关联。

- Jochen Schmidt（约亨·施密特）: „Die Marquise von O..."（"O 侯爵夫人"），in: Interpretationen: Kleists Erzählungen, hg. v. Walter Hinderer, Stuttgart 1998, S. 67–84 (RUB 17505).

简要的阐释，尤其着重分析文中调查的结构以及女性解放的层级递进。

9 面相学与表情学

图24. 约翰·卡斯帕尔·拉瓦特尔：《论气质与性格》，铜版画，出自：拉瓦特尔的《为促进识人与仁爱的面相学断篇》(1775—1778)*

---

* 图中文字兹译如下：左上：冷漠的人（黏液质）、右上：易怒的人（胆汁质）、左下：开朗的人（血液质）、右下：忧郁的人（黑胆质）。

9 面相学与表情学

牧师兼作家的拉瓦特尔[*]将面相学定义为"通过外在来认识人内心的能力"(Lavater 1984, S. 21)。他的著作《面相学断篇》插图丰富,他借此振兴了一门自古就有的阐释术。在这里,我们见到的是 343 幅插图中的一幅,再加上另外 488 个装饰书页边沿的小花饰,这本书成了当时最豪华也是最贵的书之一。四种性格特征表明了四种不同的气质,直到 18 世纪,它都是体液病理学[**]的基础。人的不同类型,还有疾病,都是四种体液(拉丁语"humores")混合比例不同的结果。这本来早已是稀松平常的事情,但是拉瓦特尔预言式的阐释风格与技巧却是革命性的。没有因果关联的论证,却带着对绝对真理的追求,他的《断篇》奉上的是大量加强效果的惊叹号、肆意的夸张与定语的堆砌。

拉瓦特尔的面相学触及了时代的神经:启蒙旨在获得最大程度的坦诚,处于奋斗上升阶段的市民阶层,反对宫廷的伪装与掩饰技巧,渴望诚实、自然与正直。面相学看来就是为这一需求服务的,在最初的激动和兴奋中,狂飙突进运动的许多代表人物都通过撰文加入了这一行列,包括歌德、赫尔德、维兰德等,甚至是后来它的反对者里希腾伯格一开始也是支持的。这样的关注在文学上都有所体现:不仅在小说与戏剧中,对人物的外在形象进行了更为细致的刻画,或人物本身就在从事着面相学家的工作,当拉瓦特尔因臆测的阐释艺术渐渐名声不好时,还出现了大量的戏讽作品,比如里希腾

---

[*] 约翰·卡斯帕尔·拉瓦特尔(Johann Caspar Lavater,1741—1801),瑞士诗人、作家、哲学家、面相学家与神学家。

[**] 体液病理学(Humoralpathologie,humor 在希腊语与拉丁语中指"潮湿""体液"),它是一种在古希腊罗马时期就形成的关于体液的理论,认为体液的适度混合带来健康,而体液的失衡则导致疾病与损伤。

伯格对拉瓦特尔那绝妙的布道式的、不容争辩的阐释的模仿。面相学引起的一种真实危险是对心灵窥探的恐惧。追求开放性与对人的更多认知转向了它的反面,启蒙恐怕会变成暴政。施皮斯*的病例研究刻画了一个男人,由于害怕被人看穿,最后发了疯。

9.1 拉瓦特尔从外在来阐释性格

1750年代末,剪纸艺术在法国风行一时。不久之后,人们还把这种不起眼的图像艺术和以节俭著称的财政部长的名字"艾提尼·德·席路埃"**联系了起来。这门艺术在法国很快就销声匿迹了,但在瑞士与德国却大受欢迎,并进一步发展成为"识人"的工具:拉瓦特尔对于性格判断的理论是建立在分析人身体特征的基础之上的,书的全名叫作《为促进识人与仁爱的面相学断篇》。实际方便的《剪影画指南……连同它对于面相学意义之导论》(*Anweisung zum Silhouettenzeichnen [...]nebst einer Einleitung von ihren physiognomischen Nutzen*, 1779)甚至将这两种流行的做法一并放入了书名之中。职业的剪影画家和业余的肖像画家都为这种流行风尚推波助澜,它完全可以和照相的兴起相提并论(参见 Ohage 1999)。

尤其受欢迎的是将剪影作为友谊的信物,放到信里或是纪念册里,它也是两地分离时的一个念想。歌德的维特"三次开始画绿蒂

---

* 克里斯蒂安·海因里希·施皮斯(Christian Heinrich Spieß, 1755—1799),德国演员、戏剧家与通俗小说家,被视为是惊悚小说的创始人之一。

** 艾提尼·德·席路埃(Étienne de Silhouette, 1709—1767),是路易十五时期法国财务总监,"Silhouette"字面意义为"剪影"。

的肖像",从而"三次出卖了他的内心",故而"随后我就做了一个她的剪影,有了它,我愿足矣"(Goethe 1887ff., Abt. Ⅰ, Bd. 19, S. 57)。在告别信中,他把这张被吻过上千次的剪影留给了他心爱之人。歌德本人在读大学时,也对这门艺术多有研习。1775 年 1 月 26 日,他给他朋友们——两位施托尔贝格家族的伯爵——的妹妹小顾丝苔寄去了他的剪影,并请求她回寄给他"她的剪影,不过不是小的,而是大的、更逼真的临摹",当他心仪的剪影寄到时,歌德激动地欢呼道:

> 我和我兄弟拉瓦特尔的面相学观再次得到证实。这陷入沉思的额头、这甜蜜而挺翘的鼻梁、这可爱的嘴唇,还有这样的下巴,整体是这般高贵。(Goethe 1887ff., Abt. IV, Bd. 2, S. 230, 242)

在狂飙突进时期,剪纸和适于面相学的肖像画成为一种带着感伤的社交时尚,而早在此之前,它的理论基础就已备受争议。1741 年,策特勒*在《大百科全书》中,按照古典学的理解,客观中立地去定义面相学,而《法国大百科全书》(1765)却是坚定地批判。策特勒认为面相学是"一门艺术,它从人的四肢外在特征与身体的线条轮廓着手,来判断人的天性与心理状态"(Zedler 1732ff., Bd. 41, Sp. 2239–2241)。若古**,法国大百科全书最勤奋的编撰者之一,却在书

134

---

* 约翰・海因里希・策特勒(Johann Heinrich Zedler, 1706—1751),德国书商与出版商,创建了 18 世纪最大、最全面的德语百科全书《大百科全书》(*Grosses Universal-Lexikon*)。

** 舍瓦利耶・路易斯・德・若古(Chevalier Louis de Jaucourt, 1704—1779),法国学者,也是法国大百科全书(Encyclopédie)最多产的贡献者,他撰写了大约 18 000 篇主题文章,涉及生理学、化学、植物学、病理学和政治史,约占了整个百科全书的四分之一。

中认为面相学是"可笑的科学":

> 在一定程度上,可以从人的行为来判断他的内心活动,从他面部表情的变化来识别他此刻的心理状态,这些都是允许的。但是,因为心灵是没有固定形式的,不能拿它与某种物质形式来比对,所有也就不能通过体魄的形状或脸型来评价它。(Jaucourt in: Selg / Wieland 2001, S. 324)

故而,若古有理由得出如下结论,一个畸形的身体下面完全有可能隐藏着一个美丽的心灵。诚然,以貌取人是日常生活经验的组成部分。尤其对于近代的宫廷生活而言,看相是最重要的手段之一,借以识破他人巧妙的伪装术和政治手腕[prudentia politica]。谎言与坦诚、诈伪与看破、在公共交往时演戏与在私人交往时敏感,这些对立面之间的快速转换决定着人们的社会行为,比以往任何时候更甚。关于这一点,面相学最坚决的批评者们也知道。比如哥廷根的实验物理学家里希腾伯格就曾简明扼要地解释说:"我们分分钟都在通过脸来作判断,分分钟都在犯错"(Lichtenberg 1968ff., Bd. 3, S. 283)。康德在他的人类学讲座(1777)中,审慎地考虑到了这一日常的技巧:

> 每个人都是面相学家,总是凭面相在判断。虽然并没有指明,但这一定是有些规则为基础的,因为不然的话,许多人对于一个人面相的评价就不可能会那么一致。(Kant 1997, S. 826)

从16世纪开始,人们就尝试通过细致入微的自然观察,"科学地"

9 面相学与表情学

去揭秘内在与外在之间的神秘关系。意大利医生兼学者波尔塔[*]著有《论人的面相学》(De humana physiognomonia, 1586)一书，先是对动物面相学、然后是性格面相学领域都具有里程碑式的意义。他系统地比较了动物与人类，以经验取代了直觉。随着对肌肉微观刺激机制(mikroskopische Reizmechanismen der Muskeln)的研究与人类学身心交互影响解释说取得进展，关于此问题的讨论达到了一个新的理论高度。因此，席勒在他1780年的医学博士论文中，将面相解释为经常重复的动作逐渐固化的结果：

> 如果一种情绪反复出现，它就会感应性地唤起机器的运动，这种情感方式对于心灵而言就会变成一种习惯，这种运动对于身体而言也是如此。(Schiller 1992ff., Bd. 8, S. 156)

在日常生活中，人人都会看面相，但要从心理医学角度，对它进行这样的成因研究，拉瓦特尔并无甚兴趣。诚然，我们还应考虑到，他并无意建立一个全面的理论体系，而只是想呈现关于人的一些观察与片段。在内容博杂的《面相学断篇》(1775—1778)之前，他还写过一篇短小的纲领性散文《论面相学》(Von der Physiognomik, 1772)，当时就已引起广泛关注。在文中，拉瓦特尔完全是从人类学的基本原则出发，认为在"人的心灵与肉体、内在与外在之间存在着高度的一致性"，由此而推导出——如同在席勒那里一样——"习惯化的性格"("habitueller Charakter"，Lavater 1991, S. 12, 18)。他要求面相学家要具有相应的专业知识，他们不应该仅仅只是"人类心灵、

---

[*] 吉安·巴蒂斯塔·德拉·波尔塔(Giovan Battista della Porta, 1535—1615)，文艺复兴时期的意大利学者，受新柏拉图主义的影响，他研究原因不明的自然现象。

世界、习惯与习俗的专家",也应懂得一些解剖学、生理学、气质理论以及神经系统方面的知识(Lavater 1991, S. 60)。

若要一个布道者把这些计划的内容都给填满,那即使是四卷本的书都不够。在莫里茨《经验心理学杂志》中,特地开辟了一个"心灵符号学"(Seelenzeichenkunde)专栏,尽量使用经验主义的观察方法;与此相反,拉瓦特尔在《断片》中,是带着天才般的使命意识,试图用宗教玄想的方式,来解读自然的神性符码。他认为,"一切的外在均是内在状况的反映"——就像是上帝的笔迹一般(Lavater 1984, S. 39),这种绝对化的论断会招来批评,是情理之中的事。他高高在上的、上帝启示般的语气,再加上一些荒谬的论点,如"人道德越高尚,就越美丽,道德越败坏,就越丑陋"(Lavater 1984, S. 53),使得许多原本有道理的评论,特别是他搜集人各种形象做的壮观的图像库,也跟着臭了名声。像所有人类学家一样,拉瓦特尔也认为:"最值得观察的对象,以及唯一的观察者,就是人"(Lavater 1984, S. 25)。由于一些过于大胆的、臆测的结论,他和自然研究的初衷渐行渐远。

9.2 利希滕贝格对面相学的批判

拉瓦特尔的近代符号理论大胆地建立了微观世界与宏观世界之间的相似关联,主要以宗教为依据。从方法论的角度上讲,它与哥廷根实验物理学家利希滕贝格的科学概念大相径庭。但利氏的概念并不排除看面相的直觉性,认为人们可以根据生活经验,由具体的相貌联想到特定的行为:"在掉书袋会有不良影响的地方,面相学就是科学。手艺人的绝活是没法教的"(Lichtenberg 1968ff., Bd. 1, S. 493)。这个评价表明,他承认面相学是现实生活的组成部分,但同时对系统化的解释和科学分类的要求有所顾虑。

利希滕贝格 1777 年秋季发表的战斗檄文《论反面相学家的面相学》(Über Physiognomik, wider die Physiognomen) 被收录在《哥廷根塔申日历出版社 1778 年度文选》(Göttinger Taschen Calender vom Jahr 1778) 中，因大获成功，所以马上又以单行本的形式，出了第二版。它的副标题叫作"促进仁爱与对人的认知"，参照了拉瓦特尔的标题，却把两个概念的顺序反转了。次序颠倒在这里是一种暗示，因为在拉瓦特尔评判形体的丑陋性时，驼背的利希滕贝格尤其觉得损害了仁爱。他怀疑它是否会促进仁爱，这"瞎折腾的半吊子货"(Lichtenberg 1968ff., Bd. 3, S. 264) 倒很可能会大大地祸害人。在阐释时缺乏"审慎的态度"；对这种神性的符号理论缺乏"怀疑精神"，它会变成新的"迷信"；最后还有对于"身体表面与心灵深处"之间的关联，缺乏足够的认知(Lichtenberg 1968ff., Bd. 3, S. 257f.)，所有这些都让利希滕贝格感到危险丛生。这些方法论上的顾虑笼罩着他对拉瓦特尔的批判，其面相学太过武断，是以宗教、而不是以科学为基础的。

利希滕贝格在内容上提出异议，并将此作为他论文的出发点：在拉瓦特尔的构想中，他找不到关于"情绪变化的暂时性符号"，他称其为"表情学"(Pathognomik)。它"应该研究情绪所有的符号表征，或者是根据各种情绪变化的层次性与混合性，去认识它的自然外露"(Lichtenberg 1968ff., Bd. 3, S. 264)。拉瓦特尔所关注的，是固定的身体外在形式，而这里所关心的，是表情与手势的表达，它们对于表演艺术意义重大(见本书第 10 章)。他支持表情学，反对面相学的理由如下：

1. 表情学不会骗人，因为身体语言是不由自主的，全世界的人都会用这种语言，表达各种不同程度的激情。

2. 反之，固定的形式有可能是假象，因为它们无法与人的内心发展同步，无论是自我完善也好，还是道德沦丧也罢。另外，身体形态也往往与外在生理因素有关，如气候、饮食、疾病与生活条件等。

3. 反过来讲，身体的变化并不一定会改变性格。否则以下论点就该成立："如果塌鼻梁表示幸灾乐祸，那我们就把一个人揍成塌鼻梁，那他就变得幸灾乐祸了"（Lichtenberg 1968ff., Bd. 3, S. 267）。

利希滕贝格并没有教条式地固守他的观点。他甚至用前文已提到席勒关于习惯化的论点，在两种方法之间搭起了论证的桥梁："反复出现的表情符号并不会一下子完全消失，它也会在面相上留下痕迹"（Lichtenberg 1968ff., Bd. 3, S. 281）。

比内容上的批判更富有教益的是利希滕贝格现代的分析方法，他所强调阐释的"谨慎性"（Lichtenberg 1968ff., Bd. 3, S. 257）。他的《霍加斯铜版画详解》（1794）就证明了这一点（见本书3.1）：利希滕贝格以最谨慎的态度，对待在画中与肖像研究中出现的脸与形象（他以描述的方式，让他们栩栩如生，从而将他们从面相学的僵化中解救了出来）。他从所有可能的角度，斟酌他的阐释，探究各种可能性，只是玩着暗示性的游戏，寻找着其他的解释可能，并在不断地质疑自己，以期可以重新开始不带预设地观察（参见 Wieckenberg 1992）。"我可能会添加了一些我想要的东西，只要我没有把本来有的东西想没了或解释没了就好"。（Lichtenberg 1968ff., Bd. 3, S. 665）

在《假发辫断片》（*Fragment von Schwänzen*, 1783）中，利希滕贝格展示的则是这样一种谨慎阐释艺术的对立面。它的副标题叫作"关于面相学断篇的论文"，不仅从这里就可以看出，这本论战性的小册子是在跟拉瓦特尔叫板，而且它在印刷尺寸、装帧设计和修辞

9 面相学与表情学

方面无不在刻意模仿《面相学断篇》(参见 Joost 1992)，看上去像是对该书的补遗。尤其是对拉瓦特尔那郑重其事的科学热忱的模仿，可谓惟妙惟肖。利希滕贝格认为这是一门独特的语言，即"拉瓦特尔语"(das Lavaterische)，与无聊的、念经似的布道不无相似之处："他用拉瓦特尔语念了一页经"(Lichtenberg 1968ff., Bd. 1, S. 259, 253)*。他开篇即用了一个长句，这也是典型的拉瓦特尔式的致读者语，告诫教众：

> 如果你在这条假发辫中看不到……无法清晰地辨认出……无法用眼睛嗅到……那么请你合上我的书，面相学与你无缘。(Lichtenberg 1968ff., Bd. 3, S. 533)

拉瓦特尔那里类似的表达是：

> 如果谁这个都不明白，就永远不要妄论外貌或是面相学……谁若不是常常第一眼看到某些人时，就会感到被吸引或是被排斥，那么他这辈子也成不了面相学家。(Lavater 1984, S. 109)

在拉瓦特尔这里，我们完全可以将这种预言家式的语气解读为他不得已的自嘲，而利希滕贝格所做的，远远不止于此，他加上了一个荒唐的研究对象，即动物与人的类比。这个玩笑妙就妙在"Schwanz"**

---

* 原文是 "Er hat eine Seite herunter geLavert"，在这里，利希滕贝格利用 Laverter 与德语动词 leiern 在读音上的相似性，玩了个文字游戏，正常的德语原文应该是 "Er hat eine Seite heruntergeleiert"，意即"他念经似的背了一页书"。

** 原意为"尾巴"。

一词的双关性上，在德语中，它既可指假发的发辫，又可指阴茎。六条猪的尾巴的剪影被一字排开（见图 26），如同拉瓦特尔阐释那富有特色的九条额头纹一样（见图 25），都是用一种类似的荒谬的联想方式进行了点评。

接下来有"8 条男孩假发辫的剪影"（图 25、26，Lichtenberg 1968ff., Bd. 3, S. 536），就是为练习面相学服务的。在非常滑稽的解释后面，是跟拉瓦特尔一样的"提问练习"，比如"哪根发辫会翘课呢？"*或者是"歌德戴过的假发辫会是哪一条呢？"（Lichtenberg 1968ff., Bd. 3, S. 538）。在释义时，遵循拉瓦特尔的权威加武断的风格，不由分说、不容置疑，只允许一种解释。如第一条发辫表明"蛮力远多于理智"，而第二条发辫则相反："处处表明理智要多于蛮力"（Lichtenberg 1968ff., Bd. 3, S. 536）。

虽然有迹象表明原本的语境应是发饰（如"脖颈""秃头""假发套""流苏""夹在男孩的头发上""头上戴着你（假发）""完美的发辫""发袋"和"睡帽"），但却全然无法掩饰，利希滕贝格明摆着在拿"发辫"引申的下流涵义在做文章（如"长矛内钢铁般的弹性"①"玫瑰花中的温存""猎枪""胀痛感""长枪""在水平方向""根部细小"，Lichtenberg 1968ff., Bd. 3, S. 536f.）。不管怎样，他的这些荤玩笑大受欢迎，他自己语带双关地评价道：

看得出来，要干什么事才能博得喝彩。谢天谢地，我在我的讲座中还没必要用这个来挣名声。我可不会拽着小伙子

---

* "Welcher Schwanz wird schwänzen?" 这里是利希滕贝格的又一个文字游戏，德语名词 Schwanz（尾巴）若变成动词形式 schwänzen，意为"逃课，翘课"。

① Elater 意即弹性。

9 面相学与表情学

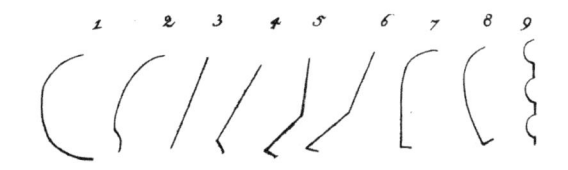

1. ist das Phlegma non plus ultra.
2. ist sanguinisch. 3. 4. 5. 6. ungleiche Grade des Hochcholerischen.
7. 8. 9. einige Linien des melancholischen; nämlich charakteristisch verstärkt.

图 25. 约翰·卡斯帕尔·拉瓦特尔:《额头纹》, 出自: 拉瓦特尔的《面相学断篇》(1775—78)
"1. 是最极致的冷漠型。 2. 是开朗快乐型。3. 4. 5. 6. 不同程度的歇斯底里型。7. 8. 9. 几种忧郁症者的额头纹, 由轻度到重度 (Lavater 1984, 333)。

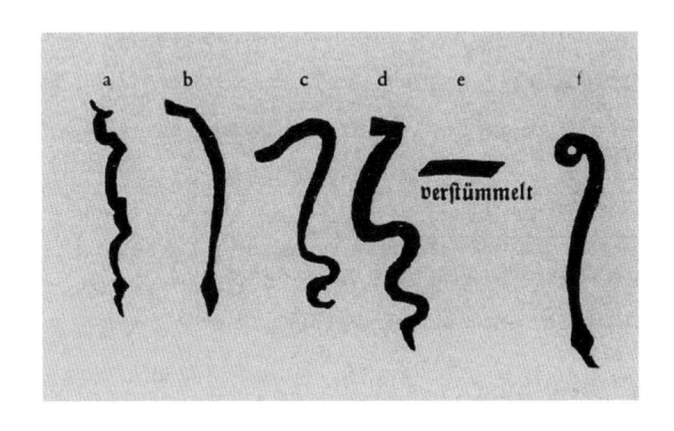

图 26. 格奥尔克·克里斯托夫·利希滕贝格:《不知名的、大多无所事事的猪尾巴的一些剪影》, 出自: 利希滕贝格的《假发辫断片》(1783)
"a. 精力不足; b. 生理与道德上的肥肉; c. 费解, 要么是畸形, 要么是被漫步者践踏过的火光冲天的萌芽; d. 估计是画错了, 不然是一道耀眼迸出的公猪闪电 e. 残缺不全的; f. 无所事事, 肥肉让它卸了劲。" (Lichtenberg 1968ff., Bd. 3, S. 535f.)

们的那玩意，强行把他们拉进来，更别提是拽着猪尾巴了。
（Lichtenberg 1968ff., Bd. 4, S. 499）

9.3　偷窥心灵：施毕斯的个案研究

拉瓦特尔认为，由人身体外在的不完美可以推衍出他心灵的缺陷，利希滕贝格则提醒人注意，这是不人道的谬论。另外一个严重的指控涉及启蒙关于全面坦诚与诚实的信条，它的负面作用是对人内心肆无忌惮的研究与彻查。不管是掩饰思想，或是佯装虚假的情感，都有揭穿它们的手段与技巧，作为一种对付伪装术的策略，它在近代的宫廷社会中有着稳固的地位（参见 Geitner 1992; HWPh 1971ff., Bd. 11, Sp. 938—942）。比如托马西乌斯[*]就主张建立一门《科学，从日常生活的谈话中发掘他人不愿透露的内心隐秘》（*Wissenschaft / das Verborgene des Hertzens anderer Menschen auch wider ihren Willen aus der täglichen Konversation zu erkennen*, 1691）。另外许多研究谈话的理论家们则谨遵其教诲，写了许多实用的小册子。在《人类学》中，康德将这种技巧与面相学挂上了钩，简要地称其为"内心窥探术"（Kant 1983, Bd. 6, S. 640）。

害怕被看穿，是一种现代的恐惧病，许多文学人物都被这种病折磨得痛苦不堪：比如在克林格尔[**]狂飙突进时期的戏剧《双胞胎》（*Die Zwillinge*, 1776）中，残害了兄弟的古艾尔弗就害怕，他犯下的

---

[*] 克里斯蒂安·托马西乌斯（Christian Thomasius, 1655—1728），德国法学家与哲学家。

[**] 弗里德里希·马克西米利安·克林格尔（Friedrich Maximilian Klinger, 1752—1831），德国剧作家。

该隐之罪已刻在他的额头之上。另外,在克林格曼的小说《守夜人》(1804)中,也有对探访疯人院的描写(见本书第 3 章):有一位病人受到一个疯狂念头的折磨,认为自己有"玻璃般透明的胸膛",他总觉得别人在观察他,所以"小心地将胸部遮盖起来"(Bonaventura 2003, S. 79)。这个执念让人想起古代关于模慕斯*的传说,他指责火神沃尔坎,在造人时忘了在胸口留个窗户,可以去看到人的内心。熟谙心理学的通俗小说作家施皮斯在他的《疯人传》(*Biographien der Wahnsinnigen*, 1796)第一卷中,讲的正是这个主题。

在 1966 年的新版中,加上了补充标题"透明的经济学家",书的原标题"Jakob W***r"就已承袭了心理案件故事的传统。通过对专有姓名的缩写,突出了这个医学个案具有的典范性特征。小说描述了年轻的蒂罗尔人雅各布的病史,他因为爱情得不到家庭的同意,从而精神崩溃了。启蒙哲学家如托马西乌斯曾在他的论文《论理性地与道德地去爱的艺术》(*Von der Kunst Vernünfftig und Tugendhafft zu lieben*, 1692)中,谈及如何去避免与抑制非理性的爱情。雅各布刚出场时,是一个英俊而受人喜爱的男子,有着超常的经济头脑。不幸的是,他爱上了他的女仆玛丽,也是个聪明美丽的姑娘,多年前却被一个矿工骗去了贞操。雅各布担心,他的家里永远不会接受玛丽成为他的新娘。

雅各布表白之后,玛丽想要放弃这段感情,因为她觉得自己配不上。雅各布悄悄地去找一个朋友帮他出主意,却一转背就被他出卖,他隐秘的情感曝了光,他也成了舆论鄙视的对象。于是他逃离了社交圈,并在阿尔卑斯山的一个干草堆里躲了数日。当人们找到他时,他已饿得奄奄一息,状态非常之糟,不过之后叫来的医生却

---

* Momos/Momus,古希腊的嘲讽与批评之神。

没有在他身上找到任何外伤：

> 他还活着，喘着气，但却谁也不认识了，他疲惫地张开眼，又随即合上了；他将双手放在胸前，绝不愿改变这个姿势……因为医生怀疑这里有伤口，所以必须使用蛮力，但即使是两个壮小伙也差点没能将他的双手移开。结果在这里连最细小的伤口也没找到。(Spieß 1966, S. 49f.)

雅各布不愿与任何人说话，他的兄弟姊妹们因而怀疑他得了"疯症"(Spieß 1966, S. 51)。的确，他的病状符合紧张症的特征。因为他交织放在胸前的双臂有肌肉痉挛的症状，不仅如此，他最终还向玛丽坦白了他的臆想，他说他的胸部突然变成了透明的"灯笼"："如果每个人都能看透我的心，马上发现我最隐秘的想法，那真太可怕了。"(Spieß 1966, S. 52)

在《论面相学的危害》一章中，拉瓦特尔讨论了他的理论可能会被滥用的问题，即窥伺人"心灵的秘密、隐藏最深的错误，以及思想的每一次失误"(Lavater 1984, S. 99)。不过他认为，对人的认知与仁爱是利大于弊，只要注意分寸就可以。Jakob W***r 的社会环境肯定是没有注意分寸的，他的崩溃却也不是当时从外部出发的面相阐释所致，而是他内心恐惧的结果，担心（由于自身的某种缺陷）原则上会任由这些阐释所摆布。

叫来的医生信奉的是当时最新的治疗理念，他通过"善意的欺骗"，参与了雅各布的疯癫，仿佛试图从内而外地去治愈他（见本书13.3）：他"假装完全相信雅各布的话，借此，他获取了疯癫者的信任，后者首度开始与他交谈"。(Spieß 1966, S. 53) 从病历中可以看出，雅各布的疯狂念头源自他狂放的想象力与良心的不安：他说他遇到了他死去的母亲,是一位"身着白衣的女士",她骂他犯下这等羞耻之事,并警告道:"你的胸是玻璃做的,谁都能看穿你的想法,嘲笑你,快躲起来!躲起来吧!"(Spieß 1966, S. 54f.)

这位明智的医生用厚绷带将"透明的"胸口保护了起来,去挡住那些无礼的目光,并且向他保证,过五至六周之后,就会有新肉长出来盖住玻璃。治疗本已初见成效,直到雅各布的兄弟声称,他仍然可以看得出雅各布心中对玛丽充满爱意。紧接着雅各布旧病复发,这次无法逆转。他再也没有离开过住所,并用一个厚厚的皮束胸将自己武装了起来。

七年之后,人们发现病人拥有了一种奇特的预见能力(Sehergabe)。虽然怕被人彻底看穿的焦虑并未消除,但却被辅以了一种相反的能力,不仅可以看穿他人,还可以准确地预言牌局、收成、天气或者是经济的未来发展。在他将死的几日前,他也有过清醒的时刻,意识到自己的疯癫,但在垂死挣扎时,仍要求不要打开棺木,以防别人看到他的心。

当然,人们不能拿对一个理论的错误理解来反对这个理论。不过这个病例故事却阐明了一种动态性,哲学家特奥多尔·W.阿多诺与马克斯·霍克海姆称之为《启蒙辩证法》,或是像美国社会学家理查德·桑内特那样,将其描述为《亲密性的暴政》。在所谓的进步和对恐惧成因的压制升级的背后,这些作家们却发现了悄然的倒退与新的危险、焦虑与问题。对于人与人之间的亲近、坦率与温暖的追求本身是正面的,却也可能会适得其反,譬如说伤害到人天生的羞耻感,破坏了隐私,或者引发人们对于无所不能的监控的恐惧。

问题与思考

- 为什么旧的相面术与新兴的剪影艺术在启蒙时期会大受

欢迎？
- 18世纪时，人们对于面相学有哪些疑虑与异议？
- 表情学与面相学有何区别？又有何关联？
- 请分析利希滕贝格在《假发辫断片》中的讽刺风格是如何背离他审慎的阐释原则的。
- 请讨论作为面相学负面效果的窥视术：文学人物们被哪些具体的恐惧所折磨？
- 弗洛伊德将羞耻心定义为可以与偷窥的好奇心相抗衡的力量。请借助此定义分析一下施毕斯的 Jakob W***r：在这里偷窥的好奇心与羞耻心是如何共同起作用的？

推荐书目

- **Johann Caspar Lavater**（约翰·卡斯帕尔·拉瓦特尔）**: Physiognomische Fragmente zur Beförderung der Menschenkenntnis und Menschenliebe**（《为促进识人与仁爱的面相学断篇》）. Eine Auswahl, hg. v. Christoph Siegrist, Stuttgart 1984 (RUB 350).
- **Georg Christoph Lichtenberg**（格奥尔格·克里斯多夫·利希滕贝格）**: Schriften und Briefe**（《作品与书信》）, Bd. 3, hg. v. Wolfgang Promies, München 1972, S. 263–295, 533–538.
- **Christian Heinrich Spieß**（克里斯蒂安·海因里希·施毕斯）**: Der gläserne Ökonom, das ist: Die Geschichte von Jakob W***r**（《透明的经济学家，这是：雅各布·W***r 的故事》）, in: Biographien der Wahnsinnigen, hg. v. Wolfgang Promies, Neuwied / Berlin 1966, S. 44–61.
- **Wolfram Groddeck**（沃尔夫拉姆·格罗德克）**(Hg.): Physiognomie und Pathognomie. Zur literarischen Darstellung von Individualität**（《面相学与表情学：论文学的个性塑造》）, Berlin/New York 1994.
书中文章讨论了面相学的主张与模仿刻画性格的艺术在表演理论、戏剧（莱辛、席勒）、小说（歌德、让·保尔）与讽刺文学（克林格尔、穆索伊斯、

9 面相学与表情学

佩措)中的运用。

- **Alexander Košenina**(亚历山大·柯舍尼那): **Gläserne Brust, lesbares Herz: Ein psycho-pathographischer Topos im Zeichen physiognomischer Tyrannei bei Chr. H. Spieß und anderen**("透明的胸膛,可读的心:在面相学统治下于施毕斯和其他作家作品中出现的心理-病理记录类型"), in: German Life and Letters 52, 1999, S. 151–165.

  正是由于害怕变得完全透明,施毕斯所写的个案故事才在看热闹与羞耻感的摇摆之间获得了张力。

- **Carl Niekerk**(卡尔·尼凯克): **Zwischen Naturgeschichte und Anthropologie. Lichtenberg im Kontext der Spätaufklärung**("在自然史与人类学之间:晚期启蒙语境中的利希滕贝格"), Tübingen 2005, S. 143–164.

  该文强调拉瓦特尔与利希滕贝格对立的科学观,试图将后者关于面相观的论文纳入他的人类学理念之中。

- **August Ohage**(奥古斯特·欧哈格): **Von Lessings „Wust" zu einer Wissenschaftsgeschichte der Physiognomik im 18. Jahrhundert**("从莱辛的'混乱'到18世纪面相学的科学史"), in: Lessing Yearbook 21, 1989, S. 55–87.

  该文对18世纪面相学知识的勾勒表明,拉瓦特尔既非运动的创始人,也非其系统的理论家。

- **Stephan Pabst**(斯蒂芬·帕布斯特): **Fiktionen des inneren Menschen. Die literarische Umwertung der Physiognomik bei Jean Paul und E.T.A. Hoffmann**(《关于内在的人的虚构:让·保尔与E.T.A霍夫曼作品对面相学的文学重估》), Heidelberg 2007.

  这部高水准著作揭示出在面相学和释画艺术的影响下,"真实的人的样子"如何陷入了危机,并影响到文学。

- **Nicolas Pethes**(尼古拉斯·佩特斯): **Literarische Fallgeschichten. Zur Poetik einer epistemischen Schreibweise**(《文学的病例故事:论认知式写作方式的诗学》), Konstanz 2016, S. 75–94.

  书中有一章论述了施毕斯 "Jakob W***r" 的精神病学原型,将其置于通俗文化的语境中讨论。这篇小说的目的在于警告激情的危险,并防患于未然。

171

- **Johannes Saltzwedel**(约翰内斯·扎尔茨韦德尔): **Das Gesicht der Welt. Physiognomisches Denken in der Goethezeit**(《世界的面孔:歌德时代的面相学思想》),München 1993.

面相学的思想超越了拉瓦特尔以及他的批评者克劳迪乌斯、利希滕贝格、默克、尼柯莱,被发展成为一种极为重要的理念,即和谐的、比德的、有机的自然启示(如在卡鲁斯、歌德、哈曼、黑格尔、赫尔德、尼柯莱、叔本华与斯特芬斯的作品中)。

10　心理学的表演艺术

图 27. 约翰·威廉·迈尔:《美狄亚》,铜版画,出自约翰·雅各布·恩格尔的《表情观》(1785)

这幅迈尔*的铜版画取材于恩格尔的著作《表情观》。作为表演艺术的主导理论，它呈现与探讨了演员们极具表现力的表情与手势，以期研究出一种用身体来表达的、具有说服力的情感语言。画中的人物是古希腊神话传说中的美狄亚，在欧里庇得斯的同名戏剧中，她因丈夫的不忠而复仇，毒死了她的情敌，并杀害了亲生的两个孩子。在画中，我们可以看到她在为自己可怕的计划而纠结，内心激烈挣扎，恩格尔分析说，她"仿佛被眼前熟悉的面容吓了一大跳，她伸手挡住，尽量转过身子，母亲的天性从心底涌现，并发出呐喊：'多么可怕的念头！它像恐怖的死亡让我浑身发颤。'"（Engel 1785, Bd. 1, S. 199）

相较于巴洛克时期而言，启蒙时代的戏剧表演让人耳目一新，不仅是因为题材更贴近生活，市民阶层成为主角，表演的风格也发生了巨大的变化。第一点反映在文学文本中，第二点则体现在戏剧实践上。二者之间又相互勾连：剧作家、戏剧与表演艺术理论家以及演员（常常是同一人）共同努力，希望将人物行为的内在动机、内心的矛盾与情感清晰地呈现出来。"人类学的戏剧文化"与"人类学小说叙述"（见本书第4、5章）平行出现。本章所讨论的核心问题是，如何通过外在行为来表达心灵的状态，让观众感到自然且符合心理逻辑。莱辛是这场讨论中的灵魂人物：他将法语的表演理论译成了德语，是指出德国急缺成熟的表演艺术之第一人，然后恩格尔就在他的《表情观》中，展示了他对于这个问题的思考。

---

* 约翰·威廉·迈尔（Johann Wilhelm Meil, 1733—1805），德国画家，擅长插图与铜版画。

10 心理学的表演艺术

10.1 共情的与反思的演员

对演员与演讲者的技巧给予实际的指导，这自古希腊罗马时期以来，就属于修辞学的范畴。在此体系中，演讲与戏剧角色 [actio] 的口头演绎是最终阶段，即身体的说服力 [eloquentia corporis] 的阶段。它又分为语音、面部表情与肢体表达/手势三部分。从古希腊直至近代早期，修辞学的教科书对于身体的说服力（körperliche Beredtsamkeit）这一主题大多只是简短提及。这也与亚里士多德的评价有关，他认为戏剧脚本的演出远不如文本本身有价值。修辞学的理论家们也认为，表现的实际技巧在一般的课堂传授即可，而无须在教科书中详尽地进行讨论。

昆体良*是个例外，在他的著作《演说家的培训》（*Institutio oratoria*，约公元 95 年）中，他花了很长的一章，将特定的举止与身体姿势归类到相应的情感与表达意图。但是结果并不是自然流露的表达姿势，而是约定俗成的、建立在一一对应基础上的手势符码，在舞台上显得僵硬而刻意。巴洛克晚期时，朗恩**撰写了《论表演艺术》（*Dissertatio de Actione Scenica*，1727）一书，从其中的插画（见图 28）我们就可以一眼看出，这是按照一定的目录规则呈现出来的诵读姿势，比如总是交叉着的双脚的摆位 [crux scenica]，它与恩格

---

* 昆体良（Marcus Fabius Quintilian，约公元 35—100 年），罗马帝国西班牙行省的雄辩家、修辞家、教育家、作家。69—88 年教授修辞学，成为罗马第一名领受国家薪俸的修辞学教授，并且是著名的法庭辩护人。

** 弗兰西斯库思·朗恩（Franciscus Lang，1654—1725），耶稣会教士，同时也是修辞学与诗学教授。

图 28. 弗兰西斯库思·朗恩:《论表演艺术》(1727)的插图

尔在《表情观》中的情感手势是有区别的。

虽然昆提利安是依照修辞学的原理而非自然的观察研习出了规范经典,但他也深知心灵与身体语言之间的天然关联。在他之前,

10　心理学的表演艺术

西塞罗在《论演讲者》中，第一次指出了身心之间的联系：

> 心灵的每一次波动自然会在面部表情、声调与手势上有其独特的表达。一个人的整个身体、他所有的表情变化、声音的全部音区就像是乐器的琴弦，不同的情绪变化就会让它们发出相应的声音。(Cicero 1986, S. 582f.)

至于为什么会如此，直到 18 世纪，才由人类学对这个问题展开了深入的研究。一方面，对表情化的身体语言（见本书 9.2）进行了仔细的观察与描述，以探究例如在特定心理状态下的脸红、苍白、颤抖等生理现象；另一方面，通晓心理学的表演理论家们在思索，演员们该如何实现独特的身体表达，使他们看上去是在切实地、逼真地经历着相应的情感。也就是说，是要人为地制造自然的、尽可能是不由自主反映出的情绪波动。莱辛在他下面的 4 行诗《一名演员的签名留念册》(*In ein Stammbuch eines Schauspielers*, 1779) 中，曾出色描写了这存在与表象之间颇为复杂的关系：

> 艺术与自然
> 在舞台上浑然一体；
> 若说艺术变成了自然，
> 只缘自然已化为了艺术。(Lessing 1985ff., Bd. 3, S. 827)

没有能比这更简单明了地说明问题的了：启蒙戏剧将艺术与自然合二为一，角色塑造贴近现实，心理描写逻辑可信，看似完全符合现实世界。为了达到以假乱真的效果，在技巧、道具、排演和精炼表达等方面很是下了一番功夫。在整个过程中，艺术应尽可能地隐而不现，最重要的是让人有置身现实的错觉。就像是如今，观众在影院看一部惊心动魄的电影时，会忘了自己身在何处，他在看戏时也该忘了自己身在剧院。

这样一种在心理上要自然真实的戏剧理念主导着当时的品位与风气，并在许多有影响力的舞台上得以实践，比如在汉堡的国家剧院（建立于1767年），曼海姆（1779）或是柏林（1786）。伊弗兰德*和科策布**的通俗剧所走的煽情路线风行一时，两人一起主导着全德国的演出剧目，但在歌德指导下的魏玛宫廷剧院对此毫无兴趣，指责它缺乏艺术性，因通俗而叫座。与之对立的是古典主义的艺术理想，以高雅的古希腊悲剧为参照，它才应被彰显，而非埋没。在悲剧《墨西拿的新娘》（*Die Braut von Messina*, 1803）的前言中，席勒完全背离了青年时期的心理主义戏剧——如《强盗》（1781）、《斐耶斯科的谋叛》（1783）、《阴谋与爱情》（1784），提出要向"艺术中的自然主义公开而切实地宣战"（Schiller 1992ff., Bd. 5, S. 285）。所有为人所熟知的、在古典戏剧中去拉开观众与舞台表演距离的手段，统统被派上了用场：采用诗歌的语言，而非日常生活的话语，用面具取代表现力丰富的面部表情，此外还启用了一个以合唱队形式出现的外在机构，用以点评与分析情节，打破表演的幻象（参见 Borchmeyer 1984）。

如果我们继续讨论启蒙要还原心理的自然剧模式（das psychologische Naturtheater），不难发现，如何在实际操作上实现洞

---

* 奥古斯特·威廉·伊弗兰德（August Wilhelm Iffland, 1759—1814），德国演员与剧作家。

** 奥古斯特·冯·科策布（August von Kotzebue, 1761—1819），德国剧作家与歌剧脚本作者。

10 心理学的表演艺术

悉人物心灵这个问题,仍然未得到解决。只有在这个意义上,戏剧舞台才能承担起"通向人类心灵最隐秘角落的万能钥匙"这一角色,这是席勒 1785 年提出的(Schiller 1992ff., Bd. 8, S. 194)。对此法国给出了互相对立的两种方案,都经由莱辛的翻译被引介到了德国。一是由作家阿尔宾*撰写的《演员》(*Le Comédien*,1772,节选自 Lessing 1754),二是演员里科博尼**的论文《表演艺术》(*L'Art du theâtre*, 1750)。阿尔宾强调演员要通过与角色共鸣而显得自然,里科博尼则注重演员的疏离感与反思。

阿尔宾认为演员要有个性,"机智"(即风趣、智慧与灵感)与"激情"(即生动性与可塑性)是必要的,表演的最终目标是"真实",这些都没有引起争议(St. Albine 1747 in: Lazarowicz / Balme 1991, S. 139f.)。但他的核心论点情况则不然:

> 如果说悲剧演员……想要骗过我们,那么他们就得先要骗自己,必须把自己想象成真的就是所表演的角色;若成功演绎了狂怒,那他们一定是被说服,认为自己就是那个被出卖、被迫害的人。表演一定要走心,想象出来的不幸常常须得榨出他们真情的泪水。(St. Albine 1747 in: Lazarowicz / Balme 1991, S. 141)

莱辛觉得这种方法并不可取,认为它更像是"关于表演艺术的一

---

* 皮埃尔·雷蒙·德·圣阿尔宾(Pierre Rémond de Sainte Albine, 1699—1778),法国历史学家和剧作家。

** 弗朗西斯科·里科博尼(Francesco Riccoboni, 1707—1772),是意大利裔的法国演员、剧作家与表演理论家。

种美好的形而上学"(Lessing 1754 in: Lazarowicz / Balme 1991, S. 142)。像莱辛这样的戏剧实践家们提出的异议是,这种自我欺骗不可能每天晚上都一样成功,快速的情感转换是很难的,尤其是对于某种情绪毫不费力的、类似于机械的表达,它的舞台效果是远远不够的:

> 恰恰是在戏剧舞台上,人们想要看到的不是对思想与激情差不多的……而是最完美的表达,要好得不能再好、完整得不能再完整。(Lessing 1754 in: Lazarowicz / Balme 1991, S. 142f.)

里科博尼认为,要做到这一点,不是靠演员的共情,而是需倚仗仔细考量过、深思熟虑过的技巧,旨在实现令人信服的情感"表达",演员只是"看似进入了情感",而非"真正地进入"。他认为与角色完全共鸣是一种"不幸",那样演员就"没法演戏了";在戏中,心情的变化要比在平常生活中快,若是演员全情投入某种情感,"那么他的心就会瞬间感到压抑,激动得说不出话来",这必然会导致表演失控。因此,表演自然并不是要求举止一如日常生活,它必须要更深入、精炼与强烈,"比自然还要宽那么两指"(Riccoboni 1750 in: Lazarowicz / Balme 1991, S. 145, 146, 148)。在苍白无力的平凡与令人不适的夸张之间去找到平衡点,是对演员最大的挑战之一。

这种艺术理想的基础是,对日常生活中典型的肢体语言进行细致入微的观察。里科博尼建议去多观看下层民众,他们还没有被宫廷文化的矫揉造作所带坏,一派自然,还"不懂得如何去控制情绪"(Riccoboni 1750 in : Lazarowicz/Balme 1991, S. 148)。此外,天赋异秉的演员也是很好的榜样:最著名的有伦敦的大卫·加里克,在汉

10 心理学的表演艺术

堡、汉诺威与哥达演出的埃克霍夫[*]，抑或是在曼海姆与柏林的伊弗兰德。以加里克为例，他是演绎快速更迭的情感的大师，这正是里科博尼所极力主张的，并以此来反对阿尔宾。在这场关于究竟是应该自然共情、还是人为地去调动身体语言的论争中，丹尼斯·狄德罗选择站在反思的演员一方，在著作《关于演员的悖论》(*Paradoxe sur le comédien*, posthum 1830, 节选自: Lazarowicz / Balme 1991, S. 155–163) 中，他正是用加里克的表演来支持他的论点：

> 加里克在门缝中伸出头来，他的面部表情在4—5秒之内，由狂喜过渡到了有节制的喜悦，由有节制的喜悦转为了平静，由平静转为惊喜，由惊喜到讶然，由讶然到悲伤，由悲伤至垂头丧气，由垂头丧气至恐惧，由恐惧到震惊，由震惊转为绝望，然后，他从这心情的最低谷又折回到了出发点。(Diderot 1984, S. 500f.)

这样细致入微的文本描述，配以图片的说明解释，在启蒙时期自成一体，表演理论的形成很大程度上得益于此。譬如利希滕贝格谈加里克表演艺术的《来自英国的信》(*Briefe aus England*, 1776—1778, *Deutsches Museum*, Lichtenberg 1968ff., Bd. 3, S. 326–367)，波尔蒂格[**]的《从14幅图看伊弗兰德表演的发展》(*Entwicklung des Ifflandischen Spiels in vierzehn Darstellungen*, 1796)，或是

---

[*] 康拉德·埃克霍夫 (Konrad Ekhof, 1720—1778)，被普遍认为是18世纪德语界最重要的演员之一。

[**] 卡尔·奥古斯特·波尔蒂格 (Karl August Böttiger, 1760—1835)，德国考古学家、语文学家、教育家与作家，是歌德时代魏玛最具影响力的人物之一。

亨舍尔*关于伊弗兰德在舞台表演的约五百幅画（参见 Härle 1925）。亨舍尔的画仿佛会动起来，比如他给莫里哀的《吝啬鬼》(*Der Geizige*, 1682)就画了 62 幅画，以连环画的形式把剧本演了出来（见本书 11.1）。与此相反，加里克演绎的莎士比亚剧本中的那些知名角色，对他们的"特写"却显得近乎僵硬，可能因为它们是比较传统的铜版画。

菲斯利画过些色调幽暗的水彩画与油画，展示的是饰演麦克白的加里克(1766 年与 1812 年)，画中的他刚刚杀了邓肯王，由于癫狂，目光灼人，手里还拿着两把带血的匕首，表现力令人震撼（参见 Füssli 2005, S. 208f.）。

往远了说的话，莱辛的《汉堡剧评》(1768/69，Lessing 1985ff., Bd. 6, S. 181–694)也沿袭了这种记录演出的传统，为我们提供了一面反映舞台现实的有利镜子。只有通过这些文献，我们才能约摸窥得表演理论所主张的舞台实践究竟是什么样子。比如在书的第 13 篇中，莱辛就描写了女演员亨泽尔(Sophie Friederike Hensel)如何演绎他的悲剧《萨拉·萨姆逊小姐》(*Miß Sara Sampson*, 1755)中很长的死亡场景，观戏的体验明显地对于他进行人类学的反思有着直接的影响。女演员得知按照医学的诊断，垂死之人在最后会"开始用手指扯衣服或是床单"，她便让这一微妙的细节取得了绝佳的舞台效果：

> 在她的灵魂开始出窍的时刻，突然，但只是在她僵硬的手臂的指尖，出现了轻微的痉挛；她揪着裙子，它被稍稍抬起，又

---

* 威廉·亨舍尔(Wilhelm Henschel, 1738—1822)，出生于德国汉诺威，英国天文学家与音乐家，曾作出多项天文发现，包括天王星等。

10　心理学的表演艺术

图 29. 大卫·加里克饰演的莎士比亚剧角色（李尔王、麦克白、理查三世、哈姆雷特），铜版画（1770 年前后）

随即落下，这是最后的回光返照。(Lessing 1985ff., Bd. 6, S. 250)

莱辛非常兴奋，马上想要掀起一场"关于垂死之人挣扎"的医学讨论（Lessing 1985ff., Bd. 11.1, S. 467）。到恩格尔的《表情观》问世之前，这样一些细节让情绪与手势之间的关联一目了然，它们被视为是还原真实的表演艺术之最高境界。

10.2 莱辛与恩格尔的人类学表演艺术

早在《汉堡剧评》的这段描写之前，莱辛就表现出了对于情绪与表达、心理变化与肢体语言之间潜在关联的极大兴趣。在译本《演员》中，他批评阿尔宾简单地预设，认为"身体的外在变化是心灵内部状态表现的自然结果"（Lessing 1754 in: Lazarowicz / Balme 1991, S. 142）。莱辛绝不是怀疑身心交互关系的存在，只不过他并不认为这种影响只是单向地从内到外，即只是心里的感受会引起身体的反应。确切地说，他是反转了阿尔宾的论点：认为演员不应该去感同身受地去体会角色的感情，从而实现情感的自然表达，而应该模仿身体的反应，去人为地感染心灵，通过这样一种巧妙的方式，既使表演看起来自然，又不用自身卷入真实的情感：

> 我想，如果演员懂得模仿身体所有外在的表征与特性，以及其一切的变化，从经验中悟出，它们都是在表达某种特定的情感，那么这些感官在心灵上所留下的印象，就会让心灵自动进入状态，使它符合人的动作、姿势与语气。（Lessing 1754 in: Lazarowicz / Balme 1991, S. 143）

莱辛在此假设的，不是寻常的心灵对身体的影响［influxus amimae］，而是相信，通过对身体行为的模仿，可以去刺激心灵［Influxus corporis］，这样无须内心参与，就可以实现逼真的表达。如此一来，就否定了阿尔宾关于与角色共鸣的主张，而里科博尼对于与角色距

10 心理学的表演艺术

离感的要求则得以具体化。十多年之后,莱辛在《汉堡剧评》的第3篇中,再次提及了这一想法。一方面,他重申"感受是内在的",人们只有借由"外部的特征"来对它进行判断;另一方面,他提出与此相对应的法则,认为"正是因为心灵的变化会引起身体的变化,那么反之亦然"(Lessing 1754 in: Lazarowicz/Balme 1991, S. 152)。这一自然法则的后半部分成了他论点的前提,即"机械的模仿"可以成为即便是转瞬即逝的、情不自禁的肢体语言的基础,使它看起来像真的一样。这样演员便会:

> 进入某种情绪,虽然它不会像由心及身的感受那般持久与激烈,但是在伴装的那一瞬间,它已足够强烈,从身体并非自愿的变化中,调出某种东西,让我们几乎坚信那就是内心情感作用的结果。(Lessing 1754 in: Lazarowicz / Balme 1991, S. 152)

对于这一基本原则,莱辛只做了以上的简要概述,并未深谈。在译本《演员》中宣称要写的"关于身体说服力"(Lazarowicz / Balme 1991, S. 144)的小书,也只留有一个残本(参见 Lessing 1985ff., Bd. 3, S. 320–329)。不过在《汉堡剧评》结尾时,莱辛抱怨说:"我们只有演员,而无表演艺术","缺乏专门的、无人不识的、明晰而简洁的规则"(Lessing 1985ff., Bd. 6, S. 683),这个意见倒不是没有回响。

恩格尔的《表情观》(1785/86)就是继承了莱辛的思想,本章的开篇画即取自该书(见图27)。恩格尔比莱辛更细致地研究了身体语言,以及如何让它成为"表达心灵内在活动的工具"(Engel 1785, Bd. 1, S. 73)。"内心的情绪波动引起的生理反应是……表征,自然通过神秘的纽带将它与内心的激情联结了起来",他认为这才是问

文学人类学

题的关键：

> 为什么悲伤的念头会刺激泪腺，好笑的想法却会牵动横膈膜；为何恐惧会让人脸色煞白，害羞则会让人双颊绯红。(Engel 1785, Bd. 1, S. 98f.)

恩格尔不仅认定，从人类学意义上讲，身心交互影响[Influxus physicus]是既定的事实，还关注医学心理学专业杂志对于这一问题的讨论。1773—1776年，恩格尔在莱比锡，与莱比锡大学医学教授普拉特纳交好，后者是《医生与智者的人类学》一书的作者。恩格尔虽没有在《表情学》中提到他，却讲到了与他思想极其接近的另一位哲学医生温策尔，温氏在他主编的周刊《医生》(*Der Arzt*, 1759—1764)、作品《心绪新论》(*Neue Lehre von den Gemüthsbewegungen*, 1746)，或是《生理学初探》(*Erste Gründe einer Physiologie*, 1771)中，均对身体语言的心理学诠释给出了意见，这正是恩格尔所关心的。莱辛的这一杰出想法，即演员可以通过模仿外在的行为来引领自己的心灵，在1770年前后时究竟流传已有多广，不妨看看康德1772—1773年的人类学讲座就清楚了："所有的情绪都会引发表情，故而人们若模仿表情的话，也就会进入情绪"(Kant 1997, S. 230)。

我们在此强调的是，恩格尔从当时的人类学推导出了表情学，但这自然不是他本人关注的重点。他意在以自然观察、文本分析以及杰出演员对角色的诠释为基础，展开一场关于身体语言的详尽而具有代表性的讨论。诚然，他要的不是修辞学意义上的规则制定，僵硬死板，如目录条文一般。魏玛古典主义者所推崇的美与艺术，对于恩格尔而言，也远不如真实与心理可信度要来得重要。他的座

10 心理学的表演艺术

右铭是,要表达而不要绘画,换言之,要刻画心理,而非模仿外在,他是这样来解释的:

> 于我而言,绘画就是对心中所想之事本身的一切感性描写;表达则是对心灵思考所要倚靠的态度与思想的所有感性刻画。(Engel 1785, Bd. 1, S. 79)

在他一篇短小的散文《论音乐性绘画》(Über musikalische Malerey, 1780)中,恩格尔就非常形象地阐明了表达式的、而非绘画式的艺术观念。文中他同样强调,对事物的外在模仿并不重要,比如用大鼓之声去再现让风云变色的暴风雨,重要的是"这一事物惯于对心灵所造成的……影响"(Engel 1780, S. 12),这个例子指的是暴风雨所引起的人内心的波澜,不妨通过弦乐器的颤音来表达。这一原则既适用于演员,也同样对作曲家有效:"他应该表达,而不是绘画"(Engel 1780, S. 34)。贝多芬在第六交响曲的第一乐章中就重复了恩格尔的原则:"对感受的表达多于绘画"。同样的原则还适合文学的情节,尤其是涉及肢体语言的部分(见本书5.1):"只有是由心灵引起、并表达心灵的身体变化,才该被呈现出来"(Engel 1964, S. 201)。

在表现心理学中,不同的艺术门类相结合了起来,服务于一个明确的目的,就是让表现技巧能够反映人的内心状况、动机以及人的心理发展变化。莱辛就坦言信奉这一方法,以实现舞台上的心理真实性与可然性。他建议要塑造符合实际的人物性格,也就是说它应由"一系列因果关系"发展而来。在《汉堡剧评》的第32篇中,他继续写道,要做到这一点,作家应该试着:

> 一步步地去展现激情，让人觉得处处都是顺理成章、水到渠成；让人不得不承认，作家让人物走的每一步都合乎情理，我们也可能会跟他干出一模一样的事，如果我们处于……同样的激情状态下的话。(Lessing 1985ff., Bd. 6, S. 338)

正是对心理可信度的追求构成了莱辛"同情诗学"(Mitleidspoetik)实际的一面。这种构思也奠定了下一章中戏剧分析方法的基础，它是一种涵括了编导说明、演出报告和场景布置在内的戏剧学，借由这种方式而超越了具体文本，使人物的内心世界更为明晰准确地呈现出来。

问题与思考

- 在对待身体语言方面，新兴的人类学与旧的修辞学有何本质上的不同？
- 请概括阿尔宾与里科博尼对于演员表演提出的截然相反的建议。
- 请论述心理表现戏剧与魏玛的古典戏剧有何不同。
- 请描述莱辛是如何建议演员达到身心之间的平衡。
- 请比较恩格尔对莱辛表演艺术观之发展与他的小说叙述理论（见本书 5.1）之异同。
- 斯塔尼斯拉夫斯基在其 1925 年的表演理论中，特别提到是承袭了里科博尼与莱辛的传统（节选 in：Lazarowicz/Balme 1991, S. 256—269），请比照它与本章观点之间的关联。

推荐书目

- **Johann Jakob Engel**（约翰·雅各布·恩格尔）: Ideen zu einer Mimik. Erster / Zweyter Theil. Mit erläuternden Kupfertafeln（《表情观：第1卷/第2卷：附阐释性的铜版画插图》）, Berlin 1785/1786, Nachdruck Darmstadt 1968.
- **Texte zur Theorie des Theaters**（《戏剧理论文选》）, hg. v. Klaus Lazarowicz und Christopher Balme, Stuttgart 1991 (RUB 8736). 本书引用的圣阿尔宾（138—144页）、里科博尼（144—149页）与莱辛（149—155页）的文本节选可在以下的评注版中找到更长的段落。Gotthold Ephraim Lessing: Werke und Briefe in zwölf Bänden, Frankfurt a. M. 1985–2003, Bd. 3, S. 304–311; Bd. 1, S. 884–934; Bd. 6, S. 196–212.
- **Wolfgang F. Bender**（沃尔夫冈·F·本德尔）: „Mit Feuer und Kälte" und – „Für die Augen symbolisch". Zur Ästhetik der Schauspielkunst von Lessing bis Goethe（"'炙热与冰冷'和'在眼中都有象征意义'：论从莱辛至歌德的表演艺术美学"）, in: Deutsche Vierteljahrsschrift 62, 1988, S. 60–98.
  从研究史的角度来看，该文具有标杆性意义，简明阐释了18世纪的各种表演理论。
- **Wolfgang F. Bender**（沃尔夫冈·F·本德尔）(Hg.): Schauspielkunst im 18. Jahrhundert. Grundlagen, Praxis, Autoren（《18世纪的表演艺术：基础、实践与作家》）, Stuttgart 1992.
  基础性论文集，收录文章探讨了表演艺术原则、身体语言、声音与演出实践等（涉及狄德罗、恩格尔、莱辛、诺韦尔以及歌德、席勒等）。
- **Manfred Brauneck**（曼弗雷德·布朗内克）: Die Welt als Bühne. Geschichte des europäischen Theaters（《作为舞台的世界：欧洲剧院的历史》）, Bd. 2: Renaissance und Aufklärung – 18. Jahrhundert, Stuttgart 1996.
  插图丰富的戏剧史经典著作，尤其对在法国、英国和德国的演出场所、戏剧演出、全部剧目、舞台实践及演员作重要介绍。有单独章节论述莱辛、伦茨、歌德与席勒（791—865页）。
- **Monika Fick**（莫妮卡·菲克）(Hg.): Lessings Hamburgische Dramatur-

gie im Kontext des europäischen Theaters im 18. Jahrhundert(《在18世纪欧洲戏剧背景下莱辛的〈汉堡剧评〉》)in: Lessing Yearbook 41, 2014, S. 9–305.

这一期《莱辛年刊》的重点是《汉堡剧评》，以其为平台，探讨戏剧理论、人类学、不同艺术体裁的交融（诗歌、音乐、绘画与表演）、影响诗学与体裁诗学、道德与经济等。

- Erika Fischer-Lichte（埃丽卡·菲舍尔-利希特）/Jörg Schönert（约尔格·朔纳特）(Hg.): Theater im Kulturwandel des 18. Jahrhunderts. Inszenierung und Wahrnehmung von Körper – Musik – Sprache(《18世纪文化演变中的戏剧：身体-音乐-语言的策划与感知》), Göttingen 1999.

这本论文集收录的文章讨论范围很广，关涉到身体表达、舞台、舞蹈与音乐的互媒性以及戏剧与公众性之关联等主题。

- Erika Fischer-Lichte（埃丽卡·菲舍尔-利希特）: Semiotik des Theaters. Eine Einführung. Bd. 2: Vom „künstlichen" zum „natürlichen" Zeichen. Theater des Barock und der Aufklärung(《戏剧符号学：导论，第2卷：从"人为的"到"自然的"符号——巴洛克与启蒙时期的戏剧》) Tübingen 1983, 5. Auflage 2007.

关于18世纪身体语言的表现艺术产生的经典著作，有讨论狄德罗、恩格尔、莱辛、利希滕贝格、里科博尼、圣阿尔宾的段落。

- Hermann Korte u. a.（赫尔曼·柯尔特等）(Hg.): Medien der Theatergeschichte des 18. und 19. Jahrhunderts(《18与19世纪戏剧史的媒介》), Heidelberg 2015. Neben Beiträgen zu Johann Jakob Engels Schauspieltheorie oder Johann Friedrich Schinks „Dramaturgischen Fragmenten" versammelt der Band Aufsätze über Medien wie Theaterzettel, Pro- und Epiloge oder Bildkunst.

该书收录的论文中，有的文章讨论恩格尔的表演理论，或约翰·弗里德里希·申克（Johann Friedrich Schink）的《戏剧学残篇》，此外还有的文章研究媒介如演出节目单、序幕与收场白或画像。

- Alexander Košenina（亚历山大·柯舍尼那）: Anthropologie und Schauspielkunst. Studien zur ‚eloquentia corporis' im 18. Jahrhundert(《人类学与表演艺术：对18世纪"身体的善言"之研究》), Tübingen 1995.

在修辞学、权谋术、医学和表演艺术中,肢体语言反映的是身心的交互影响,该书重构了这一发展史。其中有对格斯滕伯格、伊弗兰德、克林格尔、科策布、莱辛与席勒作品的示范性解读。

- **Alexander Košenina(亚历山大·柯舍尼那)/ Stefanie Stockhorst(斯蒂芬妮·施托克霍斯特)(Hg.): Lessing und die Sinne**(《莱辛与感官》),Hannover 2016.

以鲍姆嘉通、杜博神父、狄德罗与理查逊等人的理论为背景,论文集证明了莱辛在这场关于低级认知能力的人类学与美学论战中的理论根源,并阐明了这些人对其诗歌与戏剧的影响。

11 心灵之镜：人类学戏剧

图 30. 弗朗茨·路德维希·卡特尔：《奥古斯特·威廉·伊弗兰德扮演的弗兰茨·摩尔》，约翰·梅诺·哈斯的铜版画（1806）

11 心灵之镜：人类学戏剧

卡特尔*的铜版画展示的是柏林演员兼剧院经理伊芙兰德在1807年饰演弗兰茨·摩尔（Franz Moor）时的场景。早在1781年席勒的戏剧《强盗》在曼海姆首演时，他就担任过这一角色，并取得了巨大成功。艺术家攫取的是《强盗》悲剧版第四幕中表演简洁的独白，良心不安与被害的妄想正愈来愈强烈地啃噬着这个恶棍的心："谁悄无声息地尾随在我身后？（眼睛恐怖地骨碌碌转着）"（Schiller 1992ff., Bd. 2, S. 256）。歌德称赞这幅画"个性出彩"（Goethe 1887ff., Abt. I, Bd. 40, S. 171），它最初在伊芙兰德编撰的《1807年戏剧与戏剧爱好者年鉴》（*Almanach für Theater und Theaterfreunde auf das Jahr 1807*）出版时，附带有详尽的评论。"内心的惊恐"与逼近的"复仇"显然让他"呆住了"，书中是这样来解释的："人物姿势僵硬——面无表情。内心的波澜起伏聚集额顶，只有眼睛还会间或闪现出内心翻涌的些许痕迹"（*Almanach* 1807, S. XII）。

像这样的图画与演出报告，在配上文本内供导演参考的补充说明，它们都结合了当时的舞台表演实践，可以有助我们更好地来阐释一些宜作"阅读的剧本"（Lesedrama）。莱辛的戏剧主张——如最富于同情心的人是最好的人——或是他关于表演艺术的一些思考（见本书第10章）被加上了实践的维度，得以拓展。它指向的问题是，感动究竟是因何而起，洞悉心灵又如何能得以实现；此外，剧本的演出（至少是想象中的演出）是怎样强化与改变了我们对它的阐释。以下对于两个剧本的简要分析强调的论点是，对舞台实践的关

---

* 弗朗茨·路德维希·卡特尔（Franz Ludwig Catel, 1778—1856），德国画家，其大部分职业生涯是在罗马度过的。

注可以加深对于戏剧的理解。演出报告讨论的是演员的诠释艺术，是对于文本的补充，可以让我们更好地来理解人物与情节。这种方法的现代版应该是对文本作品的电影改编，它同样有助于加深对原作的理解。诚然，这两种方法之间也有着根本的区别，戏剧脚本是为舞台而构思设计的，这与被改编成电影的叙事文本不一样，它们并不是为电影写的。

11.1　同情之戏剧学：莱辛的《艾米丽雅·迦洛蒂》

165　　由于莱辛提出的市民悲剧理论，"同情诗学"这一概念也被普遍接受。莱辛是在1755—1777年间与柏林友人哲学家门德尔松（Moses Mendelssohn）和出版商尼柯莱（Friedrich Nicolai）的一番详谈中，提炼出这一诗学理念的。自1910年始，他们的讨论一再以单行本的形式出版，冠名为《论悲剧书信集》（Lessing 1985ff., Bd. 3, S. 662–736）。莱辛既反对尼柯莱提出的一般性诉求，认为悲剧首要任务在于呈现强烈情感与引起观众感动；也不赞成门德尔松的主张，认为要保持距离地、经过精神上的反思之后去欣赏悲剧，他提出：

> 最富于同情心的人是最好的人，他最有心遵从所有的社会美德，最倾向于一切高尚的情操。谁能让我们变得有同情心，谁就能将我们变得更好且更有道德感。悲剧能做到前者，也就做到了后者，又或者说，它之所以做前者，是为了能够实现后者。（Lessing 1985ff., Bd. 3, S. 671）

由经典出版社刊印的《莱辛文集》扼要地记录了这场论争（Lessing 1985ff., Bd. 3, S. 1381–1391），它关涉到如何激起与净化情感，如何实现道德的完善,在学界也引发了热烈而持久的讨论(参见 Schings 1980a; Michelsen 1990; Martinec 2003)。最终,争议的核心落在对亚里士多德悲剧定义的不同阐释上,对悲剧的理解在启蒙时期再次得以深化。不过,在实际层面上该如何操作,去激发观众的同情心,以实现这些美学上的诉求,这一我们关注的问题在研究中却鲜有提及。除了表演理论受益之外(见本书第 10 章),对人性的探究与观看杰出演员的表演于舞台实践还有何裨益?用于表演的脚本又会得到怎样的编导指示呢?

1772 年 3 月 13 日,莱辛的《艾米丽雅·迦洛蒂》在不伦瑞克首演,堪称对市民悲剧的完美演绎。首先是题材恰切:主题是宫廷社会与市民家庭之间的矛盾冲突,前者的代表是自以为是、不负责任的王子龚察加和他诡计多端的侍从玛瑞内利;后者则由沃多阿尔铎·迦洛蒂,他的妻子克劳迪娅与女儿艾米丽雅组成。市民的纯洁性受到了贵族当权者的诱惑,她的父亲便牺牲了她,这具有高度的悲剧性,不过,莱辛并没有去塑造一个让人叹服的女英雄或是殉道者,而是刻画了一个年轻女人的内心活动,她再人性不过的弱点,以及她的脆弱性,使人物更具感染力。在沃多阿尔铎即将刺死她之前,他对她提了一个设问句,问她守贞是否能战胜一切暴力。艾米丽雅的回答倒更像是坦白,打了父亲一个措手不及:

> 暴力!暴力!谁不会反抗暴力?暴力算什么,什么都不是:诱惑才是真正的暴力。——我是个有血有肉的人,父亲,有着如此年轻的、有温度的血肉。我的欲望也是欲望,我不是任何东西的代表。(第 5 幕第 7 场; Lessing 1989, S. 77)

《艾米丽雅·迦洛蒂》是典型的市民悲剧,并非仅仅因为它的主题。

由于贴近现实的、逼真的编导，这部剧对于舞台而言也是划时代的。令观众激动万分的不是对于艺术作品本身的赏识，而是情感上的震撼，以及对于极有现实感的人物近乎共鸣的关切。不伦瑞克的语文学家埃伯特[*]告诉远在沃尔芬比特尔的作者，他在看第一场演出时"浑身发抖"，庆幸"自己没有事先看过剧本"。不过据《汉堡独立通讯报》(*Hamburgische unpartheyische Correspondenten*)称，即使在看剧本时也发现，"从头到尾都是扣人心弦的情节，没有大段的无聊空论，也没有冷冰冰的警句格言"（Ebert 1772 in: Dane 2002, S. 79, 83）。埃伯特在不伦瑞克的教授同事，文学史家埃申伯格[**]一语道破了首演成功的原因：情节的心理内在逻辑具有说服力，因为：

> 每一个促进主体发展的状况都会要么直接、要么以直接后果的形式，呈现在专注看戏的观众眼前，且呈现的方式正符合所要表达的激情的特性，以及人物已经定型的性格。(Eschenburg 1772 in: Dane 2002, S. 84f.)

歌德在写给赫尔德的信中，也证实了这样一种实践性的、以因果关联为基础的情节结构（见本书 5.1，10.2）：人们总是能"发现每一场景、每个字……的因由"（Goethe 1772 in: Dane 2002, S. 110）。作家拉姆勒[***]强调，除了因果原则之外，还有"真实的人物……正如自然创造出他们，且还会继续创造一样"（Ramler 1772 in: Dane 2002, S. 87）。

---

[*] 约翰·阿诺德·埃伯特（Johann Arnold Ebert, 1723—1795），德国作家兼翻译家。

[**] 约翰·约阿希姆·埃申伯格（Johann Joachim Eschenburg, 1743—1820），德国评论家与文学史学家。

[***] 卡尔·威廉·拉姆勒（Karl Wilhelm Ramler, 1725—1798），德国作家与导演。

真实，或者说与现实相吻合，指的并不仅仅是正面的、诚实与坦诚的人物。应该说，这部戏的核心恰恰是毫不矫饰、品行端正与情感细腻的人物——这类人物自然以艾米丽雅自己为代表——与阴险狡诈的宫廷侍从之间的冲突，后者从所有其他人的身体语言中研究其不由自主呈现的心灵之镜，却丝毫不会泄露自己的意图。

这个"拾人涕唾的宫廷小人"玛瑞内利（第 4 幕第 3 场）是德国文学史上最值得玩味的阴谋家与伪君子之一，他的"讨好与说服人的技巧"（第 3 幕第 3 场），加上卑鄙的阴谋，堪称无人能敌。他从一开始就看穿了意志薄弱的王子，是被爱情冲昏了头脑，他为其导演了一场艾米丽雅被绑架、然后英雄救美的戏码，艾米丽雅的新郎阿皮亚利在这次事件中被杀，他则将责任推了个干干净净，并巧妙地阻止了沃多阿尔铎与王子机智的、但现下已遭嫌弃的情妇奥希娜的种种调查。当时的人们就发觉，玛瑞内利才是该戏的秘密主角：在舞台上，总是能看到这个"宫廷佞臣"的身影，而在剧本中超过两百条供导演参考的补充说明中，却只有一小部分提到了他。

玛瑞内利虽然仔细地观察着剧中其他人的表情姿势，但他自身的肢体语言却保持静默，不会泄露半分天机，即使面对粗鄙的侮辱，他也会眼都不眨地承受。在论文《论秀美与尊严》（*Über Anmut und Würde*, 1793）中，席勒对此找到了一个恰切的概念：伪装的尊严，它会"抹杀心灵的一切表情游戏"，生硬的尊严会让一切自然的表达了无踪迹，"整个人就像是一封封缄的信函"（Schiller 1985ff., Bd. 8, S. 393f.）。伊弗兰德在出演这一角色时，亨舍尔给他画了舞台画，反映的正是这样一种疏离的内心封闭感（参见 Härle 1925, Tafel XXII），剧本的编导说明如"冷漠的""更加冷漠的""极其漠然"（第 4 幕第 1 场）也是要表达这一点。

插图 31 画的是玛瑞内利在第三幕第一场结束时，他看到戴了面具的刺客安杰罗已袭击完艾米丽雅的马车返回，便马上警告王子："别让戴面具的见到您"（第3幕第1场）。

玛瑞内利最有力的对手是女公爵奥希娜，她觉得伤了自尊，且妒火中烧，着急忙慌地赶到王子的"享乐行宫"（！），紧闭的大门后传出的"刺耳尖叫之声"（第4幕第3场），不禁让她浮想联翩。她的一腔怨气都发泄在了"守门人"玛瑞内利身上，他在给王子打掩护，并阻挠人物见面——她对这个"宫廷恶棍"作了全盘批判："讲多少话，就说多少谎！"（第4幕第3场）奥希娜深谙伪装术的各种门道，看穿了这场为爱而精心策划的阴谋，控诉王子与玛瑞内利犯下了谋杀与欺骗之罪，并向迦洛蒂父亲说明了这一切的不幸：

> 新郎已死，新娘——您的女儿——更是生不如死……您现在可以把事情串起来了吧！——早晨做弥撒时，王子搭讪了您的女儿，下午就把她弄到了他——用来享乐——的行宫。（第4幕第7场）

在读文本时，人们可以隐约感觉到，这样的消息会在受辱的父亲内心掀起多大的波澜。在最初的震怒——他"气得跺脚，大发雷霆"（第4幕第7场），"狂躁地走来走去"（第4幕第8场）——之后，他在第五幕中竭力去控制内心的激动情绪："好吧，我应该更冷静些"（第5幕第2场）。沃多阿尔铎在他主子的宫殿里，可怜巴巴地等候着关于艾米丽雅的进一步消息。在这个过程中，他一方面受到宫廷礼仪的约束，另一方面则恨不能高声痛骂这虚伪的宫廷社会。

这样一来，演员的表演诠释就有了自由发挥的空间，文中有一千多个破折号，用以凸显说话时的停顿，它们尤其在鼓励演员进

图 31. 威廉·亨舍尔:《奥古斯特·威廉·伊弗兰德扮演的玛瑞内利》,铅笔画(1807)

行自由阐释。比如著名演员埃克霍夫*在扮演沃多阿尔铎一角时,就用了一个无声的动作来表达其忧心忡忡的内心纠结。该剧于 1773 年在柏林首演,埃克霍夫在第 4 幕第 7 场结束时便开始扯他礼帽上的羽毛。弗里德里希·尼柯莱详尽报道了这一细节(参见 Nicolai 1807),兴奋不已,因为埃克霍夫在第五幕的独白中(第 5 幕第 2 场;第 5 幕第 4 场;第 5 幕第 6 场),再次用上了这个细致入微的小动作,去表达他正对所有关键性问题在冥思苦想:这个内心受了伤、在他

---

* 汉斯·康拉德·埃克霍夫(Hans Conrad Ekhof, 1720—1778),著名德国演员。

面前咆哮的奥希娜说的是实话吗？他要不要把那个阴谋家与拐骗者给杀了？把女儿送进修道院？还是连她也一并牺牲了？

在剧中，艾米丽雅是最自然的角色，对宫廷的伪装之术全无经验，只能任由各种诱惑与阴谋摆布。还在她第一次出场时，剧本中的补充说明就已讲得很清楚：她"陷入了恐惧的迷惘之中"（第2幕第6场）。在此之前，王子在教堂接近了她，这个所谓的保护空间形同虚设，他通过感官的挑逗，未经允许就闯入了她的内心。艾米丽雅无法把耳朵闭上，她不想听他的绵绵情话，但的确有了感觉。她母亲期望她能用身体语言来抵御反抗，她却不熟悉这一套：

> 克劳迪娅：……我希望你当时把持住了自己，一个眼神就已让他看到你对他鄙夷之极，这是他活该。
>
> 艾米丽雅：我没有这样，母亲！我一眼认出他之后，就没有勇气再看他第二眼。我跑掉了——（第2幕第6场）

感官的苏醒是无可救药的原罪，自此一直发展，最后成了求死之心。艾米丽雅败给了恐惧，怕被自己的感性所困扰并征服，那是她无法控制的、深层的、幽暗的、混沌的心灵力量（见本书第1章）。日耳曼学者菲克（Monika Fick）在一篇很有见地的论文中指出，在无意识的心灵深处，艾米丽雅错把王子对她的这种陌生感觉与她自己的混为一谈，因而"隐隐觉得自己是罪恶的同谋"（Fick 1993, S. 161）。这是由启蒙早期的情感心理学推导出来的，舞台的编排也支持这种格局。自第一个补充说明指出"恐惧的迷惘"（第2幕第6场）之后，后面的提示继续表达了她的不安与震惊。因为冲突转移到了内心，所以艾米丽雅究竟是毁在"引诱"的外在"暴力"手里（第5幕第7场），如奥希娜根据她听到的"尖叫"和"大喊"（第4幕第3场）之声理所当然所推测的那样,还是毁于潜藏于她自己心底的欲望的力量,这就成了一个悬而未决的问题。

11.2 大众心理学:伊弗兰德的《阿尔伯特·冯·图尔奈森》

奥古斯特·威廉·伊弗兰德的舞台肖像画是本章的开篇(见图30),他也是表演艺术理论家与戏剧家,共写了六十来部戏剧,其中许多都极受欢迎,并在各地上演。伊弗兰德处于文学、理论与实践之间的一个关键位置,这足以说明,为什么我们要在此从编导的角度,将他的娱乐心理剧之一——《阿尔伯特·冯·图尔奈森。一部四幕市民悲剧》作为范本来介绍。这是他的第一部剧作,于1781年5月27日在曼海姆首演,比席勒的首部戏剧《强盗》早了一年,伊弗兰德后来扮演了弗兰茨·摩尔一角。副标题中的体裁标识摆明是在模仿于同年逝世的莱辛。的确,伊弗兰德的剧本沿袭了同情诗学与感伤苦情戏的传统,而同时期的狂飙突进戏剧却更有活力,比如克林格尔、伦茨或是席勒,他们讨论社会、政治与心理冲突矛盾的剧本占领了进步的戏剧舞台。

与此相反,伊弗兰德的戏剧没有任何突破市民道德框架之处,只不过是在以一种更为文雅的方式在考验这种道德。苏菲是该剧的女主角,即将与她的未婚夫冯·霍恩塔尔伯爵成婚,联姻是她父亲,冯·多尔泽希将军所希望的,她既不能、也不愿阻止它。而实际上,她爱的是冯·图尔奈森男爵,他对于订婚之事一无所知。这个简单的情节在无数通俗剧中变化出现过,在此剧中,却因时间的高度紧迫性而使得悬念倍增。虽然现下城池被包围,父亲却出人意料地将女儿的婚礼提前到第二天举行。女儿因此急着要向毫不知情的男爵解释，而男爵此时正居战略要位。一面是军人的职责，一面是心爱女人绝望的恳求，在这两难的境地中，他最终离开了自己的岗位，急忙地奔向苏菲。根据当时的战争法，他这是犯了死罪，况且在他擅离职守期间，阵地还遭到了袭击，只是阴差阳错地才得以保住。为了听苏菲的坦白，他付出了高昂的代价，她说欺骗了他，被许配给了冯·霍恩塔尔伯爵，出于对父亲的责任感，也是为了信守诺言，她都要嫁给他。简言之：图尔奈森同时失去了一切，作为军人，他丧失了荣誉，作为男人，他痛失心爱之人，并且还赔上了性命。苏菲既失去了爱人，也动摇了父亲与新郎对她的信任，虽然他们都像牺牲了的男爵一样，还是大度地原谅了她。苏菲和艾米莉雅·迦洛蒂一样，有着肉体上的软弱性，加之有意的不忠，比后者更过，最终她逼自己断念与放弃（Entsagung）。在这出悲剧中，冯·霍恩塔尔伯爵本是受辱的一方，却以高尚的情操接受了这一切，甚至愿意与他（不知情）的情敌，冯·图尔奈森男爵，成为朋友，更使煽情的感伤达到了高潮。

从今天的眼光来看，这样的剧情极其催泪苦情，庸俗老套，但从历史的角度来看，我们不应该简单地就否定它。

- 其一，通俗文化现下的策略与这个18世纪的范例惊人的相似。
- 其二，可以从中看出普遍的时代精神与文化特征。
- 其三，那些使得剧本卖座的技巧已经非常成熟，故而具有启发性。

反正我们要跟一种广为流传的观点告别，认为像莱辛、歌德或是席勒这样的戏剧家当时完全主导了戏剧舞台或是文学领域，因为这种说法在历史上是站不住脚的。席勒建议，为了写好小说，尤其是侦探故事（见本书第4章），要"向那些糟糕的［作家们］偷师，看他们是用了什么手段去吸引读者的"(Schiller 1992ff., Bd. 7, S. 450),此话不无嫉妒,它同样也适用于戏剧。伊弗兰德和奥古斯特·冯·科策布是歌德时代最知名与最受欢迎的代表。"经典作家们"肯定不乐意见到,这二位的剧本比他们自己的要上演的多得多。

1791—1817年间,魏玛的宫廷剧院在歌德的领导之下,它所上演的剧目也是同样的比例关系。1799年,歌德的伴侣克里斯蒂娜·乌尔皮乌斯(Christine Vulpius)看了伊弗兰德的《阿尔伯特·冯·图尔奈森》(是1798年的第2版)之后,觉得"深受感动",正在耶拿逗留的剧院经理歌德便告诉她为何会产生这种效果:"这部剧情节安排的目的就旨在,不能让人轻易地眼睛干着走出剧院"(Goethe 1887ff., Abt. IV, Bd. 14, S. 21)。虽然歌德本人遵循古典主义保持距离的美学纲领,反对任何形式的煽情(见本书10.1),但他也完全懂得欣赏伊弗兰德的水平,后者的剧本保证了他自己剧院的上座率。这种尊重也包括是对演员及表演理论家伊弗兰德的赏识,他在魏玛客场演出时很受追捧。伊弗兰德的《论表演艺术的信件》(*Briefe über die Schauspielkunst*, 1781—1782)以及《论德国舞台上人物塑造之断片》(*Fragmente über Menschendarstellung auf deutschen Bühnen*, 1785)都推崇人类学的研究,认为它是还原心理真实的戏剧学之基础,借助它,演员们可以根据文本中明确的人物性格,来自主地创造"完整的人"(参见Košenina 1995, S. 233–236)。

《阿尔伯特·冯·图尔奈森》是追求这些目标的一个很好的例证。苏菲的情感矛盾无法调和,她"心中的欲望爱的是男爵,责任感要求她爱伯爵"(第1幕第5场; Iffland 2008, S. 20),这二者之间的冲突在引子中就已清晰可见。在前几个场景中,悲剧的结就已打下:图尔奈森取代了另一位军官,身居战略要职,然后又会鉴于爱慕之情把它弄砸;将军带着"某种狂热"在操持着女儿加速了的结婚计划:"明天!管他什么敌人,什么包围:就明天!"(第1幕第4场)。而苏菲主要是向她的表姐露易丝吐露了她内心的痛苦与情绪波澜。其中第5场是关键,它很像是莱辛《艾米丽雅·迦洛蒂》中关于画家场景(第1幕第4场)的一个变体,因为这里也是由一个人物在看画时,泄露了她秘密的且还是禁忌的爱情:在莱辛处,画家孔蒂一眼就看穿了王子赫托莱·龚察加的情感,因为后者在看到刚刚送来的艾米丽雅·迦洛蒂的肖像时,全然失去了对自己身体语言的控制。观察犀利的画家评论道,"您的眼睛已完全出卖了您的灵魂"(第1幕第4场)。在伊弗兰德这里,是露易丝在不懈地深入发掘苏菲的内心,她以打发时间为名,去翻阅苏菲收藏的"剪影集",故意抽出了某张特定的画像:

> 露易丝:……苏菲,这是谁啊?
> 苏菲:(有些不好意思)图尔奈森男爵——
> 露易丝:你一定要垂下眼睛,才能告诉我,这是谁吗?
> 苏菲:我不知道,为什么我看到这幅剪影时要垂着眼……说真的,我不明白你是什么意思。
> 露易丝:不懂?你看着我……真的不懂吗?……(指着挂在墙上的伯爵的剪影,将它取了下来,再将男爵的挂了上去。)
> 苏菲:(不禁大囧)(第1幕第5场)

这种探究心灵的方式感觉让面相学的理论更是如虎添翼(见本书第9章),因为它研究的不是画像,而是看画像的人的表情反应。话语只是渐渐地才跟上了肢体语言的坦白。苏菲磕磕巴巴地——被许多破折号和停顿标识所打断,并伴随着感人的姿势("一把抓住她的手","扑到她怀里")——一点一点地吐露了心声:"我爱他"(第1幕第5场)。她仅仅看了情感细腻的骑士图尔奈森一眼,爱情的火苗就已被点燃,他当时正为一个可怜的士兵求得了赦免。诚然,悲惨(且充满设计意味)的地方在于,在结尾时,恰恰是这位士兵在徒劳地为图尔奈森求情,他曾经的拯救者自己现在被判处了死刑。

不过在我们最后分析这感人的结尾场面之前,不妨看看另外几个预示着悲剧进一步发展的地方。该剧原本计划的标题叫作"爱情与义务之争",这一无法解决的矛盾得到了尽情的演绎:一方面是作为新娘和女儿的苏菲没有履行义务,为此,她在与冯·霍恩塔尔伯爵和冯·多尔泽希将军的感人对话中,表达了悔意,此番对话也最终促使她作出了断念的决定;另一方面,是图尔奈森违反命令的行为,导致了严重的后果(在1798年的第2版中,由于其擅离职守,阵地甚至被敌人攻占)。在历尽千难万险之后,相爱的阿尔伯特和苏菲终于见面了,这诚然使得全戏达到了高潮,高度的时间紧迫感与激烈的身体语言更彰显了戏剧化的效果。苏菲——"别过脸去""绝望地"(第2幕第3场)——坦白了她的罪过,阿尔伯特的反应"极其强烈",到了"怒不可遏"的地步,甚至"拔出军刀",直到听说大婚在即的消息,变得"完全失控"。作为表演的实践者,伊弗兰德在文本的这个地方添加了一条脚注:

> 如果演员感觉不到,该如何处理这里情绪的过渡,那脚注也没法让他们明白。在这种情况下,我只求不要伤害到可怜的苏菲小姐。(第2幕第3场)

就是说,不需要狂飙突进式的暴脾气,而是能展示丰富心理层次的演员,能在场景结束时,回归到令人感动的和解,剧本的补充说明里写道:"他拿了她的手绢,将眼泪擦干"。第3与第4幕完全受同情与情感的影响,作为人而言,大家都互相原谅了对方,但是作为士兵,图尔奈森却不得不死。让他震惊的不是判决本身,而是刻板地按照战争法进行判决的法官们,太缺乏人性:"没有说话、没有表情、没有注视、也没有礼貌地耸耸肩"(第3幕第10场)。与公开的领域相反,在私人的、家庭的范围内,一切都消弭于宽恕。在签署死刑判决书之前,多尔泽希斗争了很长时间,凸显了这种内心的挣扎:作为最高军事指挥官,这是他的职责所在;而作为一个有同理心的人,这则是一个严峻的考验。与此相应,康德在1784年关于启蒙的散文中,也区分了人作为国家公民的角色——包括军官——与他自由思考和感受的权利之不同,"你们想发多少牢骚、想对什么发牢骚都可以,只要你们服从命令"(Kant 1784 in: Aufklärung 1974, S. 17)。

在这种双重精神并存的背景下,全剧结束。人性的和解没有止境,作为情敌的伯爵与男爵都"拥抱在一起"(第4幕第9场)。同时,无人质疑国家与军事的必要性,以及死刑判决的正确性。结尾的场景很具代表性,是典型的伊弗兰德与科策布式感伤剧,看上去像是一幅历史画卷(舞台造型),剧中所有人物再次聚集在一起,组成一幅和谐的舞台布景图:图尔奈森男爵与霍恩塔尔伯爵紧紧相拥,苏菲悲痛欲绝,"放声恸哭"(第4幕第10场),图尔奈森跪在她面前,亲吻她,将军则给予他父亲式的祝福,然后书名中的主人公就非常男子汉地大踏步迎向他的命运,"没有再看苏菲一眼"(第4幕第10场)。帷幕拉上,当时观众席就响起了暴风雨般的掌声。

问题与思考

- 戏剧演出如何能有效支持莱辛的理念,让观众产生尽可能强烈的同情之心？
- 以莱辛的《艾米丽雅·迦洛蒂》为例，讨论戏剧脚本会得到怎样的预设要求与建议。
- 请比较在《艾米丽雅·迦洛蒂》一剧中，对宫廷侍从玛瑞内利、敏感的沃多阿尔铎以及可怜的艾米丽雅在身体语言与心理刻画上有何区别。
- 请分析对通俗的娱乐性戏剧的研究，会给我们带来什么样的认知启发。
- 请比照《阿尔伯特·冯·图尔奈森》中苏菲与其表姐的对话（第1幕第5场）与《艾米丽雅·迦洛蒂》中画家出场的一幕，讨论他们是如何探究心灵的。
- 请观看一场歌德时期戏剧的演出并思考，导演使用了哪些戏剧表演手段，来增强舞台效果。之后请写一篇小剧评。

推荐书目

- **August Wilhelm Iffland**（奥古斯特·威廉·伊弗兰德）: **Albert von Thurneisen. Ein Trauerspiel in vier Aufzügen**（《阿尔伯特·冯·图尔奈森。一部四幕悲剧》）. Mit einem Nachwort hg. v. Alexander Košenina, Hannover 1998, 2. Auflage 2008.
- **August Wilhelm Iffland**（奥古斯特·威廉·伊弗兰德）: **Beiträge zur Schauspielkunst**（《论表演艺术文集》）. Mit einem Nachwort hg. von Alexander Košenina, Hannover 2009.

  这个版本收录了与《阿尔伯特·冯·图尔奈森》同时出版的《关于表演艺术的信函》（1781/82）以及《关于人物塑造的断片》（1785），在这些作品中伊弗兰德发挥了他的人类学戏剧构思。
- **Gotthold Ephraim Lessing**（戈特霍尔德·埃夫莱姆·莱辛）: **Emilia Galotti,**（《艾米丽雅·迦洛蒂》）Stuttgart 1989 (RUB 45). – Kommentierte

Ausgabe: Ders.: Werke und Briefe in zwölf Bänden, Bd. 7, hg. v. Klaus Bohnen, Frankfurt a. M. 2000.

· **Peter-André Alt**（彼得—安德雷·阿尔特）: **Tragödie der Aufklärung. Eine Einführung**（《启蒙时期的悲剧：导论》）, Tübingen / Basel 1994.

莱辛的同情诗学与《艾米丽雅·迦洛蒂》的片段被放置到更广阔的学术视野中，即从戈特舍特到席勒的启蒙悲剧语境中。

· **Gesa Dane**（格萨·达内）: **Gotthold Ephraim Lessing, Emila Galotti (1/4 Erläuterungen und Dokumente)**[《戈特霍尔德·埃夫莱姆·莱辛:〈艾米丽雅·迦洛蒂〉》（阐释与文献）], Stuttgart 2002 (RUB 16031).

除了针对文本具体地方的评注之外，这本书还提供了关于莱辛悲剧构思的史料与《艾米丽雅·迦洛蒂》在戏剧界、文评界与文学研究中的接受情况。

· **Markus Fauser**（马库斯·福泽）(Hg.): **Gotthold Ephraim Lessing. Neue Wege der Forschung**（《戈特霍尔德·埃夫莱姆·莱辛：研究新思路》）, Darmstadt 2008.

该书可以让人一览较新的莱辛研究概况，收录的文章涉及市民悲剧、《艾米丽雅·迦洛蒂》中的心理学与身体语言或是莱辛对古典悲剧的接受等。

· **Monika Fick**（莫妮卡·菲克）: **Lessing-Handbuch. Leben – Werk – Wirkung**（《莱辛手册：生平—作品—影响》）, Stuttgart / Weimar 2000, 4. Auflage 2016.

可靠而明晰的概述，涉及《论悲剧书信集》(135–146页)、表演艺术(259–279页)、《汉堡剧评》(279–298页)与《艾米丽雅·迦洛蒂》(316–343页)。

· **Werner Frick**（维尔纳·弗里克）: **Klassische Präsenzen. Die Weimarer Dramatik und das Berliner Nationaltheater unter Iffland und Graf Brühl**（"经典呈现：魏玛的戏剧艺术与伊芙兰德和布吕尔伯爵主持的柏林民族剧院"）, in: Ernst Osterkamp (Hg.), Wechselwirkungen. Kunst und Wissenschaft in Berlin und Weimar im Zeichen Goethes, Bern u. a. 2002, S. 231–266.

从演出剧目与表演艺术两方面，勾勒出魏玛的古典戏剧与柏林的心理剧舞台风格的对立。

- **Bengt Algot Särensen**(本格特·阿尔戈特·索伦森): Herrschaft und Zärtlichkeit. Der Patriarchalismus und das Drama im 18. Jahrhundert (《统治与温柔：18 世纪时的父权制与戏剧》), München 1984.

该书汇集了市民悲剧中的家庭冲突主题，并将之与对格斯滕伯格、伊弗兰德、克林格尔、莱泽维茨、伦茨、莱辛、席勒与海因里希·利奥波德·瓦格纳的单个作品的阐释联系了起来。

12 梦境与梦游

图 32. 弗朗西斯科·何塞·德·戈雅-卢西恩特斯：《理性沉睡，心魔生焉》，用金属版蚀镂法制成的铜版画（1797/1798）

12　梦境与梦游

梦境是对启蒙人类学的最大挑战之一：人们无法直接观察它，对它的讲述只是一种主观上的接近，尤为重要的是，它不受任何理性的控制。它究竟具有怎样的力量来控制人、恐吓人，却同时激发人的想象力，西班牙画家戈雅对此的诠释令人印象深刻。他的铜版画"理性沉睡，心魔生焉"[El sueno de la razon produce monstruo]出自组画《奇想集》(*Caprichos*)，于1793—1798年间完成，画中的男人在堆满纸与笔的书桌边沉沉睡去。像猫头鹰、蝙蝠等具有威胁性的夜之意象，围绕着他的脑袋飞舞。它们表明了"sueno"一词的双关意义，它要么意味着"睡觉"（这样的话，是指理性失去了对心灵的监控），要么意指"做梦"（如此一来，是理性自己主动衍生了这些可怕的怪物）。在更早的版本中，甚至可以看到这个男人的脸，作为梦境的幻觉，出现在背景处。

在散文《谈做梦》(*Über das Träumen*, 1799)中，让·保尔（Jean Paul）写道："夜晚，我们会看到所有野性的墓穴动物或是夜狼，独自在四处游荡，白天时，它们还曾被理性用锁链拴住"（Jean Paul 1962, S. 980），这段话就像是对戈雅画的评论。自启蒙以降，梦被认为是低级心灵能力的任性行为，无法被阻止或控制。人们不再将这种无意识的现象视为神灵或是魔鬼的征兆，而将它解释为是心灵的表达，要从人的心理与生理的特征出发，为其找到合理的解释。在文学中，梦境也不再只是具有神谕的旧功能，而是渐渐被融入了文本的心理逻辑（Psycho-Logik）之中。在席勒的戏剧《强盗》(1781)中，弗兰茨·摩尔是唯物主义者，否认梦的影响力，但他在睹见自己的内心深处时，却惊骇得自杀。在克莱斯特的戏剧《洪堡王子弗里德里希》中，主人公直到战役大获全胜时，还处于半梦半醒的状态。按照当时犯罪心理学的观念，他只能对他的违规行为负有限的责任，因为在行为发生时刻，他并不能完全控制自己。

12.1　人类学的释梦

179　　自古希腊罗马时期以来，有一种广为流传的观点，认为梦乃源于神性或是魔性的力量，这种说法在启蒙时期就变得几乎站不住脚了。比如策特勒在《大百科全书》中，就用了一个详尽的词条来论述"梦"，否定了这类解释，觉得这既不合逻辑，也不合时宜，并随即将重点放在了对普通梦境的阐释上。它们是因为睡眠者生理上受了感官刺激，或是心绪波动，即想象力的联想而引起的（参见 Zedler 1732ff., Bd. 45, Sp. 173–209）。虽然自古以来，对这些原因就已有讨论，但是相较于预言式的梦［somnia］而言，普通的梦［insomnia］并不重要。只有前者才是传统的释梦［Oneiromantik］所关注的，它的原意即对夜晚幻象［Phantasmata］的语言理解与把握。

　　将做梦归因为白日感观印象的心理留痕，古典哲学家亚里士多德是第一人。按照古代体液论的传统，尤其是医学家希波克拉底[*]与盖伦[**]的观点，梦还是反映特定的身体与心理状态的镜子。药剂师理弗[***]写下了《关于该如何阐释梦/灵异现象及各种魅影的真实确定、绝无虚假的指导》（*Wahrhaffige gewisse vnnd unbetrügliche*

---

[*]　希波克拉底（约前460年—前370年），为古希腊伯里克利时代之医师，使医学与巫术及哲学分离，创立了以之为名的医学学派，对古希腊医学发展贡献很大，故被人尊称为"医学之父"。

[**]　盖伦（Galen, 130—210），古罗马医学家及哲学家，他的见解与理论对之后一千多年的欧洲医学影响深远。

[***]　瓦尔特·赫尔曼·理弗（Walter Hermann Ryff，约1500—1548），人文主义作家与行医的药师。

vnderweisung wie alle Träum/Erscheinungen vnd nächtliche gesicht [...] außgelegt werden sollen，1540），它教导我们，比方说暴怒的人会更喜欢梦见熊熊火焰，忧郁的人更爱梦见黑暗的荒原，冷漠的人爱梦到水与船，爽朗活泼的人则常梦见舞蹈与欢乐的聚餐。直到18世纪，这样一些程式化的归类才被系统的观察以及心理医学的分析所取代。英、法、德语的此类医学专业杂志数量激增（参见 M. Engel 2003）。

在此仅重点介绍两个例子。约翰·奥古斯特·温策尔，后来因主持广受欢迎的医学周刊《医生》（1759—1764）而声名远播，在他的医学博士论文发表之前，还写过关于《睡眠与梦的一些想法》（1746）。文中，他完全依循新的人类学纲领，试图在"形而上学专家与医生学者"（Unzer 2004, S. 5）之间寻求到一种平衡。其中讨论的核心问题是，人在睡梦时能否支配想象力。哲学家笛卡尔在《论人》中，否定了在睡眠时任何心灵活动的可能性，因为生命的精神（*esprit animaux*）已在清醒状态时被消耗殆尽。哲学家沃尔夫*则提出异议，在《关于上帝、世界及人的心灵的理性思考》（*Vernünfftige Gedanken von Gott, der Welt und der Seele des Menschen*，1720）中，他指出人在睡眠时完全有模糊不清的感觉，在梦中甚至明晰可鉴，即使它出现的形式是混乱无序的。

温策尔将两种立场作了调和，他接受了笛卡尔简约经济的解释模式，将完全的睡眠理解为生命能量的耗尽，他将这种能量更具体地视为是一种神经液。这种物质会在夜晚时修复再生，有时它在白天时并未被完全耗尽，或者是人并没有精疲力竭。那么这些白日的残余物就会在夜晚作怪，变成可以观察得到的任意的肢体运动，

---

* 克里斯蒂安·沃尔夫（Christian Wolff, 1679—1754），德国哲学家。

或是可以讲述出来的梦。这时沃尔夫的模糊的感知就有了用武之地,它是一种"介乎于睡眠与清醒之间的中间状态"(Unzer 2004, S. 35),诚然更多的是心理因素造成的。

不过,梦究竟是如何从神经液的残余能量中产生,这个问题温策尔并未回答。最后是由想象力来填补了这个解释的空缺,想象力是早期启蒙用来调和感性与意识的心理学范畴,也是美学的创造中心,是妄念的根由,或是遗传乃至畸形儿的源泉(参见 Dürbeck 1998)。"作为梦的戏剧导演,想象力功能卓越,与情绪的运作和回忆的经验残留紧密相联"(Alt 2002, S. 167)。由于想象力介入梦境,篇首戈雅画中所暗示的"sueno"(睡觉/做梦)的主动创造功能就昭然若揭了。正是在这个意义上,从普拉特纳(1772)到康德(1798)的人类学家才将梦定义为"虚假的、杜撰的意识"(Platner 1772, S. 56)或是"在健康状态下的不由自主的虚构"(Kant 1983, Bd. 6, S. 495)。法国画家波达尔[*]在他的《圣像》(*Iconologie* 1759)系列中,曾创作过一幅关于想象力的寓意铜版画(见图33),画的是一个女人,各种想象的形象就像雨后春笋般从她的脑袋里冒了出来。

在菲斯利的著名油画《梦魇》(*Der Nachtmahr*, 1781)中,一位沉睡的年轻女子的想象看起来甚至像恐怖的噩梦之魔,女模特仰面倒在床上,而他就蹲在她敏感的腹腔之上(参见 Füssli 2005, S. 137–140, 193)。

波克尔斯是莫里茨的《经验心理学杂志》第5与第6卷的出版人之一,比起想象力的创造性因素,他更强调其危险的特性。在睡梦中,人们"不自觉地全然受想象力游戏的支配",经常会面对一

---

[*] 让-巴普蒂斯特·波达尔(Jean-Baptiste Boudard,1710—1768),法国雕塑家与铜版画家。

图 33. 让·巴普蒂斯特·波达尔（Jean-Baptiste Boudard）:《想象》,铜版画，出自他的《圣像》(1766)

些"淫荡的画面"，它们是对"我们羞耻心的侮辱"（Pockels 1787 in: Moritz Magazin 1986, Bd. 5, S. 168f.）。在散文《论幽暗对我们想象与感觉的影响及一些关于梦境的想法》中，他认为主要是身体的放松、赤裸以及回忆应该对此负责。不过他却没法回答，这些"不雅之物"是如何得以进入心灵，以及"为何这些念头会这样、而非以其他

方式联想产生"(Pockels 1787 in: Moritz Magazin 1986, Bd. 5, S. 169, 171)。按照波克尔斯的观点，梦应该是源于：

    1. 外部的感官刺激（比如一个恋爱中的女人，在睡觉时怀里抱着一条狗）；

    2. 身体的内部变化（比如尿急）；

    3. 心绪的变化，经常会自主构成某种感受的不合礼仪的反面。

这是关于梦的特征与起源的一些论点，1788/1789年，波克尔斯又接着写了《关于梦与梦游者的心理学评论》(*Psychologische Bemerkungen über Träume und Nachtwandler*, Pockels 1788 in: Moritz Magazin, 1986, Bd. 6, S. 232–241; Bd. 7, S. 58–95, 140–164)。在这篇长文的第一部分，主要论述的是夜梦的内部结构。在面对梦中有悖日常生活经验的矛盾、因果关联的缺失以及突兀的衔接与道德的缺乏时，理解力表现得毫不惊讶，这种无所谓的态度与天真尤其引起了他的注意。此外他还强调，在梦中往往会找不到最显而易见的关联，强调梦境对感官印象的超强记忆力。与此不同，波克尔斯在文章的第二与第三部分，集中讨论的是处于"半梦半醒之间的某种中间状态"，在这种状态下，在明晰与模糊的想法之间，存在着"令人惊讶的、不同程度的意识与想象"(Pockels 1789 in: Moritz Magazin 1986, Bd. 7, S. 62)。另外，他还从专业杂志中搜集了大量实例，来研究梦游现象。之后，我们会将克莱斯特的《洪堡王子》作为梦游主题文学范例，来讨论这一现象。

12.2 梦的牺牲品:席勒笔下弗兰茨·摩尔的堕落

在 18 世纪的文学作品中,没有哪部会比席勒的戏剧《强盗》(1781)更为出色地演绎了戈雅画中那些具有威胁性的夜之魅影是如何摧毁生活的。恶棍弗兰茨·摩尔,他诋毁爱的凝聚力、蓄意谋杀父兄,宣扬绝对的权力意志,并试图用唯物主义哲学为之辩护,在最后一幕中,他却被一个末世景象般的梦给吓坏了,结果在极度恐慌之中自尽身亡。在启蒙时代,经验研究已经克服了对梦的妖魔化阐释,而在这个病态的人物身上,这种阐释方式却卷土重来:弗兰茨·摩尔并不是魔鬼带走的,而是死于自己的良心不安。由他内心生出的疯狂妄念逼得他最后自杀。

他自我毁灭的过程与当时的人类学理论精准吻合。在之前的悲剧情节中,弗兰茨·摩尔宣布作为头生子的哥哥卡尔已死,他企图霸占其新娘,并想要通过情绪带来的身心打击干掉父亲,或是将他关在地牢活活饿死。在他第五幕出场时,却精神崩溃、彻底绝望,整个人都垮掉了。正如演员伊弗兰德所演绎的那样(见图 31),他登台时心里觉得被人尾随,反复想象着对他自己的谋杀指控,内心备受煎熬。他马上告诉了他的仆人丹尼尔这个可怕的梦。作为坚定的唯物主义者,他不相信灵魂、上帝和一切超自然的东西,这时的他还试图否定这个梦有任何意义:

> 不!我没有发抖!这只是个梦而已。死人并没复活——谁说我在颤抖、脸色苍白?……梦什么都说明不了——不是吗,丹尼尔?梦是受情绪左右的,什么都说明不了……(Schiller 2001, S. 128f.)

在这个场景中，这些想法可以说遭到了双重的反驳。其一，身体语言的反驳：人物台词与剧本的补充说明都证实，弗兰茨先是苍白、虚弱、不安与恍惚，含混不清地喃喃自语着，晕了过去，然后他的举止变得越来越疯狂与恐怖，直至最后像魔怔了一般，惊惧地瞪视着前方，用一根系帽用的绳带将自己勒死了。其二，他虔诚的仆人用传统的观念——"梦是神的授意"（第5幕第1场）——驳斥了他。这一论点随着神父摩泽尔的加入而得以加强，摩泽尔告知，弑父弑兄乃最深重之罪孽，这一切逼得坚定的无神论者弗兰茨低了头，剧本中的说明要求，他就在自杀之前需"双膝跪地"，并"祈祷"（第5幕第1场）。

丹尼尔认为梦具有超自然的神性起源，与此论点相反，弗兰茨坚持对梦进行现代的、身心影响论的解释：一方面，他认为梦来自"情绪"，另一方面，他觉得梦也源于记忆，它们之前已经物质性地被刻进了脑髓之中：

> 我们的乳母与照看者们的愚蠢真该受到诅咒，她们用可怕的故事毁了我们的想象，把惩罚报应那套恐怖的画面刻在了我们柔软的脑髓之中，不自主的毛骨悚然会让一个男人浑身颤抖，陷入冰冷的恐惧，桎梏我们最勇敢的决心，迷信的黑暗用锁链拴住了我们苏醒的理性……（第5幕第1场）

正是这些在第四幕中受到诅咒的、与启蒙对抗的力量，如迷信、乳母讲的故事，以及惩罚报应说，它们侵入了弗兰茨的梦。夜之幻象在细节上都要归功于《圣经》（尤其是启示录），还有弗里德里希·克洛普施托克（Friedrich Klopstock）神性的《救世主》(Messias，参见评论 in Schiller 1992ff., Bd. 2, S. 1107f.)。在梦中，弗兰茨在末日审判庭前受审，法庭被照亮得刺眼，还伴随着长号的号角声。当与他的死罪和解的天平正处于平衡状态时，出现了一位老人（显然是他的父亲），他用了"一根头上银白色的卷发"（第5幕第1场），就让称罪孽的秤盘沉了下去。弗兰茨的命运已成定局，他在对死亡的极度恐惧中醒了过来。

在席勒的医学博士论文《试论人的动物性与精神性之关联》中，他自己对梦的解析最具启发性。在文中，《强盗》中的这一幕被化名为"摩尔的一生。悲剧。克拉克著。第5幕第1场"（Schiller 1992ff., Bd. 8, S. 145），它被作为范例来支撑以下论点："精神上的痛苦毁坏了机器良好的运作状态"：

> 所有那些关于未来审判法庭的画面，也许他在孩提时代就已吸收，在成年之后则将其催眠了，这些画面突袭了受梦支配的、已经迷糊的理智。感觉太过混乱，理性缓慢的步伐追不上它，没法再次将它梳理清楚……梦中植入的画面突然发力，使意识朦胧的整个体系运作了起来，像是唤醒了心灵的最深处。（Schiller 1992ff., Bd. 8, S. 144–146）

被梦搅得"迷糊的理智"失去了监控力与防御力，在久远的过去所接受的那些关于"未来审判法庭的画面"，可以毫无阻碍地长驱直入，截住了思辨的、"理性的步伐"。它再无法"梳理清楚"混乱的感官印象[perceptio confuse]，最终让那些"模糊的念头"[ideae obscurae]在"心灵深处"作恶，并"动摇了灵魂深处"（Schiller 1992ff., Bd. 8, S. 146）。在括号中加入的概念统统源于由低级心灵能力发展来的感性认知（参见 Adler 1988; Riedel 1994a）。

无论是对梦进行神性的或妖魔化的解释，对于弗兰茨而言都是

"乌合之众的智慧、乌合之众的忧惧"（第5幕第1场），从理性上讲，他完全可以弃之不理，但是，对自己内心深渊的认识却让他无法承受。在梦中，有一个人物拿出来一面"闪闪发亮的镜子"，说道："这面镜子就是真相"（第5幕第1场）。我们可以将这个梦的道具解释为良心、面对自我或是陌生化。弗兰茨·摩尔被他灵魂最深处的活动给"击倒了"（Schiller 1992ff., Bd. 8, S. 145），这个梦不过是使它变得清晰可见。今天我们会用"无意识"这个概念来解释它，这一概念恰恰就产生于这个时期。恩斯特·普拉特纳，人类学作为新学科的创立者之一，在1776年时，第一次使用了这个概念（参见 HWPh 1971ff., Bd. 11, Sp. 124–133）。

12.3 梦游者：克莱斯特笔下的洪堡王子

现在的中学里仍然喜欢讲克莱斯特《洪堡王子弗里德里希》中的道德教义，说是只有改过自新、认识到自己的罪责，才是获得宽恕的前提，或是说要从错误中吸取教训，其实它们都不太站得住脚。因为戏剧的主人公并不真正知道，他在做什么，他违背命令地干预了战役（虽然赢得了胜利），但并不是有计划或有预谋的。对于洪堡，应该使用特殊的衡量标准，他的行为是在梦游状态下完成的，所以从司法的角度来说，他并不具备有完全的刑事责任能力。批评家如特奥多尔·冯塔纳（Theodor Fontane）认为这个梦游者太丢人，他不是"一个英雄式的主人公、不是勃兰登堡的战士"。对这样一个"虚荣、病态、自以为是的胆小鬼"，冯塔纳全无好感（Fontane 1872 in: Sembdner 1984, S. 472f.）。1872年哲学家霍托*的评价却与

---

* 海因里希·古斯塔夫·霍托（Heinrich Gustav Hotho, 1802—1873），德国艺术史家

12 梦境与梦游

其大相径庭：

> 但是恰恰是他的这个弱点，梦游式的睿见与理智清醒的意识之间的关系，构成了全剧的核心内容，而不是去讨论，什么是服从命令。（Hotho 1827 in: Sembdner 1984, S. 452）

这部戏的结尾与开头一致：洪堡在剧终的晕厥用的是一样的场景：胜利的桂冠、象征权力的金项链以及向公主的求婚。洪堡醒后问道："这是做梦吗？"得到的回答是："是做梦啊，要不然呢？"（Kleist 2011, V. 1856f.）从一开始出场，这个梦游的王子就处于"半梦半醒的状态"（第1诗行前）。波克尔斯用了大量例子来证实，处于这种"中间状态"（Pockels 1789 in: Moritz Magazin 1986, Bd. 7, S. 62）的梦游人可以做出许多令人惊讶的行为，他们举止稳当，别人叫的话会答应，会回答问题，事后却什么也记不起来。1800年前后，人们甚至会人为地去制造这种状态，备受争议的医生麦斯麦，建立了以他的名字来命名的理论，可以把磁力转移到病人身上，这是催眠术的前身。克莱斯特对麦斯麦主义进行了深入的研究，在其一些文学作品中留下了清晰的痕迹（参见 Weder 2008）。比如在《施罗芬施坦因一家》（*Die Familie Schroffenstein*, 1803, 第5幕第1场）换衣服的一幕中，催眠者（Ottokar）与被催眠者（Agnes）在催眠状态下发生了"精神感应"（Rapport），催眠者必须在无身体接触的情况下，对被催眠人进行抚摸（见图34），这时身体的靠近是必要前提。

在《海尔布洛恩的小凯特》中，说梦话的小凯特与弗里德里希伯爵之间的对话与此类似，它也是在医学病例史上有据可查的。

和右黑格尔主义者，因整理编撰黑格尔遗作《美学讲稿》而闻名。

在《洪堡王子》中，政治决策上英明、心理上却幼稚的选帝侯不大可能是一个拿他人做实验的麦斯麦主义者。不过他在宫殿的花园里组织的捉弄人的游戏却不仅仅是个"玩笑"（第 1653 诗行），目光犀利的霍恩措勒恩伯爵在第五幕中，对这个场景有详尽的分析，特别强调了这一点。从那之后，王子觉得关于"少女、桂冠与荣誉装饰"（第 1666 诗行）的暗示——分别代表着爱情的幸福、政治的权力与军人的荣耀——是非常严肃的"征兆"（第 1664 诗行），直到战役开始时，它还支配着他，让他精神持续保持恍惚状态。证人霍恩措勒恩证明："直到第二天早晨……他才回过神来"（第 1696—1698 诗行）。

文本是支持这种阐释的。在第四场开头时，霍恩措勒恩的一声"阿瑟！"（第 87 诗行）虽然将洪堡从梦游状态叫醒，但他并没有完全清醒与恢复意识。他依然找不着方向（"我不知道……我在哪里"，第 112 诗行），无论怎样也想不起公主的名字，他"梦呓般地又睡下了"（第 204 诗行之前）。在整个第五场中，他主要就是在猜测与玩味这个梦的真实残留物——他手中的手套，那是娜塔莉亚为了躲开他这个梦游人，往后退时，他从她手上脱下来的。在发号命令时，他完全心不在焉，机械地重复着每一个指令，却没理解它的意思，他梦游式的注意力全集中在了这一个道具上。

在第 2 幕第 2 场中，洪堡来到战场，想不起任何命令，他恰切而简练地形容他迄今为止的状态为"心不在焉——形神分离"（第 420 诗行）。当时的医学认为梦游是一种生病的特殊状态，故而女选帝侯的评论——"这个年轻人是病了"（第 32 行）——超出了母性关怀的层面，也是符合专业诊断的。赖尔*是德国精神病学的奠基人

---

* 约翰·克里斯蒂安·赖尔（Johann Christian Reil, 1759—1813），德国医生与身心

图 34. 埃比尼泽·西布利依照丹尼尔·都德所画:《催眠师》,铜版画,出自西布利的《麦斯麦主义——催眠师正在催眠》(1794)

之一,柏林的教席教授,克莱斯特肯定知道他,他在《关于精神崩溃时使用的心理治疗方法之狂想曲》(1803)一书中,认为梦游者是"自动机,没有清醒的意识",没法"理智从容",也就是没法找到"心不在焉与冥思苦想之间的平衡点"(Reil 1803, S. 10, 109)。

医学的先驱,被认为是现代精神病学的奠基人,1808 年,是他首次使用了"精神病学"(Psychiatrie)一词。

值得注意的是，赖尔认为人是有可能"同时既心不在焉，又冥思苦想的"（Reil 1803, S. 109），就像洪堡那样，在讨论军事行动时，心不在焉地重复着指令，同时却又在冥思苦想着手帕究竟是怎么回事。按照赖尔的观点，借助"强有力的感官刺激"，比如突然点火放炮，当事人可能会从迷糊状态中回过神来（Reil 1803, S. 236）。剧本中正是如此：在第2幕第2场的战斗场景中，剧本说明五次要求鸣放大炮与毛瑟枪，还有震耳的胜利欢呼之声，这一切叠加在一起让洪堡违背命令地干预了战役。

宫廷社会就王子的病态的气质开了一个轻率的玩笑，这才导致了他的这种行为，按照当时人们的法律意识，这一点是不可能被忽略的。犯罪心理学关于缺乏刑事责任能力的讨论（参见 Schmidt-Hannisa/Niehaus 1998），是在对某一行为进行司法评判时，加上了道德-心理学评判的细致补充（见本书第4章），连在《普鲁士国家法》（*Preußisches Landrecht*）中都能看到它的影子。其中写道："只有外在的自主的行为可以由法律来判定"，或是："由不自觉行为所造成的损失不能归咎于当事人"（ALR 1794, S. 67, 91）。这一法律条款的规定完全适用于梦游者洪堡王子，他直到违反规定的那一刻，仍不是完全清醒的，他的行为从不具备有完全的意识。早在10年之前，哲学家亨宁斯*就在他的论文《论梦与梦游者》（1784）中，对这类情况有明确说法：

> 因为梦游者由梦主宰了他们的一应事物，所以他们的行为本身并不是自主自决的。故而，他们的举动既不应受到表彰，也不应受到惩罚。（Hennings 1784, S. 563）

---

* 尤斯图斯·克里斯蒂安·亨宁斯（Justus Christian Hennings，1731—1815），德国道德哲学家与启蒙运动者。

有了人类学与法医学评估的加入，克莱斯特的教育剧就可以从全新的角度来进行阐释：中学老师告诉我们的教育意义是，主人公通过承认自己所犯的错误，变得成熟，成了具有自我意识的个体，现在可以再补充一个认识，即对于每一个犯罪行为，我们都要仔细地去调查它得以发生的所有缘由，尤其是被告是否头脑清醒、具备刑事责任能力。这一原则时至今日仍然有效，它是启蒙的成果，克莱斯特将它以文学的方式呈现了出来。

问题与思考

- 在经验心理学的前提之下，发展出哪些有关梦的自然解释？
- 请依照波克尔斯论点，阐释梦在多大程度上偏离了现实法则。
- 请描述弗兰茨·摩尔在席勒的戏剧《强盗》（第5幕第1场）中，用了什么样的论点来反驳他的仆人丹尼尔以及神父摩泽尔。
- 弗兰茨·摩尔由他的噩梦而得出的"绝望的哲学"与他在《强盗》开始的场景中所持的人类学论点之间有何关系？
- 请描述在克莱斯特的《洪堡王子》中，梦游般的意识具有怎样的戏剧功能？
- 假如你是法官或法庭心理学家，你认为在弗兰茨·摩尔与洪堡王子这两个例子中，梦与梦游在他们罪责问题上起到了什么作用，请陈述理由。

推荐书目

- **Heinrich v. Kleist**(海因里希·冯·克莱斯特): *Prinz Friedrich von Homburg. Ein Schauspiel*(《洪堡王子弗里德里希。一出戏剧》). Studienausgabe, hg. von Alexander Košenina, Stuttgart 2011 (RUB 18860). – Kommentierte Ausgabe: Sämtliche Werke und Briefe, Bd. 2, hg. v. Ilse-Marie Barth und Hinrich C. Seeba, Frankfurt a. M. 1987, S. 555–644.

190 · **Karl Friedrich Pockels**（卡尔·弗里德里希·珀克斯）: **Über den Einfluß der Finsterniß in unsere Vorstellungen und Empfindungen, nebst einigen Gedanken über die Träume**（《论幽暗对我们想象与感觉的影响及一些关于梦境的想法》）, in: GNWQI SAUTON oder Magazin zur Erfahrungsseelenkunde als ein Lesebuch für Gelehrte und Ungelehrte, Bd. 5 [1787], hg. v. Petra und Uwe Nettelbeck, Nördlingen 1986, S. 164–174.

· **Friedrich Schiller**（弗里德里希·席勒）: **Die Räuber. Ein Schauspiel**（《强盗。一出戏剧》）, Stuttgart 2001 (RUB 15). – Kommentierte Ausgabe: Ders.: Werke und Briefe in zwölf Bänden, Bd. 2, hg. v. Gerhard Kluge, Frankfurt a. M. 1988, S. 11–160.

· **Peter André Alt**（彼得—安德雷·阿尔特）: **Der Schlaf der Vernunft. Literatur und Traum in der Kulturgeschichte der Neuzeit**（《理性的沉睡：近代文化史中的文学与梦境》）, München 2002.
按历时顺序，论述了从古希腊直至弗洛伊德、卡夫卡或托马斯·曼关于梦境的哲学、医学与文学设想。

· **Jürgen Barkhoff**（于尔根·巴尔克霍夫）: **Magnetische Fiktionen. Literarisierung des Mesmerismus in der Romantik**（《磁性的虚构：浪漫派时期麦斯麦主义的文学化》）, Stuttgart / Weimar 1995, S. 257–267.
在该书的语境中，《洪堡王子》中的梦境演绎被视为是麦斯麦催眠术下有意识的行为。选帝侯想借此刺激他手下军官的野心。

· **Stephanie Bölts**（斯蒂芬妮·波尔茨）: **Krankheiten und Textgattungen. Gattungsspezifisches Wissen in Literatur und Medizin um 1800**（《疾病与文学体裁：1800年前后在文学与医学中关于体裁的知识》）, Berlin, Boston 2016, S. 353–389.
此章重新审视了王子的梦游气质与宫廷社会对他所做的这个后果严重的实验（洪堡本人完全没有意识到）。这些病态的特征一方面与战争的规则性、另一方面与戏剧的经典形式形成鲜明对照。

· **Manfred Engel**（曼弗雷德·恩格尔）: **Traumtheorie und literarische**

Träume im 18. Jahrhundert. Eine Fallstudie zum Verhältnis von Wissen und Literatur(《梦的理论与18世纪文学中的梦境：关于知识与文学之关系的个案调研》), in: Scientia Poetica 2, 1998, S. 97–128.

哲学、医学、人类学关于梦的话语的概要，以及它们对文学作品中梦境描写的影响：如理查逊的《克拉丽莎》、卢梭的《新爱洛漪丝》、维兰德的《阿伽通》、歌德的《维特》、席勒的《强盗》。

- **Walter Hinderer**（瓦尔特·兴德勒）：**Traumdiskurse und Traumtexte im Umfeld der Romantik**（"浪漫派背景下梦的话语与梦的文本"），in: Romantische Wissenspoetik. Die Künste und die Wissenschaften um 1800, hg. v. Gabriele Brandstetter und Gerhard Neumann, Würzburg 2004, S. 213–241.

深入论述哲学与医学关于梦的话语（卡鲁斯、戈特理弗·海因里希·舒伯特、斯特芬斯、叔本华），还有席勒、诺瓦利斯与霍夫曼文本中梦的主题。

- **Alexander Košenina**（亚历山大·柯舍尼那）：**Vorbewußtsein und Traum in Kleists Anthropologie**（"克莱斯特人类学中的前意识与梦"），in: Peter-André Alt / Christiane Leiteritz (Hg.), Traumdiskurse der Romantik, Berlin / New York 2005, S. 232–255.

从情感心理学的角度推导出克莱斯特对前意识与直觉状态的赞赏，并借此来诠释《洪堡王子》。

- **Wolfgang Riedel**（沃尔夫冈·里德尔）：**Die Aufklärung und das Unbewußte: Die Inversionen des Franz Moor**（"启蒙与无意识：弗兰兹·摩尔的反转"），in: Jahrbuch der deutschen Schillergesellschaft 37, 1993, S. 198–220. Franz Moors Wille zur Macht erscheint als Umkehrung von Schillers Liebesphilosophie und Anthropologie. Sein perfider Mordplan schlägt gegen ihn selbst zurück, ein schrecklicher Traum überrumpelt ihn und treibt ihn zum Suizid.

弗兰茨·摩尔的权力意志表现为席勒爱情哲学与人性观的颠倒。摩尔阴险的谋杀计划却报应到了自己头上，一个可怕的梦突袭了他，并逼得他最终自杀。

- **Cornelia Zumbusch**（科尔内利娅·聪布施）：„**nichts, als leben**". **Affektpolitik und Tragödie in Prinz Friedrich von Homburg**（"'只要活

着':《洪堡王子》中的情感策略与悲剧"), in: Nicolas Pethes (Hg.), Ausnahmezustand der Literatur. Neue Lektüren zu Heinrich von Kleist, Göttingen 2011, S. 270–289.

王子只有接受死刑,才能被赐予生的权力。为了解决作品结尾的这一悖论,该文运用了福柯关于"生命权力"的构想:席勒有关崇高的诗学是受一种旧的自主性模式的影响,与此不同,克莱斯特是想创作一部更为复杂的关于死刑的戏剧,旨在强化一种政治上的新的生命原则,王子只有坦然受死,才能使这一原则变得可能。

13　艺术与疯癫

图 35. 欧仁·德拉克罗瓦:《疯人院中的塔索》(1840)

15

1579年,意大利诗人塔索*被关进了疯人院,因为他骂宫廷成员游手好闲,是流氓恶棍,故而触犯礼法,坏了规矩。拜伦勋爵在《塔索之怨》(*The Lament of Tasso*, 1817)中,还让诗人为受到不公正的排挤而大发雷霆,而在德拉克罗瓦**的油画《疯人院中的塔索》(*Le Tasse dans la maison des fous*, 1840)里,塔索则显得处于麻木不仁、万念俱灰的状态。他坐在一张软躺椅上,孤独、颓唐、胡子拉碴,不修边幅,陷入了忧郁病患者特有的沉思姿势。很难说在护栏后面的观众仅仅是感到震惊,还是也觉得为此着迷,反正不是冷淡漠然。有个人将手伸进了房间里面,伸长的食指想去够在房间里散落的纸片,应该是塔索的手稿。这只手是在指责讨厌的塔索所犯的错误吗?还是在寻找一件旅行纪念品?抑或是在敦促艺术家继续创作?

这些问题涉及三种不同的历史语境:在近代早期,人们认为"疯人"是魔鬼附体,故而,塔索的行为被打上了耻辱的烙印。同时,古代关于疯癫是神性的说法,人们仍记忆犹新,杰出的精神与艺术天赋乃源自天之圣火。启蒙时期认为精神病是一种可以解释的自然疾病,取代了神圣疾病说。在浪漫主义时期,这种说法则再度流行;可以和冰冷的理性进行抗衡的状态都得以彰显:梦、疯癫、预见、迷狂被视为艺术创作力汲养的源泉。路德维希·蒂克《威廉·拉法尔》(*William Lovell*, 1795/96)中的一个片段,让对心理疾病正面与负面的评价之争显露无遗。这种矛盾冲突在克林格曼的《守夜人》

---

* 托儿夸托·塔索(Torquato Tasso, 1544—1595),意大利16世纪诗人,作品有《里纳尔多》(1563)、《阿敏塔》(1573)、《被解放的耶路撒冷》(1581)等。

** 欧仁·德拉克罗瓦(Eugène Delacroix, 1798—1863),法国浪漫主义画家。

中,得以讽刺的再现。在 E. T. A 霍夫曼的《隐士莎拉皮翁》(*Der Einsiedler Serapion*, 1819) 中,要合理地区分理性与疯癫,逐渐变得愈来愈艰难。书名中主人公具有的预见天赋,发展成为诗人的理想——具有想象力的先知。

13.1 更近神性:蒂克《威廉·拉法尔》中一例

启蒙一方面致力于用自然的原因来解释疯癫,另一方面,它又想用违反常规的行为——犯罪、非理性、梦游等,来研究人性,这就提升了这些互补现象的地位。在浪漫派医学*中,尤其是在麦斯麦主义的大环境下(见本书 12.3),意识的阴暗面逐渐为人所重视。舒伯特**就是这一流派的医生之一,他们在寻找"精神本质的……象形语言的过程中",赋予了"梦优先于清醒、疯癫优先于理性"的地位(Schubert 1814, S. 1f.)。

这种风气不可能不在文学中留下痕迹,路德维希·蒂克的处女作《威廉·拉法尔先生的故事》(1795/1796)中的一个小插曲,就能证明这一点。这是本书信体小说,书名中的主人公从他英国的家乡出发,旅行来到了巴黎与罗马,在那里,他受到了一个不知名的秘密会社的影响,渐渐地变得希望破灭,对人开始怀有敌意,最终被一个对手在决斗中击毙。我们并不需要为这里要讲的场景而掌握这部小说整体的谋篇布局。

---

* Romantische Medizin,浪漫派医学,又称 Medizin der Romantik,指的是 1800 年前后主要在德国流行的医学流派,它以谢林的自然哲学为基础,强调自然与精神的统一。

** 戈特理弗·海因里希·冯·舒伯特(Gotthilf Heinrich von Schubert, 1780—1860),德国医生与博物学家,神秘主义者与浪漫派自然哲学家。

文学人类学

在这里要讲的是一个名叫巴德尔的配角，德国人，拉法尔是在巴黎结识他的（第 1 卷，第 2 册，第 17 章），他追随他来到了罗马（Ⅲ：9）。因为妻子的去世，巴德尔陷入了深深的忧伤之中，逐渐变得离群索居，在世间万物中，看到的只有空与死。他自己都已"无法忍受"自己，被"活跃的幻象、他想象出来的可怕场景与阴郁的想法"折磨得痛苦不堪，另外还有那些"恐怖的梦"，那些"怪物的大军"与"幽灵"。"对于整个世界的恶心感"主宰了巴德尔的意识，（Tieck 1999, S. 159, 174, 161），即对于生活感到厌倦与无聊"*Taedium vitae*"（参见 HWPh 1971ff., Bd. 11, Sp. 8–11）。

从启蒙的视角来看，威廉·拉法尔认为，这一切意味着对"病态的想象"的投降，他指责巴德尔，看待"世界的角度不正确"，建议他放弃这些"摧垮身体与精神"的"苦思冥想"。不仅如此：拉法尔甚至怀疑他有一种对"疯癫的心醉神迷"（Tieck 1999, S. 164, 160）。的确，在一次较长的讨论中（Buch Ⅲ，第 11 章），巴德尔坚决支持，对看似泾渭分明的理性与疯狂之间的界限提出批判性的质疑：

> 哦！威廉，什么叫理性？这么多人因为膜拜理性，孜孜不倦地沉迷于研究，而变得疯狂……就像是我们现在会称之为疯狂的人。（Tieck 1999, S. 141）

巴德尔并没有要求常用概念的完全反转，而是讲述了一个真实的例子，来表明他的立场，这个故事才是这里要讨论的主题。故事讲的是一位德国军官，人如其名，唤作威尔德伯格^{*}，他支持用清醒的理性去对抗迷信与鬼故事。因为这个缘故，他受到了另一位军官——

---

* Wildberg，字面意义为"野山"。

F.*——的挑衅。在争论中，他威胁说，有朝一日，他会作为幽灵出现在他的朋友威尔德伯格面前，让后者终于可以摆脱他那傲慢的"启蒙癖"（Tieck 1999, S. 142）。冲突升级，以两人的决斗告终，F. 头上中枪，被"怒火上头的威尔德伯格"给杀了。不久，死者的预言就应验了，威尔德伯格被幻象缠身，每当午夜时分，他总觉得看到一个被子弹打穿了的头颅在房间滚动。简言之：所有超自然现象的坚决否定者自己却成了一个能看见幽灵的人。

这还不是这个故事最绝的地方，巴尔德想要给启蒙的拥护者拉法尔讲的是它的高潮部分。威尔德伯格的朋友们认为，这些灵异现象是他良心不安的体现，是"疑病症的想象"，是"某种疯病"（Tieck 1999, S. 144）。他们想设一个善意的骗局，通过开化的治疗方式，来治愈他的病：在这个过程中，人们会伪造那个引起害怕与执念的物件，并（看似）成功地将其去除。比如说医生会悄悄地将脑子里所谓的石子或是喉咙中的青蛙放到碗里，拿给病人看；或者若人觉得自己是透明的，害怕被人看穿，医生就会在他臆想出来的玻璃胸膛上缠上绷带（见本书 9.3）。在这个故事中，这些自封的治疗师就把一个骷髅头系在一根线上，然后拉着它在房间里转，结果却莫名其妙，完全出人意料。威尔德伯格脸色煞白，浑身颤抖地大叫道："我的上帝啊！两个骷髅头！你们究竟要干什么？"（Tieck 1999, S. 144）

这个让人大跌眼镜的结果应该引起我们的深思。毕竟，在启蒙时期，人们对灵异现象进行了严肃和具有批判性的讨论，但是，并没有对此形成一个公认的解释或是反驳。最有代表性的一些猜想是：它是死者的回归，是从空气和火中诞生的精神的无影体（与由

---

* Friedheim，字面意义为"和平的家园"。

土与水组成的肉体相对立），是尸体腐烂过程中所散发的气味，最后说它是非人的水妖或地精（参见 Wübben 2007, S. 21–28）。比这些尝试性的解释更有趣的是个案研究这种体裁，它与蒂克文中的这个小故事很相似。相关讨论得最多的主要是关于文艺复兴时期的哲学家费奇诺*的例子，他在死亡时刻作为幽灵，现身于他的朋友面前，从而使其"相信"了柏拉图的灵魂不死理论（参见 Wübben 2007, S. 23–25）。

在这类相应的描述中，值得人注意的是叙述的内在视角，将涉事人亲历的真实感和出版者的距离感调和在一块。这样一来，裁决权就交给了读者，蒂克写的这个插曲就是如此：巴尔德是从威尔德伯格的视角来讲述的，还添加了许多直接引语。这一双重感知的高潮——一个臆想出来的加上一个看得见的头颅——强化了他引人深思的结论，即启蒙之理性身处一个"狭窄的尖峰上"，摇摇晃晃，随时可能会堕入"疯癫的领域"之中：

> 幽灵的国度在他们［这些人——笔者注］眼前展开，他们看穿了自然的神秘法则，他们的感官可以把握想象不到的事情……他们更近神性，忘记了返回大地——闭塞的心灵狂妄而放肆地将他们的智慧打上了疯癫的烙印，给他们的欣喜贴上了狂躁的标签！(Tieck 1999, S. 145)

巴德尔努力修正对疯癫负面的歪曲印象，让拉法尔印象深刻。在这一章结尾时，他承认，就在和巴德尔的这番耐人寻味的谈话之后，他

---

* 马尔西利奥·费奇诺（Marcilio Ficino, 1433—1499），文艺复兴时期欧洲学者，佛罗伦萨的新柏拉图主义的捍卫者。

自己就经历了一次灵异现象。那是一幅肖像画的临摹，他还是孩子的时候，就在父亲的画廊里见过它，它总是让他感到心存畏惧与毛骨悚然。如此一来，关于对理性与疯癫之间的严格区分是否真的站得住脚这个问题，就落到了读者头上。

13.2 疯癫作为更高层次的健康：克林格曼的《守夜人》

克林格曼的小说《守夜人》(*Nachtwachen*, 1804)很长一段时间只用笔名 Bonaventura 发表，并为人熟知。乍一看，它呈现的是一种相当消极的人类学观。守夜人克罗伊茨冈*，是一名黑魔法师与吉普赛女人的儿子，他的名字一是来源于他作为弃婴被发现的地点，二则源自小说错综复杂的情节与主题线。守夜人是光明的使者与正确时间的播报者，人们本指望在他身上看到启蒙，而这里讨论的却是启蒙的界限。

仇视人类者克罗伊茨冈同时还是诗人，"夜游者"，"傀儡戏编导"与演员(Bonaventura 2003, S. 24, 30)。游戏、角色性与面具性的隐喻在文本中极为关键，从中可以看出克林格曼作为剧作家与导演的影子。克罗伊茨冈也演戏，莎士比亚的哈姆雷特——上演了一幕剧中剧——就是适合他的重要角色。就像历史上的托儿夸托·塔索一样，他因为讽刺社会的打油诗(第 7 夜)而进了疯人院，再次遇到了他的搭档，奥菲利亚的饰演者，她因无法区分角色与自己而失去了理智。克罗伊茨冈爱上了她，但她却怀着两人的孩子死掉了。借此引入了身份认同危机与主体丧失的主题，它们在疯人院中意义重大(第 9 夜)。

---

* Kreuzgang，德语原意为纵横交错的路径，又指修道院内有拱顶的十字回廊。

在疯人院中，克罗伊茨冈很快就担任了类似"副看守"的职位，陪同完全搞不清状况的医生厄尔曼博士查房，并在一旁冷嘲热讽，因为此人的博士帽是"买来的"，文凭造假。被介绍的病人像是当时各类思潮的漫画式代表，这些思想都以"执念"的形式出现（Bonaventura 2003, S. 78）。比方说克林格曼讨论了一个在心理治疗中很经典的尿潴留的例子，对小便时会引发末世大洪水的焦虑被转移到了笔墨枯竭的作家身上。另一个例子主要是用1800年前后费希特使用的概念，给唯心主义者画了一幅哲学漫画：按照费希特的观点，我们先会确立自我，然后才是与自我相区别的非我，即世界。克林格曼借用并分析了一个旧医学文献中的病例，病人因为觉得有"一个玻璃屁股而痛苦不堪，因此他的自我永远无法确立"*。此外还有一个启蒙者，由于"演讲过于理智明晰，所以人们也把他送到了这儿来"（Bonaventura 2003, S. 79）。就算是浪漫主义者也难以全身而退，作为施莱格尔式的、渐进的包罗万象的诗学之代表，他"过于狂妄地追求文学，而烧坏了脑子"（Bonaventura 2003, S. 80）。

最终，一位发疯的浪漫主义者体现了唯心主义妄自尊大的巅峰，他认为自己是创世主，以加强版的普罗米修斯（见本书7.3）形象出现，创造了作为"阳尘"（Sonnenstäubchen）的人，这是哲学单子的近义词，是存在的最小单位，万物即由它构成。在吹气赋予他们以呼吸与灵魂的过程中，也有"一丝神性"进入造物，让被塑造的新人类变得疯狂，因为在这"一丝神性"中埋下了僭越的种子，让他们妄图超越自身，相信能达到不朽。借此，创世主不自主地解释了自己心理疾病的根源，后悔给人类添加了神性，因为"这些微尘会忽然觉

---

* sich setzen 在德语中还有"坐下"的意思，病人因有"玻璃屁股"而无法"坐下"，此处为双关的文字游戏。

得自己就是上帝，并建立各种体系，在其中自我欣赏"（Bonaventura 2003, S. 80f.）。这位自命的造物主在独白时玩着一只球，认为那就是地球，他可以摧毁国家、城市与蚂蚁（即人类），并为拥有这样的权力而感到欣欣然。自从研制出天花疫苗后（英国人爱德华·杰内当时在这一领域具有领先水平），人类反正已数量大增。

这个人物显然与克罗伊茨冈很像，甚至可以说是他的翻版。因为这位守夜人也觉得自己比其他人都要厉害，提出要对所有价值进行彻底重估：

> 我的执念就在于，我觉得自己比任何体系推衍出来的理性还要理性，比任何宣扬的智慧还要智慧……如您所知，如果对体系都没有搞清楚，又谈何反抗疾病，人们甚至会将更高层次的健康都当作疾病，反之亦然。（Bonaventura 2003, S. 85f.）

疾病作为更高层次的健康，这就是这一段文本节选的论点。克林格曼将"疯人院小说"（见本书第3章）的典型布局反转了过来。报道各种心理疾病的，不是来自外面"正常世界"的、为了提升自身文化修养的游客或是医生，在这里，掌握话语权的是克罗伊茨冈与其他的病人。从各种不同的执念角度来看，寻常的市民社会才是黑白颠倒的。守夜人寻思，会不会"错误才是真理，愚钝即智慧，死亡即生命"。于是，感到绝望且力不从心的医生——他显然是传统体液说与饮食学的追随者——要求他多多运动，以对抗所谓的消化问题，并禁止他进一步思考。毕竟，"沉迷于智识活动"才是万恶之源（Bonaventura 2003, S. 86）。

克罗伊茨冈最终表明，"疯狂是唯一站得住脚的体系"（Bonaventura 2003, S. 112），他将疯癫提升成了某种更高层次的理性。

这样一来,"疯人院绝不是正常与理性世界的完全对立面,而也可以理解为其摹本(Abbild):是一个普遍、宏观的伯利恒精神病院内部之微观伯利恒"(Reuchlein 1986, S. 309)。后半句讲的区分出自利希滕贝格,是他对霍加斯画的伦敦收容所伯利恒精神病院(见本书第3章)的评价,这句话的意思是:无论是院里还是院外,都是一样的疯狂。正是在这个意义上,当一个访客问病人,是否知道自己身处疯人院时,利希滕贝格让他如是作答:"那么你就确定,你不是在疯人院里吗?"(Lichtenberg 1968ff., Bd. 3, S. 906)。这样一种更高的、将固有的关系相对化的逻辑也是霍夫曼的小说《隐士莎拉皮翁》的独特之处。

13.3　具有先知预见力的疯人:霍夫曼的《隐士莎拉皮翁》

霍夫曼穷其一生,都在研究古怪夸张的感知,如疯癫、幻觉与恐惧的梦境等,比蒂克和克林格曼都要深入。他甚至认为这些极端的状态是所有艺术创作的必要动因。人们或许可以将歌德1829年的名言:"古典的是健康的,浪漫的是病态的"(Eckermann 1975, S. 253)改成"世俗的是健康的,诗意的是病态的"(Lindner 2001, S. 195),这更适合霍夫曼。他的作品中充满了疯子、执念狂、魔法师、看得见魂灵的人、梦游者、自杀者,以及与这些人打交道的医生。他尤其对当时的医学与自然哲学了然于胸。对精神病学的创始人皮内尔和赖尔以及麦斯麦主义的理论家卡鲁斯[*]与戈特理弗·海因里希·冯·舒伯特如数家珍(参见 Reuchlein 1986, S. 222-365;

---

[*] 卡尔·古斯塔夫·卡鲁斯(Carl Gustav Carus, 1789—1869),德国医生、博物学家、心理学家与画家。

Barkhoff 1995, 95-237; Lindner 2001）。

关于隐士莎拉皮翁（Hoffmann 2001, S. 23-39）简短的调查研究就是一个极为恰切的例子，他的叙事组曲《莎拉皮翁兄弟》（*Die Serapiensbrüder*，1819）也由此得名。在这个合集中不仅有大家挨个讲述的故事，用于聚会时的轻松消遣，在意大利的体裁范本、薄伽丘的《十日谈》（1350年前后，德译本1471年）中就已有展示，1800年前后再度风靡（参见 Beck 2008）。这些故事更多的是指向对"固化的社会规范"的修正，"艺术家与市民、疯癫与理性、存在与表象以及梦境与清醒之间的界限"在此受到质疑（Hoffmann 2001, S. 1246）。每个故事都像是包含着一个论点，分别由叙述者对现实做出独到的解读。聚会的朋友们由莎拉皮翁的例子而引出了诗学规范——"莎拉皮翁原则"（Hoffmann 2001, S. 70）。它意味着，作家"内心"会涌现出极其强烈的画面，但"只有当他感到真正被其点燃时"，他才应将它们转化为外在的描写（Hoffmann 2001, S. 69）。与对强烈性的要求相对应的是荒诞的、梦幻般的、狂放的想象力，用它来对抗现实理性的一本正经。

莎拉皮翁这个文学例证清晰而迅速地勾勒出，该如何去理解这样一种关于"看的诗学"（"Poetik des Schauens"，Hoffmann 2001, S. 1247）。叙述者祖布利安讲述他在B城附近的森林里遇到了一位奇特的隐士，他的胡子与长袍让他看上去像是从"萨尔瓦多·罗萨"*（Hoffmann 2001, S. 24）的画中走出来的。事实上，这位意大利画家画过不少山间的隐士与孤独的思考者，比如古希腊的原子论者德谟克利特（见图36），罗萨给他配上了许多幽暗的象征物，如骷髅头、

---

* 萨尔瓦多·罗萨（Salvator Rosa, 1615—1673），意大利巴洛克画家、诗人与版画家。

文学人类学

图 36. 萨尔瓦多·罗萨:《冥想中的德谟克利特》铜版画(1662)

骨灰坛、猫头鹰以及希腊文字的最后一个字母欧米伽,表明一切皆是过眼烟云。

13　艺术与疯癫

无论是在绘画——比如布勒兴*的作品——还是文学中，这一主题在浪漫主义时期受到普遍欢迎。蒂克《拉法尔》中的主人公巴德尔也隐居到了亚平宁山脉的山林中（Tieck 1999, S. 367）。比莎拉皮翁的外表更为重要的是他的"预见能力"，他借此能看穿他的谈话对象阿里奥斯托**、但丁或是彼得拉克，并编出最睿智、最富想象力的故事。于霍夫曼而言，他就是浪漫派作家的典范，因为他坚信他的灵感、他的"内心世界"，不允许对这一"更高的认知"提出任何异议（Hoffmann 2001, S. 30）。

像所有"正常人"一样，祖布利安认为这是一种疯癫，但他却觉得越来越为这种疯癫的狂热与逻辑所吸引。他向 S 医生咨询并得知，这个男人原来是来自 M 城的 P 伯爵。他忽然有一天逃到了蒂罗尔山脉，并从此自诩神圣的殉道者莎拉皮翁，这是生活在 3 世纪的人。在 B 城的疯人院，他治好了躁狂症，按照新的医学理念，他已无害，所以被放了出来。书中对现实的各种影射人们大都已揭晓：S 医生其实是霍夫曼在班贝克的朋友弗里德里希·施拜尔（Friedrich Speyer），B 城的疯人院则是位于班贝克郊区圣戈特鲁教区***的"心理疾病医院"。此外，在专业的医学文献中也可以找到类似的病例，在下一次去拜访住在深林里的这位仁兄之前，祖布利安看了不少相关资料：

> 我只是想釜底抽薪地击垮莎拉皮翁的疯狂念头！我读了

---

*　卡尔·布勒兴（Carl Eduard Ferdinand Blechen, 1798—1840），德国风景画家，柏林艺术学院教授。

**　阿里奥斯托（Ariosto, 1474—1533），意大利文艺复兴时期诗人，代表作有《疯狂的罗兰》。

***　圣戈特鲁（St. Getreu）以前是本笃会教士的修道院所在，现为班贝克神经病院。

> 皮内尔，读了赖尔，读了一切我能搞得手的关于疯癫的书。我觉得可能只有我，这个非专业的心理学家，医学的外行人，才能给莎拉皮翁幽暗的精神里投入一束光亮。(Hoffmann 2001, S. 27)

这位医学外行使出了种种手段，却败得一塌糊涂。他笨拙地要求P伯爵，"从这糟糕的梦中醒来"，对方却报之以"讥讽的微笑"(Hoffmann 2001, S. 29)与犀利的反驳。他的两个论点很有力，只不过都是建立在错误的前提上。第一个对医学具有批判性的论点是，若他真的是疯了的话，那么相信治疗会成功，未免就太幼稚了。理由是："如果这可能的话，那么很快整个世界都不会有疯子了"(Hoffmann 2001, S. 30)。诚然，一种疾病的治愈概率很小，并非就意味着没有可能，但是他的想法的确机智有趣。在祖布利安研读的著作《关于精神崩溃时使用的心理治疗方法之狂想曲》(1803)中，一名疯子就指出过症结所在：认为"可以通过劝告让一位愚人相信他是疯了"，这种想法是愚蠢的(Reil 1803, S. 316)。

莎拉皮翁引出的第二个论点是，若是在相反的情况下，即他是完全健康的，那么这同样是"一个愚蠢的行为，劝我放弃现有的想法，而力图使我相信另一个执念，即我是P伯爵"(Hoffmann 2001, S. 30)。对于显而易见会有的异议，他早已料到，并回以一个相对化的考量，认为人的寿命虽然一般而言是有限的，但是要对此作出合理恰当的评价，就得知道"每一个人"的具体情况如何(Hoffmann 2001, S. 31)。按现代科学理论的观点，这是彻头彻尾的可谬论(Fallibilismus)式的辩驳。它意味着，一个假设只有在它没有被一种独特的情况推翻之前才是有效的。莎拉皮翁活了数个世纪之久，这就是那个独特的例证，可以推翻常见的对寿命的假设。

面对这样一种系统化的辨析力，祖布利安完全不是对手。他告诫自己不要"再去扮演什么心理医生"（Hoffmann 2001, S. 35）。由于莎拉皮翁是在进行根本的哲学认识论批判，每一种想要通过经验去驳倒疯癫的尝试都会被否定。比方说，他就不承认是一起徒步去 B 城，认为那也可能是亚历山大城，只有祖布利安才会觉得那是个德国城市。祖布利安甘拜下风，任由隐士留在他小小的、被描绘得相当田园化的世界。三年之后，他想再度拜访他时，发现他刚刚安详离世。总的来说，这件事引起了他的深思，就像是拉法尔听了巴德尔的故事一样，他也开始思考，理性与疯癫是否可以像启蒙者所希望的那样，进行明确的区分。像所有人类学家一样，祖布利安也坚信，"自然正是在不正常处，才让人窥见其最恐怖的深渊"（Hoffmann 2001, S. 37）。

问题与思考

- 请再仔细观察一下本章开头德拉克罗瓦的画：哪些地方是指涉启蒙的？哪些是指涉浪漫派的？
- 在蒂克的小说《威廉·拉法尔》中，巴德尔试图通过给朋友讲一个有代表性的故事，而改变他对于疯癫的谬见。请举出他的主要论点。
- 请阐释霍夫曼的"莎拉皮翁原则"。这一原则也可以用到其他人的（蒂克、克林格曼）文本中吗？
- 请描述隐士莎拉皮翁的逻辑。他是怎么做到永远有理的？
- 请用几个关键词概括一下《守夜人》第 9 回中的那二十个心理治疗的病例。
- 克林格曼笔下那个疯狂的创世主认为自己无所不能，并在与

文学人类学

地球的游戏中找到了其精炼的表达。查理·卓别林在对希特勒的讽刺电影《大独裁者》(1940)也重现了这一画面。请讨论一下"理性的"的心理治疗的界限与危险，如果它将疯癫解读成是对平庸禀赋的(天才式)提升的话。

推荐书目

- **Bonaventura**(博纳文图纳)**(Ernst August Friedrich Klingemann)**(恩斯特·奥古斯特·弗里德里希·克林格曼): **Nachtwachen. Im Anhang: Des Teufels Taschenbuch**(《守夜人。附录：魔鬼的小册子》), hg. v. Wolfgang Paulsen, Stuttgart 2003 (RUB 8926).
- **E. T. A. Hoffmann**(恩斯特·特奥多尔·阿玛多伊斯·霍夫曼): **Die Serapionsbrüder**(《莎拉皮翁兄弟》) (1/4 Sämtliche Werke in sechs Bänden, Bd. 4), hg. v. Wulf Segebrecht, Frankfurt a. M. 2001, S. 23–39, 1257–1267.
- **Ludwig Tieck**(路德维希·蒂克): **William Lovell. Roman**(《威廉·拉法尔。小说》), hg. v. Walter Münz, Stuttgart 1999 (RUB 8328).
- **Michel Foucault**(米歇尔·福柯): **Wahnsinn und Gesellschaft. Eine Geschichte des Wahns im Zeitalter der Vernunft**(《疯癫与文明：理性时代的疯癫史》), Frankfurt a. M. 1995.
按照福柯的观点，主流精神病学史宣判疯癫是没有发言权的，该书对疯癫进行了批判性描绘。这本1961年的著作对疯癫的沉默作了勾陈式的考古，回溯到理性与非理性还没有分裂之前的时代，并寻找疯癫的一种真实的话语。
- **Wolfgang Lange**(沃尔夫冈·朗格): **Der kalkulierte Wahnsinn. Innenansichten ästhetischer Moderne**("精密计算过的疯癫：美学现代派的内在观"), Frankfurt a. M. 1992, S. 43–73.
该文在详尽阐释了德拉克罗瓦画的塔索之后，又用话语分析的方法加上了对疯癫的刻画，值得一读。
- **Lothar Pikulik**(罗塔尔·匹库里科): **Die Erzählung vom Einsiedler**

Serapion und das Serapion(t)ische Prinzip – E. T. A. Hoffmanns poetologische Reflexionen,("小说《隐士莎拉皮翁》与莎拉皮翁原则——E.T.A 霍夫曼的诗学反思")in: Interpretationen: E. T. A. Hoffmann. Romane und Erzählungen, Stuttgart 2004 (RUB 17526), S. 135–156.

霍夫曼的诗学是由观照内心发展而来的艺术创作,结果即生动而含蓄的表达形式,旨在达到一种让读者欲罢不能的程度。

- Roy Porter(罗伊·波特): **Wahnsinn. Eine kleine Kulturgeschichte**(《疯癫:一部简明文化史》),Frankfurt a. M. 2007.

  由权威医学史家撰写,最宜入门的导读:主要讲述了对于疯癫理解的变化史,从认为其是魔鬼或神性附身,变成对其理性的处理,乃至科学地对待的心理疾病。

- Georg Reuchlein(格奥尔格·罗伊希莱恩): **Bürgerliche Gesellschaft, Psychiatrie und Literatur. Zur Entwicklung der Wahnsinnsthematik in der deutschen Literatur des späten 18. und frühen 19. Jahrhunderts**(《市民社会、精神病学与文学:18 世纪晚期与 19 世纪早期德国文学中的疯癫主题》),München 1986, S. 239–243, 256–262, 305–311.

  摘选的三个片段涉及蒂克的巴德尔、霍夫曼的莎拉皮翁以及克林格曼的守夜人,证实了该书的论点:从启蒙到浪漫派,人们越来越能理解心理疾病,疯癫甚至被认为是艺术与认知的源泉。

- Monika Schmitz-Emans(莫妮卡·施密茨-埃曼斯): **Einführung in die Literatur der Romantik**("浪漫派文学导论"),Darmstadt 2004, S. 106–115.

  这一章篇幅不长,凸显了启蒙与浪漫派在克林格曼《守夜人》中的矛盾冲突。主要是戏剧(身份的伪装)、疯人院(理性的失职)与墓地(普遍的堕落)作为世界的哈哈镜逐一登场。

14　现实主义：人类学的结果？

图 37. 克劳斯·金斯基在电影《沃伊采克》(1979)中的扮相，剧照

19 78年，维尔纳·赫尔佐克（Werner Herzog）将格奥尔格·毕希纳（Georg Büchner）的《沃伊采克》(*Woyzeck*, 1836/1837)改编成了电影，剧照（见图37）展示的是演员克劳斯·金斯基（Klaus Kinski）饰演的下层士兵弗兰茨·沃伊采克。就是带着这副典型的痛苦表情，他忍受了多番折磨，尤其是沦为了

现代科学的研究对象。因为仅仅为了每天挣两个格罗申(相当于 5 欧元左右),他就让自己成了一个医学实验的试验品:军医正在做一系列实验,旨在研发出成本更低的军队食物供给。具体来说,他感兴趣的是,单一的、只吃豌豆的无肉饮食会给身体造成什么样的影响。他用系统观察与测量的分析方法,检查沃伊采克的尿样、脉搏与眼睛:"你是个有意思的病例,沃伊采克,你这家伙可以拿补贴。勇敢些,让我量量你的脉搏!"(Büchner 1999, S. 23)

"完整的人"是个体身心合一的核心,也是研究不同民族与文化多样变体的基础,由此,文学人类学最大程度地去关注生活的现实与经验。形象化与生动性,建立在细致观察与对人性深入认识基础之上的心理逻辑性与可然性,依据事实,而非臆想,小说中客观与多角度的描写,戏剧舞台上贴近生活的语言与身体语言,涵括来自社会各阶层的人物,包括社会性有缺陷人群,这些以及更多的标准都可以从前面所述的章节中推导出来,19 世纪时,它们再度在毕希纳的作品中得到印证。剧本残篇《沃伊采克》以真实历史案件为依据,重构了一个社会边缘人的谋杀犯罪行为。借此,毕希纳重拾了中篇小说《伦茨》(*Lenz*, 1839)里关于"艺术的谈话"中反理想主义的美学立场。本书的这最后一章将介绍毕希纳的这些现实主义的写作原则,并将其视为文学人类学的某种可能的结果,它的影响超出了 18 世纪以及 19 世纪早期。

14.1 如果是本能使然:毕希纳的《沃依采克》

沃伊采克究竟是怎么了?他是像他的医生所认为的那样,"还有基本的理性、并为一个执念"感到痛苦吗?他是疯了吗?是得了

"脑怒症"（Büchner 1999, S. 23, 20）还是完全没有刑事责任能力？最迟在 1978 年赫尔佐克改编的毕希纳电影之后，就连医学外行也倾向认为，起码这个剧中人物是具备有减刑条件的。克劳斯·金斯基扮演的主角太过野蛮与毛躁，四处乱窜，没法消停，他脉搏加快，喘着粗气，表情古怪瘆人，说话乱七八糟，被内心的声音与幻象折磨得坐立不安，加上又无助地任由军队和践踏人的医学实验摆布，最终在快放的镜头中，他看似没完没了地、将致命的一刀刀给捅了出去。

毕希纳的这份文学心理记录至少参照了三桩历史上的刑事案件。其中最重要的是 1821 年 6 月 2 日发生在莱比锡的命案，沃伊采克（Johann Christian Woyzeck）——标题由此而来——杀死了其情人约翰娜·克里斯蒂娜·沃斯特（Johanna Christiane Woost）。这桩案件法庭审理了三年有余，它几乎被完整无缺地记录在毕希纳的历史评注版中。与我们在此讨论的主题相关的主要是约翰·克里斯蒂安·奥古斯特·克拉鲁斯（Johann Christian August Clarus）的首席鉴定书，他是当时的法医学权威。在（第二份）长达将近百页的专业鉴定中，他论述了《依照国家药学原则与病历已证明谋杀犯沃伊采克具备刑事责任能力》（*Die Zurechnungsfähigkeit des Mörders Woyzeck nach Grundsätzen der Staatsarzneikunde aktenmäßig erwiesen*, 1825），解释了为什么他认为肇事者具备无限制刑事责任能力，因此罪当受罚。当他 1823 年 2 月 23 日签署文件时，他明白这意味着死刑。为了保险起见，也为了给自己脱责，他请求莱比锡大学医学院的同事给予附议，这直到最近才公之于世（参见 Steinberg/Schmideler 2006）。

在这份长期以来被认为已遗失的鉴定中，同事们态度忠诚地肯定了克拉鲁斯的专业判断力，这样一来，死刑判决的责任就变成了由数人分担。没有一个召集来的医生怀疑克拉鲁斯的严格，他更多的是严格地从道德层面、而非医学层面去指责沃伊采克"无常的、放荡的、不思进取与无所事事的生活",斥责他由此"在道德堕落方面越陷越深"。最后,坚决排除了犯人"就在实施谋杀前、中、后会处于心理混乱状态"(Büchner 2000ff., Bd. 7.2, S. 260, 295)。

与之相反,犯罪心理学的改革者指责克拉鲁斯对疾病概念理解过于保守,对这一案件的阐释也截然不同。比如克拉鲁斯仅仅从生理学的角度,将记录在案的沃伊采克的幻觉解释为血液循环问题,而法医学专家约翰·克里斯蒂安·奥古斯特·格罗曼(Johann Christian August Grohmann)却认为这已"接近完全疯狂",是犯罪的前兆(Büchner 2000ff., Bd. 7.2, S. 395)。可以把毕希纳的戏剧解读为一份补充性的文学辩护词,用于重新审视档案记载下来的那些病症,再次讨论犯人是否可能不具备刑事责任能力。与医学专业鉴定不同的是,他并不会给出判决,也不会力求纪实性。就像是启蒙时期的人类学叙述者(见本书第4章)一样,他只是在历史文献的基础上,创作了一部艺术作品,并借此将观众推上了评判席。观众应该根据剧中所呈现的环境与事实自主判断,而不是像莱比锡医学院一样,因为迷信权威和同行之谊,屈从于某一位"专家"的话语权。

这部戏剧残篇创作于1836年6月至1837年1月之间,它复杂的文本史与流传史在此无法讨论(参见手稿重构与后记 in: Büchner 1999)。我们所关注的唯一问题是,在多大程度上,《沃伊采克》(以下简称《沃》)对于"完整的人"的人类学构想及其在启蒙时期的戏剧塑造形成了挑战。

1. 人物方面:在此之前,从没有一个像他这样、无权、无钱、受虐待、受剥削、遭羞辱、精神与心理上都如此可怜的人,会作为戏剧的主角。古典戏剧对于人物社会的等级要求不复存在。

2. 素材方面：隶属平民阶层的社会边缘人沃伊采克出于绝望，刺死了他的情人，因她背叛了他。在此之前，他一直用他微薄的收入，负担着她与他们的孩子。若说这是一出关于嫉妒吃醋的戏码，未免太过稀松平常，这里讨论的是激情杀人、冲动犯罪，它是由压抑的社会环境造成的。与真实的历史案件一样，它关注的核心问题是一名罪犯的心理刑事责任能力（见本书 4.2）。

3. （身体）语言：毕希纳放弃了高雅的悲剧对白，人物语言简单、通俗、方言化。同样绝无仅有的还有语言与行动过程的仓促、匆忙与不完整性，进一步将逻辑有序的故事情节拆分成了一个个片段记录。沃伊采克不停地在舞台上奔来跑去，受到了黑暗势力（共济会）的迫害，受到了嫉妒、良心不安与幻觉的折磨，为生计奔波，总体而言薪酬微薄（当兵、拾木柴、给理发师当助手，或是给医学实验当试验品）。

4. 人的地位：在剧中，关于造物阶梯的崇高理念，即人可以通过启蒙与教育超越高级动物，向类似神的方向迈进——遭到了彻底的反转（见本书第 7 章）。在对集市的场景描写中，"文明的进步"成了辛辣的反讽。一匹"巨大的马"显示了他的"兽理性"（viehische Vernünftigkeit），甚至证明它就是"人"，"动物人"（thierischer Mensch），就像文中嘲讽地写道，有着自己的"兽相学"（见本书第 9 章，Büchner 1999, S. 12–14）。沃伊采克正好相反，人们并没有将他作为有尊严的人来对待，而是把他作为军队或科学实验体系里的一架身体机器在使用。

启蒙人类学的原则在理念建构上受到了考验，这一点在医生出场时表现得尤为形象生动。与 18 世纪"哲学医生"对整体性、身心交互影响的强调不同，剧中的研究者在现代科学朝向实验化、工具化的方向上，向前迈进了一大步。虽然有些地方看似是对学者形象的戏讽，但并未脱离理性基础与历史背景。即使是一些看上去显得可笑的实验细节，比如说医生将鼻子伸到阳光下，去"观察打喷嚏"，或是用显微镜去检查"草履虫左边的臼齿"（Büchner 1999, S. 22, 72），这些都是在当时的科学史讨论中有据可查的。给沃伊采克做的营养生理学实验，应该是受到了包括化学家利比希*在内的影响，作为吉森大学医学院的学生，毕希纳应该对他并不陌生。利比希检测体重，分析士兵们的排泄物构成与所摄入食物之间的关系。几乎是在同一时期，法国化学家让-塞巴斯蒂安-欧仁·朱利·德·丰塔内拉（Jean-Sébastien-Eugène Julia de Fontenelle）和法国医生亨利·米尔纳·爱德华兹（Henri Milne Edwards）也在做关于骨胶原的实验，研究它在与莱果搭配时，营养价值到底如何（参见 Roth 2006）。

在这样一种讨论的语境下，《沃》剧中的那位医生显然是想着能为"科学的革命"作出贡献。因此，他勤奋地检测着受检者尿样中的"尿素"与"胺"的浓度（Büchner 1999, S. 21）。但是这天受检者无法提供尿样，因为在来的途中，他已"在街上尿过了，是像狗一样，对着墙尿的"。沃伊采克为自己的失控辩护说："如果这是本能使然呢"（Büchner 1999, S. 21）。医生则坚决地驳回了这一借口，认为人可以用自己的意志控制住括约肌，人就是自由的生物，由此而与动物不同。我们完全可以把这段简短的对话解读成对两种对立的人性观的讨论：启蒙时期的哲学医生们强调的是人的动物性与精神性之间的关联（这也是席勒博士论文的标题）。康德在《实用人类学》

---

* 尤斯图斯·利比希（Justus Liebig, 1803—1873），德国化学家，最重要的贡献在于农业与生物化学，创立了有机化学，发明了现代实验室导向的教学方法，因而被誉为历史上最伟大的化学教育家之一。

中，则反对这样一种从"生理学上对人的认知"，它所研究的，只是"自然把人变成了什么样子"，而不是反过来问："人，作为可以自由行动的生物，可以把自己变成什么样子"（Kant 1983, Bd. 6, S. 399）。

医生在此强调的是一种唯心主义的立场，是康德所推崇的自由与精神独立，这并非无足轻重。因为从刑法角度而言，罪犯的意志自由与行为意图是给他量刑的决定性标准（见本书第 4 章和 12.3）。沃伊采克在此提出对身体、对（生理及心理的）不可控力量的依赖性，侧重的是减刑的理由，在讨论历史上的沃伊采克是否具备刑事责任能力时，改革派法学家格罗曼就提出过这一论点。法医学家阿道夫·亨克（Adolph Henke）如是描述：

> 格罗曼"将人的心理力量视为是自然力，与生理的力量一样，是会失控的；道德的力量，或者说意志的自由性，对他而言其实是一种抽象的概念……简言之：他将心理力量等同于本能的力量，并声称，当本能过于强大时，理性就得让位。因此，追究人身上的动物性的责任，或是惩罚它的无组织无纪律性，是不公平的。（Henke 1825 in: Büchner 2000ff., Bd. 7.2, S. 383）

毋庸置疑，毕希纳本人是为人性中的动物性辩护的。心理医生克拉鲁斯认为历史上的沃伊采克"道德堕落"，并宣判他有罪（Büchner 2000ff., Bd. 7.2, S. 260），在日耳曼学者卡尔·维埃托（Karl Viëtor）看来，这才是毕希纳写作的动因，他是想要"审判法官"（Viëtor 1949, S. 199）。但是对作为医生的毕希纳而言，他并不只是想从法医学的角度，确认沃伊采克是否具有罪责能力，或是像他在 1834 年 3 月的一封信中所提到的那样，只是因为对以下这个问题有着人类学的兴趣，即究竟是"什么在我们里面撒谎、谋杀与偷窃"（Büchner 1988, S.

288），他尤为关注的更是一种关于真实的人的美学。

14.2 最卑贱者的生活：毕希纳的反理想主义美学

毕希纳对生活的一切细节，包括低级的、寻常的、丑陋的，目光都敏锐而犀利，这在剧本残篇《沃伊采克》中表露无遗。文学研究者瓦尔特·兴德勒（Walter Hinderer）称之为"生理现实主义"（physiologischer Realismus），与"现实主义美学"（realisitsche Ästhetik）相吻合，旨在"展示矛盾的世界，而不是去伪造现实"（Hinderer 1992, S. 31, 27）。毕希纳的这些诗学原则并没有形成完整系统的艺术理论，而是散见于一些相关的言论中，有两次——在戏剧《丹东之死》（1835，第 2 幕第 3 场）和中篇小说《伦茨》（1839）里——都是借虚构人物之口说出的。还有一次是在 1835 年 7 月 28 日的一封家信里，他认为诗人注定是"历史书写者"：与"理想作者"相反，他不搞道德化，只是生动地呈现过往，呈现世界"本来的样子"，而不是它"应该有的样子"，记录"有血有肉的人……对他们的痛苦与欢乐感同身受，他们的行为举止会引起我的恶心或是欣赏"（Büchner 1988, S. 305f.）。

最能体现毕希纳对现实主义艺术赞赏的，是《伦茨》中所谓的艺术独白。这部中篇小说描写的对象是狂飙突进时期的作家雅各布·米夏埃尔·赖因霍尔德·伦茨（Jakob Michael Reinhold Lenz）。伦茨本人就以偶尔粗俗的现实感而著称：有一次在一封信中，他自称"大众呼出的臭气"（Lenz 1987, Bd. 3, S. 333）。在喜剧《家庭教师或私教的好处》（*Der Hofmeister oder Vorteile der Privaterziehung*，1774）中，人物塑造与通俗的语言打破了一切高雅趣味的传统，主人公在引诱了他的女学生之后，以自宫来谢罪（第 5 幕第 3 场）。埃

文学人类学

贡·君特斯（Egon Günthers）导演的电影《伦茨》(Lenz, 1992)，介绍的就是那个狂野的年代，很值得一看，其中有大量类似的粗鄙的玩笑，它们都源于伦茨的生平，与来自富裕市民阶层的孩子歌德形成强烈对比（参见 Höpfner 1995）。特别让毕希纳着迷的是历史上伦茨的疯癫（参见 Reuchlein 1986, S. 373–403），君特斯的电影也记录了这一过程，令人印象深刻。毕希纳蓝本的主要来源是牧师约翰·弗里德里希·欧柏林（参见 Büchner 1984, S. 35–50）的记录，1778 年，已患心理疾病的诗人伦茨就住在他家，并蒙他照顾。

在这部中篇小说中，插入了前文所提到的关于艺术的讨论。它虽是虚构，却与历史上伦茨的观点完全吻合。毕希纳笔下的伦茨是"最可爱的艺术家，会给我最真实地呈现自然"；他反对一切形式的对现实的美化，要求描写"最平凡的人"——"没有人太过卑贱，也没有人太过丑陋，只有这样，我们才能理解他们"（Büchner 1984, S. 14f.）。由此，对抗理想主义的现实主义纲领得以成型：

> 理想主义是对人性的最无耻的蔑视。尝试着沉入最卑贱者的生活之中吧！并将它再现出来，去描写每一次抽搐、暗示，以及整个细微的、几乎难以觉察的表情变化；他[*]在《家庭教师》和《士兵》中做的是同样的事。(Büchner 1984, S. 14)

与启蒙者提倡在小说、戏剧与舞台上表达心灵深处类似（见本书第 5、10、11 章），毕希纳的伦茨主张最大程度的生动性、描写内心情绪最细腻的变化与看似最不起眼的波澜，而非只是对外在的描摹——简而言之：要描写"情感"与"生活"，而不仅是"木偶"：只有这样，

---

[*] 指伦茨。

人物的情绪才能由内向外地流露出来,而不是从外向内地被复制进去"(Büchner 1984, S. 14f.)。历史上的伦茨就是在寻找这样一种可以"看穿所有事物最深处"的视角,意欲"将对世界的认识……拓宽到对最卑贱的人的理解力与感受力上"(Lenz 1987, Bd. 3, S. 370)。

显然,这种讨论与关于三种语言风格[genera dicendi]的旧论相关:尤其是16与17世纪的诗学与修辞学,将悲剧的高雅语言,即崇高的风格[sermo sublimis],与低级、搞笑、娱乐的语言[sermo humilis]严格地区分开来,后者也有它相应可以表达的对象与体裁[genus humile]。在这两者之间还有一个居中的风格[genus mediocre]。文学研究者奥尔巴赫(Erich Auerbach)在其奠基性著作《摹仿论——西方文学中的现实描写》(1946)却表明,自荷马的《奥德赛》与《旧约》开始,就一直存在着严肃主题与低级体裁搭配的情况,所以现实主义的书写与文学本身一样历史悠久。他对于现实主义理解的根本论点是,非美化的现实描写基于各种风格的混合,同时还要考虑到当时的时代背景与生活环境。

这用在毕希纳身上也很合适。在作品中,他将日常的、大众的语境以及历史现实与生活的重要问题联系在一起,如在《沃伊采克》中的同情与公正主题,在《伦茨》中的艺术与疾病主题,在戏剧《丹东之死》和《雷昂斯与蕾娜》中关于个体与政治性的讨论。毕希纳的伦茨在主张重视底层与平凡时,还附带地将其拓宽到了艺术史中,这也是奥尔巴赫着重论及的。高雅与低俗的修辞风格——多数情况下还有个居中的风格作为补充——对应着本身不同的艺术传统:巴洛克时期的荷兰风俗画钟爱乡间风景与静物,也常常毫不掩饰地展示生命的瞬间易逝性;而文艺复兴时期的意大利画派则擅长画理想化的、庄重的圣徒和圣经题材。德国绘画居于两者之间。毕希纳笔下的伦茨偏爱能"最真实地呈现自然"的艺术家,因此解释道:"相比意大利的画家，我更爱荷兰的，他们也是唯一可以让人理解的"(Büchner 1984, S. 15)。

毕希纳推崇不分贵贱的生物现实主义（kreatürlicher Realismus），坚决反对理想主义式的风格划分与对现实的美化，这点毋庸置疑。但汉斯·尤尔根·兴斯强调的另一点也非常关键，他提出这种"现实主义的信条"与"仁爱以及同情原则"密不可分："带有动物性的沃伊采克取代了市民阶层的莎拉·萨姆逊的位置"(Schings 1980a, S. 79, 83)。按照这种理解，毕希纳与莱辛一样，都是在戏剧舞台上教授人类学，让观众可以窥视到人的内心深处，并练习同理之心。诚然，不同之处在于，在毕希纳那里，不需要与遭受痛苦的个体产生共鸣，而更多的是要去理解造成这一切的环境。在艺术独白中，伦茨的呼吁就恰恰说明了这一点：

> 我们必须要去爱别人，才能走进他们独一无二的生命当中，没有人太过卑贱，也没有人太过丑陋，只有这样，我们才能理解他们。(Büchner 1984, S. 15)

这段座右铭其实适用于本书中讨论的所有作家与文学作品。他们的共通之处在于，用仔细而非伤感的、大多时候是充满兴趣、偶尔也会是猎奇的目光来看待个体的情况。不管是狼孩、野人（见本书第1章），还是罪犯、病人或是疯子（见本书第3、4、5、9、13章），抑或是孩童、女人和梦游者（见本书第6、8、12章），对于人的天性的好奇心始终是第一位的。从这个意义上讲，文学人类学的核心就是，更多地去了解他人，也是为了更好地来理解自己。这样一种立场自然会导致对于现实的痴迷，这是一种独特的、完全不受时代影响的现实主义的基本态度。毕希纳这个例子表明，除去古典主义时期对

14 现实主义：人类学的结果？

艺术理想的追求之外，这样一种构想从启蒙时期一直延续至 19 世纪。人类学（尤其是对人病态的阴暗面）的兴趣在 19 世纪的市民现实主义中鲜有反映，而在 1900 年前后，主要是在叔本华意志论形而上学、尼采的生命哲学以及弗洛伊德的心理分析的影响下，它再度迎来了明显的复兴。

沃尔夫冈·里德尔在其研究著作《"自然的人"——1900 年左右的文学人类学》中，提到了文学人类学的范式转变（参见 Riedel 1996, S. 151–157）。身体与性成为 1900 年前后对人关注的新焦点，用席勒的话讲，人的"动物性"比以往任何时候都要更突出地成了文学、心理学与生命哲学的共同聚焦点。在许多方面都有些平庸的 19 世纪末，早在启蒙时期就已被发掘的人的本能驱动力、梦境、幻觉与意淫的困扰，它们在艺术中获得了令人惊叹的、充满挑衅意味的释放。读一读托马斯·曼早期的小说，或是理查德·贝尔-霍夫曼（Richard Beer-Hofmann）与胡戈·冯·霍夫曼施塔尔（Hugo von Hofmannsthal）小说中的酒神想象，以及阿图尔·施尼茨勒（Arthur Schnitzler）或是弗兰克·韦德金德（Frank Wedekind）戏剧中对伤风败俗的社会现象的描写，就可以证明这个印象没错。总之，对人性的巨大兴趣显而易见，认为凡人性的东西都是不陌生的。文学人类学始终与现实相关，它并非在毕希纳这里终结。把它理解为人的好奇心的表达，因历史与文化背景的差异而呈现出不同的层次，要更为恰切。

问题与思考

- 请指出毕希纳的剧本残篇《沃伊采克》在内容与形式上的特别之处。

- 在《沃伊采克》与《伦茨》中，毕希纳对历史上的真实事件进行了艺术加工，有可能是出于什么样的动因？
- 请阐释为什么在《沃伊采克》中医生出场的一幕（第8场），讲述的其实是人类学最初的场景。
- 请分别收集整理关于现实主义与理想主义的艺术观的标准。
- 请观看维尔纳·赫尔佐克导演的电影《沃伊采克》（DVD版），并试着从中找出更多的研究人的角度。

推荐书目

- **Georg Büchner**（格奥尔格·毕希纳）**: Lenz. Studienausgabe**（《伦茨。研究版》）, hg. v. Hubert Gersch, Stuttgart 1984 (RUB 8210). – Kritische Ausgabe: Georg Büchner: Sämtliche Werke und Schriften. Historisch-kritische Ausgabe mit Quellendokumentation und Kommentar (Marburger Ausgabe), Bd. 5, hg. v. Burghard Dedner und Hubert Gersch, Darmstadt 2001.

- **Georg Büchner**（格奥尔格·毕希纳）**: Woyzeck. Studienausgabe**（《沃伊采克。研究版》）, nach der Edition von Thomas Michael Mayer, hg. v. Burghard Dedner, Stuttgart 1999. (RUB 18007). – Kritische Ausgabe: Georg Büchner: Sämtliche Werke und Schriften. Historisch-kritische Ausgabe mit Quellendokumentation und Kommentar (Marburger Ausgabe), Bd. 7.2, hg. v. Burghard Dedner u. a., Darmstadt 2005.

- **Hugo Aust**（胡戈·奥斯特）**: Probleme des Realismus – gestern und heute**（"现实主义的问题——昨天与今日"）, in: Der Deutschunterricht 59, 2007, Heft 2, S. 2–15.
  这期杂志的主题是现实主义，以该文开篇，对现实主义研究（包括文献学意义上）作了全面细致的介绍。

- **Alfons Glück**（阿方斯·格卢克）**: Woyzeck. Ein Mensch als Objekt**（"沃伊采克：作为客体的人"）, in: Interpretationen: Georg Büchner, Stuttgart 1990, S. 177–215 (RUB 8415).
  该文集中讨论了剥削、压迫与异化等剧本中的悲剧基本元素，它们在人体实验中达到巅峰,此外文章还讨论了毕希纳的文本效果策略。
- **Georg Reuchlein**(格奥尔格·罗伊希莱恩): **... „als jage der Wahnsinn auf Rossen hinter ihm ". Zur Geschichtlichkeit von Georg Büchners Modernität**("'好似癫狂在骑马追赶着他一样':论格奥尔格·毕希纳现代性的历史性"): Eine Archäologie der Darstellung seelischen Leidens im Lenz, in: Barbara Neymeyr (Hg.), Georg Büchner. Neue Wege der Forschung, Darmstadt 2013, S. 172–195.
该文于1996年发表,此处有删节,它将《伦茨》阐释为对一个病态心灵的细致病理剖析,但由于是从内部视角叙述,因而与病例报道有所区别。
- **Hans-Jürgen Schings**(汉斯·尤尔根·兴斯): **Der mitleidigste Mensch ist der beste Mensch. Poetik des Mitleids von Lessing bis Büchner**("最富于同情心的人是最好的人:从莱辛到毕希纳的同情诗学"), München 1980, S. 68–84, 107–113.
这一章很重要,它越过了唯心主义自律美学的历史转折点,将启蒙主义的同情诗学与毕希纳"新的""现实主义信条"联系了起来,并将这一出人意表的衔接置于相应的哲学与艺术史的语境当中(歌德、黑格尔、梅西耶、让·保尔)。
- **Peter Schott**(彼得·肖特)/ **Thomas Bleicher**(托马斯·布莱谢尔): **Woyzeck (Georg Büchner – Werner Herzog). Zwischen Film und Theater** ["沃伊采克(格奥尔格·毕希纳 — 维尔纳·赫尔佐克):在电影与戏剧之间"], in: Interpretationen: Literaturverfilmungen, hg. v. Anne Bohnenkamp, Stuttgart 2005 (RUB 17257), S. 93–101.
对维尔纳·赫尔佐克的电影《沃伊采克》作了简短阐释,可作为电影分析入门的示范性导论。

15 补充

15.1 一般辅助性参考文献

参考书目

- Bibliografie zur deutschen Sprach und Literaturwissenschaft, Bd. 1, 1957ff. Web-Adresse: http://www.bdsl-online.de.

该标准参考书目涵盖了自1945年以来德语语言文学研究领域的二级文献。除了每年出版的印刷卷之外，1985—1995年的数据可以在互联网上免费获取；大型图书馆或大学网络允许无限制在线访问。"作品"（behandeltes Werk）和"关键词"（Schlagwort）的搜索功能可以结合使用。

- Bibliography of the History of Medicine, hg. v. National Library of Medicine 1964–93.

每年会收录有关医学与文学、音乐、历史等之间关联的出版物（按主题排列）。遗憾的是，该出版物已停刊。

- Dietrich von Engelhardt / Hans Wißkirchen: Auswahlbibliographie der Forschung zum Thema: Wissenschaft und Literatur um 1800, in: dies., Von Schillers Räubern zu Shelleys Frankenstein. Wissenschaft und Literatur im Dialog um 1800, Stuttgart / New York 2006, S. 209–228.

有用的目录，特别是涉及科学史方面的文献标题。

- Ulrich Herrmann: Bibliographie von Arbeiten zur Geschichte der Erziehung und des Bildungswesens im 18. Jahrhundert aus dem deutschen Sprachbereich, in: Das achtzehnte Jahrhundert 2, 1978, S. 27–49; 9,

1985, S. 25–81.

该书目收录有文献标题 800 余篇，按照主题组和具体作者进行整理，涵盖的报告时间段为 1975—1984 年。

- Wolfgang Riedel: Anthropologie und Literatur in der deutschen Spätaufklärung. Skizze einer Forschungslandschaft, in: Internationales Archiv für Sozialgeschichte der deutschen Literatur, Sonderheft 6, 1994, S. 93–157.

相关研究报告。

词典与手册

- Enzyklopädie der Neuzeit, hg. v. Friedrich Jaeger, Bd. 1ff., Stuttgart 2005ff. Aktuellstes Reallexikon zum Zeitraum von 1450 bis 1850。

迄今为止已出版七卷，每年将出版两卷，直至全部完成。

- Großes vollständiges Universal-Lexicon aller Wissenschafften und Künste, hg. v. Johann Heinrich Zedler, 64 Bände, Halle/Leipzig 1732–50, Nachdruck Graz 1961–84, Web-Adresse: http://www.zedler-lexikon.de.

18 世纪最为全面的德语百科全书。

- Handbuch zur Kinderund Jugendliteratur. Von 1750 bis 1800, hg. v. Theodor Brüggemann und Hans-Heino Ewers, Stuttgart 1982. Das Handbuch enthält Darstellungen zu übergreifenden Entwicklungen und zu Einzelwerken.

该手册既包括有对重要发展的描述，又含有对具体作品的介绍。

- Historisches Wörterbuch der Philosophie, hg. v. Joachim Ritter u. a., 13 Bände, Darmstadt 1971–2007 (CD-ROM zur Volltextsuche im Registerband).

观念史及概念史的词典，条目材料丰富，超出了狭隘的学科界限——一个宝库！

- Historisches Wörterbuch der Rhetorik, hg. v. Gert Ueding, Bd. 1–12, Tübingen, Berlin u. a. 1992–2015.

由于历史上修辞学概念意义宽泛，这部材料翔实的著作也阐明了人类学的诸多概念（如情感理论，手势，礼貌，文化人类学，想象力，面相学，心理学，

文学人类学

气质)。
- Lexikon philosophischer Werke, hg. v. Franco Volpi und Julian Nida-Rümelin, Stuttgart 1988.

有用而紧凑的参考书,介绍了许多人类学的著作,例如 15.2 列举的那些。
- Reallexikon der deutschen Literaturwissenschaft. Neubearbeitung des Reallexikons der deutschen Literaturgeschichte, hg. v. Harald Fricke u. a., 3 Bände, Berlin / New York 1997 – 2003.

最新的文学研究参考书,也阐明了文学人类学领域的许多术语。

221 医学史参考文献

- Der sympathetische Arzt. Texte zur Medizin im 18. Jahrhundert, hg. v. Heinz Schott, München 1998.

有关人类学、医学研究、诊断、治疗及其反面(巫术、魔鬼学、江湖医术)的各方面文本节选。

- Die Chronik der Medizin, hg. v. Heinz Schott, Dortmund 1993.

这本书对自原始社会以来的医学作了极为有用的概述,汇集的条目短小简明,涉及医学重要主题和成就,用带插图的报刊文章风格写成。

- Companion Encyclopedia of the History of Medicine, 2 Bände, hg. v. W. F. Bynum und Roy Porter, London / New York 1993.

医学史的经典著作,系统整理的概述性词条涉及生命、健康和疾病的身体系统、临床和社会医学的各个方面以及医学、艺术和文化之间的交互关系。

- Enzyklopädie Medizingeschichte, hg. v. Werner E. Gerabek u. a., Berlin / New York 2005.

全面的历史性词典,依照字母顺序,简明地介绍了医学术语与杰出的医生和研究人员。

- Literatur und Medizin. Ein Lexikon, hg. v. Bettina von Jagow und Florian Steger, Göttingen 2005.

该词典涵盖了医学和人类学概念,这些概念在文学文本中也发挥着作用。所有文章都部分成了医学史与文学史两部分。

- Vom Menschen. Handbuch Historische Anthropologie, hg. v. Christoph Wulf, Weinheim / Basel 1997.

单篇的文章涉及广泛的人类学主题（宇宙学、世界与事物、谱系与性别、身体、教育、文化）。

期刊

- Almanach fuer Aerzte und Nichtaerzte, hg. v. Christian Gottfried Gruner, Jena 1782–97, Web-Adresse: http://www.ub.uni-bielefeld.de/diglib/aufkl/almanaerzte_j1782/ index.htm.

医学历史期刊的范例，可在线查阅全文。从主页上可以选择其他18世纪的期刊。

- Das achtzehnte Jahrhundert. Mitteilungen (seit 1998: Zeitschrift) der Deutschen Gesellschaft für die Erforschung des 18. Jahrhunderts, Heft 1ff., Bremen u. a. 1977ff.

德语启蒙运动研究的跨学科论坛。

- Historische Anthropologie. Kultur – Gesellschaft – Alltag, Bd. 1ff., Köln / Weimar 1993ff.

民族学和历史期刊，关涉不同文化、时代和世界不同地区的人类生活的各个方面。

- Jahrbuch Literatur und Medizin, hg. v. Bettina von Jagow und Florian Steger, Bd. 1ff., Heidelberg 2007ff.

新的跨学科年鉴，含有关于科学史的文章及文献发掘。

图像数据库

- The British Museum, Web-Adresse: http://www.britishmuseum.org/ research/collection_online/search.aspx.

大英博物馆用这个快速增长的数据库，提供了自15世纪以来的绘画和印刷版画，多达30万幅，并对其进行了学术性的详细描述。

- Wellcome Institute London, Web-Adresse: http://www.wellcomelibrary.org.

出色的医学史图像数据库。

15.2　新出版的人类学文献

- Jacob Friedrich Abel: Einleitung in die Seelenlehre (Nachdruck der Ausgabe Stuttgart 1786), Hildesheim / New York 1985.
- Jacob Friedrich Abel: Eine Quellenedition zum Philosophieunterricht an der Hohen Karlsschule 1773–82, mit Einleitung, Übersetzung, Kommentar und Bibliographie, hg. v. Wolfgang Riedel, Würzburg 1995.
- Johann Christoph Adelung: Versuch einer Geschichte der Cultur des menschlichen Geschlechts [1782] (Nachdruck der 2. Auflage Leipzig 1800), Königstein / Ts. 1979. Alexander Gottlieb Baumgarten: Ästhetik [1750–58], 2 Bände, hg. v. Dagmar Mirbach, Hamburg 2007.
- Friedrich August Carus: Geschichte der Psychologie (Nachdruck der Ausgabe Leipzig 1808), Berlin 1990.
- Etienne Bonnot de Condillac: Abhandlung über die Empfindungen [1754]. Auf der Grundlage der Übersetzung von Eduard Johnson, hg. v. Lothar Kreimendahl, Hamburg 1983.
- René Descartes: Über den Menschen [1632] sowie Beschreibung des menschlichen Körpers [1648], nach der ersten französischen Ausgabe von 1664 übersetzt und mit einer historischen Einleitung und Anmerkungen versehen von Karl E. Rothschuh, Heidelberg 1969.
- René Descartes: Die Leidenschaften der Seele [1649], hg. und übersetzt von Klaus Hammacher, Hamburg 1984.
- Johann August Eberhard: Allgemeine Theorie des Denkens und Empfindens (Nachdruck der Ausgabe Berlin 1776), Hildesheim u. a. 1984.
- Georg Forster: Über Leckereyen und andere Essays, mit einem Nachwort hg. v. Tanja van Hoorn, Hannover-Laatzen 2004.
- Albrecht von Haller: Von den empfindlichen und reizbaren Teilen des menschlichen Körpers, deutsch hg. und eingeleitet von Karl Sudhoff, Leipzig 1922.

15 补充

- Marcus Herz: Philosophisch-medizinische Aufsätze, mit einem Nachwort hg. v. Martin Davies, St. Ingbert 1997.
- Paul Thiry d'Holbach: System der Natur oder von den Gesetzen der physischen und moralischen Welt [1770], Frankfurt a. M. 1978.
- Juan Huarte: Prüfung der Köpfe zu den Wissenschaften. Übersetzt von Gotthold Ephraim Lessing (Nachdruck der Ausgabe Zerbst 1752), mit einer kritischen Einleitung und Bibliographie v. Martin Franzbach, München 1968.
- Isaac Iselin: Über die Geschichte der Menschheit [1764], 2 Bände (Nachdruck der 2. Auflage Basel 1768), Hildesheim u. a. 1976.
- Immanuel Kant: Vorlesungen über Anthropologie, bearbeitet von Reinhard Brandt und Werner Stark (1 / 4 Kants gesammelte Schriften, hg. von der Berlin-Brandenburgischen Akademie der Wissenschaften, Bd. 25), Berlin 1997.
- Johann Gottlob Krüger: Grundriß eines neuen Lehrgebäudes der Artzneygelahrheit [1745], Reprint in: Tanja van Hoorn, Entwurf einer Psychologie des Menschen, Hannover-Laatzen 2006, S. 133–212.
- Johann Gottlob Krüger: Pietistische Genußkultur. Texte aus den Jahren 1746 und 1751, mit Textkommentar, Zeittafel und Nachwort, hg. v. Carsten Zelle, Halle 2008.
- Julien Offray de La Mettrie: Der Mensch als Maschine [1748], mit einem Essay von Bernd A. Laska, Nürnberg 1985.
- Jakob Michael Reinhold Lenz: Philosophische Vorlesungen für empfindsame Seelen (Faksimiledruck der Ausgabe Frankfurt und Leipzig 1780), mit einem Nachwort hg. von Christoph Weiß, St. Ingbert 1994.
- Georg Friedrich Meier: Theoretische Lehre von den Gemüthsbewegungen überhaupt (Nachdruck der Ausgabe Halle 1744), Frankfurt a. M. 1971.
- Christoph Meiners: Ueber die Natur der afrikanischen Neger und die davon abhangende Befreyung, oder Einschränkung der Schwarzen [1790], mit einem Nachwort hg. von Frank Schäfer, Hannover 1997, 3. Auflage 2000.
- Christoph Meiners: Grundriß der Geschichte der Menschheit [1785]

(Nachdruck der 2. Auflage Lemgo 1793), Königstein / Ts. 1981.
- Der Mensch. Eine Moralische Wochenschrift [1751–56], hg. von Samuel Gottlob Lange und Georg Friedrich Meier, neu hg. mit einem Nachwort v. Wolfgang Martens, 5 Bände, Hildesheim u. a. 1992.
- Ernst Platner: Anthropologie für Aerzte und Weltweise (Nachdruck der Ausgabe Leipzig 1772), hg. v. Alexander Košenina, Hildesheim u. a. 1998, 2. Auflage 2000.
- Ernst Platner: Philosophische Aphorismen nebst einigen Anleitungen zur philosophischen Geschichte [1793] (1 / 4 Johann Gottlieb Fichte: Gesamtausgabe. Supplement zu: Nachgelassene Schriften, Bd. 4, hg. v. Reinhard Lauth / Hans Gliwitzky), Stuttgart-Bad Cannstadt 1977.
- Ernst Platner: Der Professor [ca. 1773], mit einem Nachwort hg. v. Alexander Košenina, Hannover 2007.
- Johann Joachim Spalding: Die Bestimmung des Menschen [1748], hg. v. Albrecht Beutel und Daniela Kirschkowski / Denis Prause (1 / 4 Kritische Ausgabe, Abt. I, Bd. 1), Tübingen 2006.
- Johann Georg Sulzer: Vermischte philosophische Schriften, aus den Jahrbüchern der Akademie der Wissenschaften zu Berlin gesammelt [1773–81], 2 Teile in einem Band, Hildesheim / New York 1974.
- Johann Nicolaus Tetens: Philosophische Versuche über die menschliche Natur und ihre Entwicklung (Nachdruck der Ausgabe Leipzig 1777), Hildesheim / New York 1979.
- Dieterich Tiedemann: Handbuch der Psychologie, zum Gebrauche bei Vorlesungen und zur Selbstbelehrung bestimmt, hg. v. D. Ludwig Wachler (Nachdruck der Ausgabe Leipzig 1804), Brüssel 1970.
- Johann August Unzer: Gedancken vom Schlafe und denen Träumen. Nebst einem Schreiben an N. N. daß man ohne Kopf empfinden könne [1746], hg. v. Tanja van Hoorn, St. Ingbert 2004.
- Johann August Unzer: Neue Lehre von den Gemüthsbewegungen mit einer Vorrede vom Gelde begleitet von Herrn Johann Gottlob Krügern [1746], mit Textkommentar, Zeittafel und Nachwort hg. v. Carsten Zelle, Halle

1995.
- Johann Karl Wezel: Versuch über die Kenntnis des Menschen [1784–85], Rezensionen, hg. v. Jutta Heinz; Schriften zur Pädagogik, hg. v. Cathrin Blöss (1/4 Gesamtausgabe in acht Bänden, Bd. 7), Heidelberg 2001.
- Christian Wolff: Psychologia empirica (Nachdruck der Ausgabe Frankfurt/Leipzig 1738), hg. v. Jean École (1/4 Gesammelte Werke, Abt. II, Bd. 5), Hildesheim / New York 1968.
- Christian Wolff: Psychologia rationalis (Nachdruck der Ausgabe Frankfurt/Leipzig 1740), hg. v. Jean École (1/4 Gesammelte Werke, Abt. II, Bd. 6), Hildesheim / New York 1972.
- Johann Georg Zimmermann: Von der Diät für die Seele [1764], hg. v. Udo Benzenhöfer / Gisela vom Bruch, Hannover 1995.
- Johann Georg Zimmermann: Mit Skalpell und Federkiel – ein Lesebuch, hg. v. Andreas Langenbacher, Bern 1995.

15.3 具体作家研究文献

毕希纳，Georg Büchner (1813–1837)

- Sämtliche Werke und Schriften. Historisch-kritische Ausgabe mit Quellendokumentation und Kommentar, hg. von Burghard Dedner u. a. (Marburger Ausgabe), Darmstadt 2000ff.

该版本从手稿、流传的印刷版本和所有可用的相关文献中，重构了毕希纳作品的形成过程，编撰语文学的最高水平。

- Digitalausgabe: Der hessische Landbote, Dantons Tod, Lenz, Leonce und Lena, Woyzeck, Woyzeck-Fragmente. Textkritische und kommentierte Ausgabe von Michael Knaupp, München 1996 (CD-ROM von Xlibris).
- Jan-Christoph Hauschild: Georg Büchner. Biographie, Stuttgart / Weimar 1993.
- Hermann Kurzke: Georg Büchner. Geschichte eines Genies, München 2013.

- Georg Büchner: 1813 – 1837. Revolutionär, Dichter, Wissenschaftler, Basel / Frankfurt a. M. 1987.
- Georg Büchner. Leben, Werk, Zeit, Katalog der Ausstellung zum 150. Jahrestag des Hessischen Landboten, bearbeitet v. Thomas Michael Mayer, Marburg 1985, 3. Auflage 1987.
- Büchner-Handbuch. Leben – Werk – Wirkung, hg. von Roland Borgards / Harald Neumeyer, Stuttgart, Weimar 2009.
- Georg Büchner Jahrbuch, hg. in Verbindung mit der Georg Büchner Gesellschaft und der Forschungsstelle Georg Büchner, Bd. 1ff., Frankfurt a. M. (ab Bd. 7, Tübingen) 1981ff.
- Georg Büchner Gesellschaft in Marburg, Web-Adresse: http://www.buechnergesellschaft.de.

从这个页面还可以进入"格奥尔格·毕希纳研究中心""毕希纳版本研究中心"以及其他关于毕希纳的网站链接。

福斯特，Georg Forster (1754–1794)

- Werke. Sämtliche Schriften, Tagebücher, Briefe, hg. v. der Deutschen Akademie der Wissenschaften zu Berlin u. a., Bd. 1–18, Berlin 1958–2003.

作品全集的历史评注版，附有全面的点评。

- Reise um die Welt. Illustriert von eigener Hand. Mit einem biographischen Essay von Klaus Harpprecht und einem Nachwort von Frank Vorpahl, Frankfurt a. M. 2007.

该书在文本上与历史评注版相同，但首次向读者呈现了福斯特丰富的彩色手绘画。

- Ludwig Uhlig: Georg Forster. Lebensabenteuer eines gelehrten Weltbürgers, Göttingen 2004.

在现有的传记中，该书最为着重地介绍了作为人类学家的福斯特。

- Georg-Forster-Studien, hg. im Auftrag der Georg-Forster-Gesellschaft, Bd. 1ff., Berlin u. a. 1997ff.
- Georg-Forster-Gesellschaft in Kassel, Web-Adresse: http://www.georg-

forster-gesellschaft.de. Johann Wolfgang Goethe (1749–1832)

歌德（Johann Wolfgang Geothe, 1749–1832)

- Sämtliche Werke. Briefe, Tagebücher und Gespräche. Abt. I: Sämtliche Werke, hg. v. Friedmar Apel u. a., Bd. 1–27. Abt. II: Briefe, Tagebücher und Gespräche, hg. v. Karl Eibl u. a., Bd. 1–12, Frankfurt a. M. 1985–99.

在目前相互较量的版本中，"法兰克福版"拥有最大的文本库与全面的注释。

- Goethes Werke auf CD-ROM (Weimarer Ausgabe), London 1995.

这是第一部、也是至今仍具有权威性的歌德评注版（1887—1919年）的电子版，添加了所有"谈话"和该版本完成后所发现的所有信件。

- Digitale Bibliothek 4: Werke, ausgewählt von Mathias Bertram, Berlin 1998.

该光盘提供了丰富的文本选择，并含有彼得-博尔纳（Peter Boerner）在rororo专题论著系列出版的：Johann Wolfgang von Goethe in Selbstzeugnissen und Bilddokumenten, Reinbek bei Hamburg 1964。

- Nicholas Boyle: Goethe. Der Dichter in seiner Zeit, München 1995ff.

迄今为止已出版前两卷，研究了1749—1803年这一时间段。

- Wiederholte Spiegelungen. Weimarer Klassik. Ständige Ausstellung des Goethe-Nationalmuseums, 2 Bände, hg. v. Gerhard Schuster und Caroline Gille, München / Wien 1999.

涵括主题广泛的全面介绍，还包括针对拉瓦特尔与面相学或是关于亚历山大·冯·洪堡和自然论的科学史散文。

- Goethe-Handbuch, hg. v. Bernd Witte u. a., Bd. 1 – 4 mit RegisterBd., Stuttgart/Weimar 1996–98. – Supplement-Bd. 1ff., Stuttgart/ Weimar 2005ff. – Paperback-Ausgabe: Stuttgart / Weimar 2004.

该手册按照三种文学体裁以及人物和概念来进行分类，包含针对所有作品的文章，并附有最新的文献指引。

- Goethe-Jahrbuch, hg. im Auftrag des Vorstandes der GoetheGesellschaft (mit wechselnden Titeln), Bd. 1ff., Weimar u. a. 1880ff.

该年鉴包含按顺序编撰的书目。

- Goethe Yearbook. Publications of the Goethe Society of North America, Bd.

- 1ff., Columbia (South Carolina) 1982ff.
- Publications of the English Goethe Society, Bd. 1ff., London 1923ff.
- Freies Deutsches Hochstift und Frankfurter Goethe-Museum, Web-Adresse: http://www.goethehaus-frankfurt.de.
- Goethe-Gesellschaft in Weimar, Web-Adresse: http://www.goethe-gesellschaft.de.
- Goethe-Museum der Anton-und-Katharina-Kippenberg-Stiftung in Düsseldorf, Web-Adresse: http://www.goethe-museum.com.
- Klassik Stiftung Weimar, Web-Adresse: http://www.klassik-stiftung.de.

在"研究"一栏下,可以找到有用的数据库,包括歌德的书信往来和其所有的诗歌等。

赫尔德 (Johann Gottfried Herder, 1744–1803)

- Werke in zehn Bänden, hg. v. Martin Bollacher u. a., Frankfurt a. M. 1985–2000. 根据德国经典出版社的编辑原则,附有全方位评论的研究版。
- Rudolf Haym: Herder, 2 Bände, Berlin 1958.

从材料的丰富性而言,这里的生平描述仍是较新传记所无法超越的。

- Herder Handbuch, hg. Stefan Greif / Marion Heinz / Heinrich Clairmont, Paderborn 2016.
- Herder-Jahrbuch. Studien zum 18. Jahrhundert, hg. v. der International Herder Society, Bd. 1ff., Columbia / SC u. a. 1992ff.
- International Herder Society (mit wechselndem Sitz), Web-Adresse: http://www.johann-gottfried-herder.net. Ernst Theodor Amadeus Hoffmann (1776–1822).

霍夫曼 (Ernst Amadeus Hoffman, 1776–1822)

- Sämtliche Werke in sechs Bänden, hg. von Hartmut Steinecke u. a., Frankfurt a. M. 1985–2004.

根据德国经典出版社的编辑原则,附有全方位评论的研究版。

- Digitale Bibliothek 8: Werke, ausgewählt von Mathias Bertram Berlin 2004.

该光盘提供了丰富的文本,以及加布丽埃勒·维特科普-梅纳尔多(Gabrielle Wittkop-Ménardeau)在 rororo 专题著作系列出版的: E.T.A. Hoffmann in Selbstzeugnissen und Bilddokumenten, Reinbek bei Hamburg 1966。
- Hartmut Steinecke: Die Kunst der Fantasie. E.T.A. Hoffmanns Leben und Werk, Frankfurt a. M., Leipzig 2004.

权威传记,在此之前,作者于 1997 年在雷克拉姆出版社的文学研究系列(RUB 17605)出过一个较短的版本。
- E.T.A. Hoffmann. Leben – Werk – Wirkung, hg. von Detlef Kremer, Berlin 2009.
- E.T.A. Hoffmann Handbuch. Leben – Werk – Wirkung, hg. von Christine Lubkoll / Harald Neumeyer, Stuttgart 2015.
- E.T.A. Hoffmann-Jahrbuch. Mitteilungen der E.T.A. HoffmannGesellschaft, hg. von Hartmut Steinecke u. a., Bd. 1ff., Berlin 1993ff.
- E.T.A. Hoffmann-Gesellschaft, Web-Adresse: http://www.etahg.de.

洪堡 (Alexander von Humboldt, 1769–1859)

- Studienausgabe, hg. v. Hanno Beck, 7 Bände, Darmstadt 1987–97.

因为语文学方面的不足,成问题的作家研究版,"Kosmos"只出现在一个节选中(5 卷中的 2 卷)。
- Ansichten der Kordilleren und Monumente der eingeborenen Völker Amerikas, übersetzt v. Claudia Kalscheuer, hg. v. Oliver Lubrich und Ottmar Ette, Frankfurt a. M. 2004.

这部旅行著作于 1810—1813 年以法语出版,这是第一个完整译本,并配有冯·洪堡自己画的插图。
- KOSMOS – Entwurf einer physischen Weltbeschreibung, mit Berghaus-Atlas, hg. v. Ottmar Ette und Oliver Lubrich, Frankfurt a. M. 2004.

自原版(1745—1762)以来的第一个完整版本。
- Douglas Botting: Alexander von Humboldt. Biographie eines großen Forschungsreisenden, übersetzt von Annelie Hohenemser, München 1993.

从国际角度来进行阐释的经典传记,已反复重印。
- Alexander von Humboldt. Netzwerke des Wissens, Ausstellung, Haus der

Kulturen der Welt, Berlin 1999.
- Alexander-von-Humboldt-Forschungsstelle an der Berlin-Brandenburgischen Akademie der Wissenschaften, Web-Adresse: http://avh.bbaw/de.

克莱斯特（Heinrich von Kleist, 1777–1811）

- Sämtliche Werke und Briefe, 4 Bde, hg. v. Ilse-Marie Barth u. a., Frankfurt a. M. 1987–97.

根据德国经典出版社的编辑原则，附有全方位评论的研究版。
- Jens Bisky: Kleist. Eine Biographie, Berlin 2007.

这本传记有扎实的历史依据、文笔轻松，集中介绍了克莱斯特在启蒙运动中的思想根源。
- Gerhard Schulz: Kleist. Eine Biographie, München 2007.

在这本传记中，克莱斯特危机四伏的生活也被置于了启蒙运动的背景之下。
- Kleist Handbuch. Epoche – Werk – Wirkung, hg. v. Ingo Breuer, Stuttgart 2009.
- Heinrich von Kleist 1777 – 1811: Leben, Werk, Wirkung, Blickpunkte, hg. v. Wolfgang Barthel und Hans-Jochen Marquardt, Frankfurt (Oder) 2000.
- Kleist-Jahrbuch 1980ff., im Auftrag der Heinrich-von-Kleist Gesellschaft hg., Berlin 1982ff.
- Beiträge zur Kleist-Forschung, im Auftrage des Kleist-Museums hg. v. Wolfgang Barthel u. a., Bd. 1ff., Frankfurt (Oder) 1974ff.
- Heilbronner Kleist-Blätter, hg. vom Kleist-Archiv Sembdner, Heft 1ff., Heilbronn 1996ff.

该杂志提供了最新的、按顺序编撰的克莱斯特参考文献。
- Heinrich-von-Kleist-Gesellschaft, Köln, Web-Adresse: http://www.heinrich-von-kleist.org

莱辛（Gotthold Ephraim Lessing, 1729–1781）

- Werke und Briefe in zwölf Bänden, hg. v. Wilfried Barner u. a., Frankfurt a. M. 1985–2003.

根据德国经典出版社的编辑原则，附有全方位评论的研究版。

- Digitale Bibliothek 5: Werke, ausgewählt von Mathias Bertram Berlin 1998.

这个光盘提供了大量的文本选择，并含有沃尔夫冈·德鲁斯（Wolfgang Drews）在 rororo 专题著作系列出版的：Gotthold Ephraim Lessing in Selbstzeugnissen und Bilddokumenten, Reinbek bei Hamburg 1962.

- Hugh Barr Nisbet: Lessing. Eine Biographie, München 2008.

与其他经典作家不同的是，已很久没有一部杰出的莱辛传记了。这部传记建立在当前的研究基础之上，记录全面，是一部典范之作。

- Wilfried Barner / Gunter E. Grimm / Helmuth Kiesel / Martin Kramer: Lessing. Epoche, Werk, Wirkung, München 1975, 6. Auflage 1998.

关于莱辛作品全面而实用的参考书，采用了文学社会学的方法。

- Monika Fick: Lessing-Handbuch. Leben, Werk, Wirkung, Stuttgart / Weimar 2000, 4. durchgesehene und ergänzte Auflage 2016.

关于莱辛作品的参考书，按时间顺序排列，包括文本分析和最新研究角度的介绍。

- Lessing Yearbook, hg. von der Lessing Society, Bd. 1ff., Detroit u. a. 1969ff.

在所有的启蒙期刊中，《年鉴》在很长一段时间里，拥有关于18世纪的最大书评部分。

- Lessing-Akademie Wolfenbüttel, Web-Adresse: http://www.lessing-akademie.de.
- Lessing-Museum in Kamenz, Web-Adresse: http://www.lessingmuseum.de.
- Lessing Society, Web-Adresse: www.Lessing-society.germlit.rwth-aachen.de

利希滕贝格（Georg Christoph Lichtenberg, 1742–1799)

- Gesammelte Schriften. Historisch-kritische und kommentierte Ausgabe, hg. v. der Akademie der Wissenschaften zu Göttingen und der Technischen Universität Darmstadt, Bd. 1ff., Göttingen 2005ff.

第一个历史评注版，将在2020年之前出版完其所有作品，包括遗作。

- Wolfgang Promies: Georg Christoph Lichtenberg in Selbstzeugnissen und Bilddokumenten, Reinbek bei Hamburg 1964.

篇幅短小、可靠的传记，但这并不能弥补其不足：它并非一篇大作。

- Georg Christoph Lichtenberg 1742 – 1799. Wagnis der Aufklärung, München /

Wien 1992.
- Lichtenberg-Jahrbuch, hg. im Auftrag der Lichtenberg-Gesellschaft, Bd. 1ff., Saarbrücken u. a. 1988ff.

《年鉴》几乎每一卷都有带评论的书目。

- Lichtenberg-Studien, hg. v. Stefan Brüdermann und Ulrich Joost, Bd. 1ff., Göttingen 1989ff.
- Lichtenberg-Gesellschaft in Darmstadt, Web-Adresse: http://www.lichtenberg-gesellschaft.de.
- Lichtenberg-Forschungsstelle an der Akademie der Wissenschaften zu Göttingen, Web-Adressen: Lichtenberg.adw-geo.de; http://www.tu-darmstadt.de.

莫里茨（Karl Philipp Moritz, 1756–1793)

- Sämtliche Werke. Kritische und kommentierte Ausgabe der BerlinBrandenburgischen Akademie der Wissenschaften, hg. v. Anneliese Klingenberg u. a., Bd. 1ff., Tübingen 2005ff.

历史评注版，附有全面的评论和文献材料。

- Werke in zwei Bänden, hg. v. Heide Hollmer und Albert Meier, Frankfurt a. M. 1997–99. – Taschenbuchausgabe: Bd. 1, Frankfurt a. M. 2006.

根据德国经典出版社的编辑原则，附有全方位评论的研究版。

- oder Magazin zur Erfahrungsseelenkunde als ein Lesebuch für Gelehrte und Ungelehrte, Bd. 1–10 (1783–93), Nördlingen 1986. Web-Adresse: www.ub.uni-bielefeld.de/diglib/aufkl/magerfahrgsseelenkd/ index.htm.
- Willi Winkler: Karl Philipp Moritz, Reinbek bei Hamburg 2006.

第一本出自一位娴熟记者之手的传记。

- Christof Wingertszahn: Anton Reisers Welt. Eine Jugend in Niedersachsen 1756–1776. Ausstellungskatalog zum 250. Geburtstag von Karl Philipp Moritz, Hannover-Laatzen 2006.
- Karl-Philipp-Moritz-Arbeitsstelle an der Berlin-Brandenburgischen Akademie der Wissenschaften, Web-Adresse: http://www.moritz.bbaw/de.

席勒（Friedrich Schiller, 1759–1805）

- Werke. Nationalausgabe, begründet v. Julius Petersen, hg. im Auftrag der Stiftung Weimarer Klassik und des Schiller-Nationalmuseums Marbach v. Norbert Oellers, Bd. 1–42, Weimar 1943–2006.
- Werke und Briefe in zwölf Bänden, hg. v. Otto Dann u. a., Frankfurt a. M. 1988–2002.

根据德国经典出版社的编辑原则，附有全方位评论的研究版。

- Peter André Alt: Schiller. Leben – Werk – Zeit, 2 Bände, München 2000.

迄今为止最为全面、研究最为透彻的席勒传记，其中有与人类学主题相关的章节 (Kap. I.5, II.4, III.2, IV.3). 233

- Rüdiger Safranski: Schiller oder Die Erfindung des Deutschen Idealismus, 234 München, Wien 2004.

广受关注的传记，文笔生动活泼，尤其介绍了作为哲学家的席勒——从作为卡尔学校学生的人类学观到其成为康德的追随者。

- Schiller-Handbuch, hg. v. Helmut Koopmann, Stuttgart 1998.

手册中有关于席勒青年时代的哲学与人类学的基础文章。

- Schiller-Handbuch. Leben, Werk, Wirkung, hg. v. Matthias Luserke-Jaqui, Stuttgart / Weimar 2005.

包括席勒所有主要作品的条目。

- Jahrbuch der deutschen Schillergesellschaft, Bd. 1ff., Stuttgart u. a. 1957ff.

该年鉴含有按顺序编排的关于席勒的书目。

- Deutsches Literaturarchiv Marbach mit Deutscher Schillergesellschaft, Web-Adresse: http://www.dla-marbach.de.

通过电子目录"Kallías"，可以查阅德国最大的文学档案馆的书库。

- Klassik Stiftung Weimar, Web-Adresse: http://www.klassik-stiftung.de.

蒂克（Ludwig Tieck, 1773–1853）

- Schriften in zwölf Bänden, hg. v. Peter Balmes u. a., Frankfurt a. M. 1985ff.

根据德国经典出版社的编辑原则，附有全方位评论的研究版。诚然，迄今为止一共只有五卷。

- Walter Schmitz / Jochen Strobel: Repertorium der Briefwechsel Ludwig Tiecks, CD-ROM, Dresden 2002.

该电子参考书录有 2800 封蒂克写的和写给蒂克的信件。

- Roger Paulin: Ludwig Tieck. Eine literarische Biographie, München 1988.

叙述上引人入胜、研究透彻的生平传记。

- Ludwig Tieck. Leben –Werk – Wirkung, hg. von Claudia Stockinger / Stefan Scherer, Berlin 2011.

16 附录

16.1 引用文献

Adler 1988 Hans Adler: Fundus Animae – der Grund der Seele. Zur Gnoseologie des Dunklen in der Aufklärung, in: Deutsche Vierteljahrsschrift für Literaturwissenschaft und Geistesgeschichte 62, 1988, S. 197–220.

Ajouri 2009 Philip Ajouri: Literatur um 1900, Berlin 2009.

Almanach 1807 Almanach für Theater und Theaterfreunde auf das Jahr 1807, von August Wilhelm Iffland, Berlin 1807, Web-Adresse: http://miami.uni-muenster.de/servlets/DSOViewerServlet?DocID=2955&DvID=3022.

ALR 1794 Allgemeines Landrecht für die preußischen Staaten von 1794, mit einer Einführung v. Hans Hattenauer, 3. Auflage Neuwied/Kriftel/Berlin 1996.

Alt 2002 Peter André Alt: Der Schlaf der Vernunft. Literatur und Traum in der Kulturgeschichte der Neuzeit, München 2002.

Aufklärung 1974 Was ist Aufklärung? Thesen und Definitionen, hg. v. Ehrhard Bahr, Stuttgart 1974.

Baasner 2003 Rainer Baasner: Alexander Popes „An Essay on Man" in deutschen Übersetzungen bis 1800, in: Das achtzehnte Jahrhundert 27.2, 2003, S. 189–214.

Barkhoff 1995 Jürgen Barkhoff: Magnetische Fiktionen. Literarisierung des Mesmerismus in der Romantik, Stuttgart/Weimar 1995.

Beck 2008 Andreas Beck: Geselliges Erzählen in Rahmenzyklen. Goethe – Tieck – E.T.A. Hoffmann, Heidelberg 2008.

Begemann 1987 Christian Begemann: Furcht und Angst im Prozeß der Aufklärung. Zu Literatur und Bewußtseinsgeschichte des 18. Jahrhunderts, Frankfurt a. M. 1987.

Bennholdt-Thomsen/Guzzoni 1982 Anke Bennholdt-Thomsen/Alfredo Guzzoni: Der Irrenhausbesuch. Ein Topos in der Literatur um 1800, in: Aurora. Jahrbuch der Eichendorff-Gesellschaft 42, 1982, S. 82–110.

Bennholdt-Thomsen 1982 Anke Bennholdt-Thomsen: Die Tradierung einer unbewiesenen Behauptung in der Kleist-Forschung, in: Euphorion 76, 1982, S. 169–173.

Benthien 2002 Claudia Benthien: Historische Anthropologie: Neuere deutsche Literatur, in: dies./Hans Rudolf Velten (Hg.), Germanistik als Kulturwissenschaft. Eine Einführung in neue Theoriekonzepte, Reinbek bei Hamburg 2002, S. 56–82.

Berg 2006 Gunhild Berg: Erzählte Menschenkenntnis. Moralische Erzählungen und Verhaltensschriften der deutschsprachigen Spätaufklärung, Tübingen 2006.

Blanckenburg 1965 Friedrich von Blanckenburg: Versuch über den Roman, hg. v. Eberhard Lämmert, Stuttgart 1965.

Blanckenburg 1997 Friedrich von Blanckenburg: Über Romane, Nachdruck hg. v. Matthias Wehrhahn, Hannover 1997.

Blumenthal 2005 P. J. Blumenthal: Kaspar Hausers Geschwister. Auf der Suche nach dem wilden Menschen, München/Zürich 2005.

Bödeker 2006 Hans Erich Bödeker: Die „Natur des Menschen so viel möglich in mehreres Licht setzen": Ethnologische Praxis bei Johann Reinhold und Georg Forster, in: Jörn Garber/Tanja van Hoorn (Hg.), Natur – Mensch – Kultur. Georg Forster im Wissenschaftsfeld seiner Zeit, Hannover 2006, S. 143–170.

Böhr 2003 Christoph Böhr: Philosophie für die Welt. Die Popularphilosophie der deutschen Spätaufklärung im Zeitalter Kants, Stuttgart-Bad Cannstatt 2003.

Bonaventura 2003 Bonaventura (E.A.F. Klingemann): Nachtwachen. Im Anhang: Des Teufels Taschenbuch, hg. von Wolfgang Paulsen, Stuttgart 2003.

Borchmeyer 1984 Dieter Borchmeyer: „... Dem Naturalism in der Kunst offen und ehrlich den Krieg zu erklären ...". Zu Goethes und Schillers Bühnenreform, in: Unser Commercium. Goethes und Schillers Literaturpolitik, hg. v. Wilfried Barner u. a., Stuttgart 1984, S. 351–370.

Büchner 1984 Georg Büchner: Lenz. Studienausgabe, hg. v. Hubert Gersch, Stuttgart 1984.

Büchner 1988 Georg Büchner: Werke und Briefe, hg. von Karl Pörnbacher u. a. (= Münchner Ausgabe), München 1988.

Büchner 1999 Georg Büchner: Woyzeck. Studienausgabe, nach der Edition von Thomas Michael Mayer, hg. v. Burghard Dedner, Stuttgart 1999.

Büchner 2000ff. Georg Büchner: Sämtliche Werke und Schriften. Historisch-kritische Ausgabe mit Quellendokumentation und Kommentar, hg. v. Burghard Dedner u. a. (= Marburger Ausgabe), Darmstadt 2000ff.

Cantarutti 1990 Giulia Cantarutti: Moralistik und Aufklärung in Deutschland. Anhand der Rezeption Pascals und La Rochefoucaulds, in: dies./u. a. (Hg.), Germania – Romania, Frankfurt a. M. 1990, S. 223–252.

Cicero 1986 Marcus Tullius Cicero: De Oratore. Der Redner [lat./dt.], hg. v. Harald Merklin, 2. Auflage Stuttgart 1986.

Claudius 1984 Matthias Claudius: Sämtliche Werke, Darmstadt 1984.

Dane 2002 Gesa Dane: Gotthold Ephraim Lessing, Emila Galotti (= Erläuterungen und Dokumente), Stuttgart 2002.

Dane 2005 Gesa Dane: „Zeter und Mordio". Vergewaltigung in Literatur und Recht, Göttingen 2005.

D'Aprile/Siebers 2008 Iwan-Michelangelo D'Aprile/Winfried Siebers: Das 18. Jahrhundert. Zeitalter der Aufklärung, Berlin 2008.

Diderot 1984 Denis Diderot: Ästhetische Schriften, Bd. II, hg. v. Friedrich Bassenge, Westberlin 1984.

van Dülmen 1992 Andrea van Dülmen (Hg.): Frauenleben im 18. Jahrhundert, München 1992.

Dürbeck 1998 Gabriele Dürbeck: Einbildungskraft und Aufklärung. Perspektiven der Philosophie, Anthropologie und Ästhetik um 1750, Tübingen 1998.

Eckermann 1975 Johann Peter Eckermann: Gespräche mit Goethe in den letzten Jahren seines Lebens, hg. v. H. H. Houben, Wiesbaden 1975.

Engel 1780 Johann Jakob Engel: Ueber die musikalische Malerey, Berlin 1780.

Engel 1785 Johann Jakob Engel: Ideen zu einer Mimik. Erster/Zweyter Theil. Mit erläuternden Kupfertafeln, Berlin 1785/1786, Nachdruck Darmstadt 1968.

Engel 1964 Johann Jakob Engel: Über Handlung, Gespräch und Erzählung [1774], hg. v. Ernst Theodor Voss, Stuttgart 1964.

Engel 2002 Briefe Johann Jakob Engels an Bertram, Friedrich Wilhelm II und III, Meißner und Merkel, hg. v. Alexander Košenina und Dirk Sangmeister, in: Zeitschrift für Germanistik N.F. 12, 2002, S. 112–122.

M. Engel 1993 Manfred Engel: Der Roman der Goethezeit, Bd. 1: Anfänge in Klassik und Frühromantik, Stuttgart/Weimar 1993.

M. Engel 2003 Manfred Engel: The Enlightenment and the Dream. Towards a Comprehensive Bibliography, in: ders./Bernard Dieterle (Hg.), The Dream and the Enlightenment/Le rêve et les lumières, Paris 2003, S. 325–344.

Erhart 1999 Walter Erhart: Nach der Aufklärungsforschung?, in: Holger Dainat/Wilhelm Voßkamp (Hg.), Aufklärungsforschung in Deutschland, Heidelberg 1999, S. 91–128.

Ewers 1980 Hans-Heino Ewers (Hg.): Kinder- und Jugendliteratur der Aufklärung. Eine Textsammlung, Stuttgart 1980.

Fichte 1960 Johann Gottlieb Fichte: Grundlage des Naturrechts nach Prinzipien der Wissenschaftslehre, hg. v. Fritz Medicus, Hamburg 1960.

Fick 1993 Monika Fick: Verworrene Perzeptionen. Lessings „Emilia Galotti", in: Jahrbuch der Deutschen Schillergesellschaft 37, 1993, S. 139–163.

Forster 1967 Georg Forster: Reise um die Welt, hg. v. Gerhard Steiner, Frankfurt a. M. 1967.

Friedrich 2002 Hans-Edwin Friedrich: „Geordnete Freiheit". Zur anthropologischen Verankerung der Verslehre in der poetologischen Diskussion des 18. Jahrhunderts, in: Aufklärung 14, 2002, S. 7–22.

Füssli 2005 Füssli – The Wild Swiss, hg. v. Franziska Lentzsch, Zürich 2005.

Geitner 1992 Ursula Geitner: Die Sprache der Verstellung. Studien zum rhetorischen und anthropologischen Wissen im 17. und 18. Jahrhundert, Tübingen 1992.

Gersdorff 1990 Dagmar von Gersdorff: Dich zu lieben kann ich nicht verlernen. Das Leben der Sophie Brentano-Mereau, Frankfurt a. M. 1990.

Gilman 1981 Sander S. Gilman: Den Geisteskranken sehen: Henry Mackenzie, Heinrich von Kleist, William James, in: ders., Wahnsinn, Text und Kontext. Die historischen Wechselbeziehungen der Literatur, Kunst und Psychiatrie, Frankfurt/Bern 1981, S. 59–76.

Goethe 1887ff. Johann Wolfgang Goethe: Werke, hg. im Auftrage der Großherzogin Sophie von Sachsen, Weimar 1887–1919 [= Weimarer Ausgabe], Nachdruck München 1987.

Goethe 1982 Johann Wolfgang Goethe: Wilhelm Meisters Lehrjahre. Ein Roman, hg. v. Ehrhard Bahr, Stuttgart 1982.

Goethe 1987 Johann Wolfgang Goethe: Gedichte 1756–1799, hg. von Karl Eibl (= Frankfurter Ausgabe, Bd. I, 1), Frankfurt a. M. 1987.

Goethe 1998 Johann Wolfgang Goethe: Gedichte, hg. v. Stefan Zweig, Stuttgart 1998.

Goethe 2001 Johann Wolfgang Goethe: Die Leiden des jungen Werther, hg. v. Ernst Beutler, Stuttgart 2001.

Goetz 1986 Rainald Goetz: Irre, Frankfurt a. M. 1986.

Goldmann 1985 Stefan Goldmann: Die Südsee als Spiegel Europas, in: Thomas Theye (Hg.), Wir und die Wilden. Einblicke in eine kannibalische Beziehung, Reinbek bei Hamburg 1985, S. 208–242.

Gräf 1919 Hans Gerhard Gräf: Nachträge zu Goethes Gesprächen, 1: Johann Kaspar Lavater, in: Jahrbuch der Goethe-Gesellschaft 6, 1919, S. 283–285.

Hacker 1989 Margit Hacker: Anthropologische und kosmologische Ordnungsutopien: Christoph Martin Wielands Natur der Dinge, Würzburg 1989.

Halisch 1999 Alexander Halisch: Barocke Kriminalgeschichtensammlungen, in: Simpliciana 21, 1999, S. 105–124.

Haller 1983 Albrecht von Haller: Die Alpen und andere Gedichte, hg. v. Adalbert Elschenbroich, Stuttgart 1983.

Hammerstein 1994 Katharina von Hammerstein: Sophie-Mereau-Brentano: Freiheit – Liebe – Weiblichkeit. Trikolore sozialer und individueller Selbstbestimmung um 1800, Heidelberg 1994.

Härle 1925 Heinrich Härle: Ifflands Schauspielkunst. Ein Rekonstruktionsversuch auf Grund der etwa 500 Zeichnungen und Kupferstiche Wilhelm Henschels und seiner Brüder, mit 238 Abbildungen, Berlin 1925.

Harms-Ziegler 1997 Beate Harms-Ziegler: Außereheliche Mutterschaft in Preußen im 18. und 19. Jahrhundert, in: Frauen in der Geschichte des Rechts. Von der Frühen Neuzeit bis zu Gegenwart, hg. v. Ute Gerhard, München 1997.

Harsdörffer 1988 Georg Philipp Harsdörffer: Der große Schauplatz jämmerlicher Mord-Geschichte, hg. v. Waltraud und Matthias Woeller, Leipzig/Weimar 1988.

Hattori 1995 Natsu Hattori: ‚The pleasure of your Bedlam': the theatre of madness in the Renaissance, in: History of Psychiatry 6, 1995, S. 283–308.

Heinz 1996 Jutta Heinz: Wissen vom Menschen und Erzählen vom Einzelfall. Untersuchungen zum anthropologischen Roman der Spätaufklärung, Berlin/New York 1996.

Hennings 1784 Justus Christian Hennings: Von den Träumen und Nachtwandlern, Weimar 1784.

Herder 1985ff. Johann Gottfried Herder: Werke in zehn Bänden, hg. v. Martin Bollacher u. a., Frankfurt a. M. 1985–2000.

Hinderer 1992 Walter Hinderer: Die Philosophie der Ärzte und die Rhetorik der Dichter. Zu Schillers und Büchners ideologisch-ästhetischen Positionen, in: Wege zu Georg Büchner. Internationales Kolloquium der Akademie der Wissenschaften (Berlin-Ost), hg. v. Henri Poschmann, Berlin u. a. 1992, S. 27–44.

Hoffmann 2001 E.T.A. Hoffmann: Die Serapionsbrüder, hg. v. Wulf Segebrecht (= Sämtliche Werke in sechs Bänden, Bd. 4), Frankfurt a. M. 2001.

Honegger 1991 Claudia Honegger: Die Ordnung der Geschlechter. Die Wissenschaften vom Menschen und das Weib 1750–1850, Frankfurt a. M./New York 1991.

Hoorn 2004 Tanja van Hoorn: Dem Leibe abgelesen. Georg Forster im Kontext der physischen Anthropologie des 18. Jahrhunderts, Tübingen 2004.

Höpfner 1995 Felix Höpfner: „Un enfant perdu". Anmerkungen zu Egon Günthers Lenz-Film und ein Gespräch mit dem Regisseur, in: Lenz-Jahrbuch. Sturm-und-Drang-Studien 5, 1995, S. 79–91.

Horaz 1984 Horaz: Ars Poetica/Die Dichtkunst, übersetzt u. hg. v. Eckart Schäfer, Stuttgart 1984.

Humboldt 1806 Alexander von Humboldt: Ueber die Urvölker von Amerika, und die Denkmähler welche von ihnen übrig geblieben sind. In: Neue Berlinische Monatsschrift 1806 (1. Halbjahr), S. 177–208, Web-Adresse: http://www.ub.uni-bielefeld.de/diglib/aufkl/berlmon/berlmon.htm.

Humboldt 1969 Alexander von Humboldt: Ansichten von der Natur, hg. v. Adolf Meyer-Abich, Stuttgart 1969.

Humboldt 2004 Alexander von Humboldt: Ansichten der Kordilleren und Monumente der eingeborenen Völker Amerikas, hg. v. Oliver Lubrich und Ottmar Ette, Frankfurt a. M. 2004.

W. Humboldt 1967 Wilhelm von Humboldt: Ideen zu einem Versuch, die Grenzen der Wirksamkeit des Staates zu bestimmen, hg. v. Robert Haerdter, Stuttgart 1967.

HWPh 1971ff. Historisches Wörterbuch der Philosophie, hg. v. Joachim Ritter und Karlfried Gründer, 13 Bde., Darmstadt 1971–2007.

Iffland 2008 August Wilhelm Iffland: Albert von Thurneisen. Ein Trauerspiel in vier Aufzügen, mit einem Nachwort hg. v. Alexander Košenina, 2. Auflage Hannover 2008.

Jean Paul 1962 Jean Paul: Werke, hg. v. Norbert Miller, Bd. 4, München 1962.

Joost 1992 Ulrich Joost (Hg.): Georg Christoph Lichtenberg, Fragment von Schwänzen. Faksimile der Handschrift und des ersten Separatdrucks mit einem Nachwort, Darmstadt 1992.

Kant 1983 Immanuel Kant: Werke in sechs Bänden, hg. v. Wilhelm Weischedel, Darmstadt 1983.

Kant 1997 Immanuel Kant: Vorlesungen über Anthropologie, bearbeitet v. Reinhard Brandt/Werner Stark (= Kants gesammelte Schriften, hg. von der Berlin-Brandenburgischen Akademie der Wissenschaften, Bd. 25), Berlin 1997.

Keller 2008 Andreas Keller: Frühe Neuzeit. Das rhetorische Zeitalter, Berlin 2008.

Kirchschlager 2002 Michael Kirchschlager (Hg.): Mörder, Räuber, Menschenfresser. Einhundert Biographien und Merkwürdigkeiten deutscher Verbrecher des 15. bis 18. Jahrhunderts, Arnstadt 2002.

Kleist 1987ff. Heinrich von Kleist: Sämtliche Werke und Briefe, 4 Bde., hg. v. Ilse-Marie Barth, Klaus Müller-Salget, Walter Müller-Seidel und Hinrich C. Seeba, Frankfurt a. M. 1987–97.

Kleist 2004 Heinrich von Kleist: Die Marquise von O…, Das Erdbeben in Chili, hg. v. Sabine Doering, Nachwort v. Christian Wagenknecht, Stuttgart 2004.

Kleist 2011 Heinrich von Kleist: Prinz Friedrich von Homburg. Ein Schauspiel. Studienausgabe, hg. von Alexander Košenina, Stuttgart 2011.

Košenina 1989 Alexander Košenina: Ernst Platners Anthropologie und Philosophie. Der ‚philosophische Arzt' und seine Wirkung auf Johann Karl Wezel und Jean Paul, Würzburg 1989.

Košenina 1994 Alexander Košenina: Satirische Aufklärung. Johann Gottlieb Schummels „Spitzbart. Eine komi-tragische Geschichte für unser pädagogisches Jahrhundert", in: Lenz-Jahrbuch 4, 1994, S. 155–173.

Košenina 1995 Alexander Košenina: Anthropologie und Schauspielkunst. Studien zur ‚eloquentia corporis' im 18. Jahrhundert, Tübingen 1995.

Košenina 2003 Alexander Košenina: Der gelehrte Narr. Gelehrtensatire seit der Aufklärung, Göttingen 2003.

Košenina 2005 Alexander Košenina: Recht – gefällig. Frühneuzeitliche Verbrechensdarstellung zwischen Dokumentation und Unterhaltung, in: Zeitschrift für Germanistik N.F. 15, 2005, S. 28–47.

Košenina 2006 Alexander Košenina: Karl Philipp Moritz. Literarische Experimente auf dem Weg zum psychologischen Roman, Göttingen 2006.

Košenina 2007 Alexander Košenina: Von Bedlam nach Steinhof: Irrenhausbesuche in der Frühen Neuzeit und Moderne, in: Zeitschrift für Germanistik N.F. 17, 2007, S. 322–339.

Košenina 2007a Alexander Košenina: Es „ist also keine dichterische Erfindung": Die Geschichte vom Bauernburschen in Goethes „Werther" und die Kriminalliteratur der Aufklärung, in: Goethe-Jahrbuch 124, 2007, S. 189–197.

Krimmer 2004 Elisabeth Krimmer: Mama's Baby, Papa's Maybe: Paternity and Bildung in Goethe's „Wilhelm Meisters Lehrjahre", in: The German Quarterly 77.3, 2004, S. 257–277.

Kromm 2002 Jane Kromm: The Art of Frenzy. Public Madness in the Visual Culture of Europe, 1500–1850, London/New York 2002.

Künzel 2003 Christine Künzel: Vergewaltigungslektüren. Zur Codierung sexueller Gewalt in Literatur und Recht, Frankfurt a. M. 2003.

Lavater 1984 Johann Caspar Lavater: Physiognomische Fragmente zur Beförderung der Menschenkenntnis und Menschenliebe. Eine Auswahl, hg. v. Christoph Siegrist, Stuttgart 1984.

Lavater 1991 Johann Caspar Lavater: Von der Physiognomik und hundert physiognomische Regeln, hg. v. Karl Riha und Carsten Zelle, Frankfurt a. M./Leipzig 1991.

Lazarowicz/Balme 1991 Klaus Lazarowicz/Christopher Balme (Hg.): Texte zur Theorie des Theaters, Stuttgart 1991.

Lenz 1987 Jakob Michael Reinhold Lenz: Werke und Briefe in drei Bänden, hg. v. Sigrid Damm, Leipzig 1987.

Lessing 1985ff. Gotthold Ephraim Lessing: Werke und Briefe in zwölf Bänden, hg. v. Wilfried Barner u. a., Frankfurt a. M. 1985–2003.

Lessing 1989 Gotthold Ephraim Lessing: Emilia Galotti. Ein Trauerspiel in fünf Aufzügen, Stuttgart 1989.

Lichtenberg 1968ff. Georg Christoph Lichtenberg: Schriften und Briefe, 6 Bde., hg. v. Wolfgang Promies, München 1968–92.

Lindner 2001 Henriett Lindner: „Schnöde Kunststücke gefallener Geister". E.T.A. Hoffmanns Werk im Kontext der zeitgenössischen Seelenkunde, Würzburg 2001.

Lütkehaus 1989 Ludger Lütkehaus (Hg.): „Dieses wahre innere Afrika". Texte zur Entdeckung des Unbewußten vor Freud, Frankfurt a. M. 1989.

Lütkehaus 1992 Ludger Lütkehaus (Hg.): „O Wollust, o Hölle". Die Onanie – Stationen einer Inquisition, Frankfurt a. M. 1992.

Mann 2002 Thomas Mann: Briefe I: 1889–1913, hg. v. Thomas Sprecher u. a. (= Große kommentierte Frankfurter Ausgabe, Bd. 21), Frankfurt a. M. 2002.

Marsch 1983 Edgar Marsch: Die Kriminalerzählung. Theorie, Geschichte, Analysen, München 1972, 2. Auflage 1983.

Martinec 2003 Thomas Martinec: Lessings Theorie der Tragödienwirkung. Humanistische Tradition und aufklärerische Erkenntniskritik, Tübingen 2003.

Meißner 2003 August Gottlieb Meißner: Ausgewählte Kriminalgeschichten, hg. v. Alexander Košenina, St. Ingbert 2003, 2. Auflage 2004.

Mereau 1968 Sophie Mereau: Kalathiskos, Faksimiledruck nach der Ausgabe von 1801–02, hg. v. Peter Schmidt, Heidelberg 1968.

Mereau 1997 Sophie Mereau-Brentano: Ein Glück, das keine Wirklichkeit umspannt. Gedichte und Erzählungen, hg. und kommentiert v. Katharina von Hammerstein, München 1997.

Mereau 1997a Sophie Mereau-Brentano: Das Blütenalter der Empfindung. Amanda und Eduard. Romane, hg. und kommentiert v. Katharina von Hammerstein, München 1997.

Michelsen 1990 Peter Michelsen: Die Erregung des Mitleids durch die Tragödie. Zu Lessings Ansichten über das Trauerspiel im Briefwechsel mit Mendelssohn und Nicolai, in: ders., Der unruhige Bürger. Studien zu Lessing und zur Literatur des achtzehnten Jahrhunderts, Würzburg 1990, S. 107–136.

Moritz Magazin 1986 Karl Philipp Moritz (Hg.): ΓΝΩΘΙ ΣΑΥΤΟΝ oder Magazin zur Erfahrungsseelenkunde als ein Lesebuch für Gelehrte und Ungelehrte, Bd. 1–10 (1783–93), Nördlingen 1986.

Moritz 1972 Karl Philipp Moritz: Anton Reiser. Ein psychologischer Roman, hg. v. Wolfgang Martens, Stuttgart 1972.

Moritz 1997/99 Karl Philipp Moritz: Werke in zwei Bänden, hg. v. Heide Hollmer und Albert Meier, Bd. 1/2, Frankfurt a. M. 1999/1997.

Moritz 2006 Das Karl Philipp Moritz-ABC. Anregung zur Sprach-, Denk- und Menschenkunde, hg. v. Lothar Müller, Frankfurt a. M. 2006.

Müchler 1812 Karl Friedrich Müchler (Hg.): Merkwürdige Kriminalgeschichten, Berlin 1812.

Mühlmann 1986 Wilhelm E. Mühlmann: Geschichte der Anthropologie, 4. Auflage Wiesbaden 1986.

Müller 1987 Lothar Müller: Die kranke Seele und das Licht der Erkenntnis. Karl Philipp Moritz' Anton Reiser, Frankfurt a. M. 1987.

Müller 1996 Lothar Müller: Die Erziehung der Gefühle im 18. Jahrhundert. Kanzel, Buch und Bühne in Karl Philipp Moritz' Anton Reiser (1785–1790), in: Der Deutschunterricht 48, 1996, Heft 2, S. 5–20.

Nicolai 1807 Friedrich Nicolai: Ueber Eckhof, in: Almanach für Theater und Theaterfreunde auf das Jahr 1807, S. 1–49.

Nutz 1998 Thomas Nutz: Vergeltung oder Versöhnung? Strafvollzug und Ehre in Schillers „Verbrecher aus Infamie", in: Jahrbuch der Deutschen Schillergesellschaft 42, 1998, S. 146–164.

Ohage 1999 August Ohage: „mein und meines Bruders Lavaters Phisiognomischer Glaube", in: Wiederholte Spiegelungen. Weimarer Klassik 1759–1832, hg. v. Gerhard Schuster/Caroline Gille, München 1999, S. 127–135.

Pethes 2005 Nicolas Pethes: Vom Einzelfall zur Menschheit. Die Fallgeschichte als Medium der Wissenspopularisierung zwischen Recht, Medizin und Literatur, in: Popularisierung und Popularität, hg. v. Gereon Blaseio u. a., Köln 2005, S. 63–92.

Pethes 2007 Nicolas Pethes: Zöglinge der Natur. Der literarische Menschenversuch des 18. Jahrhunderts, Göttingen 2007.

Pfotenhauer 1987 Helmut Pfotenhauer: Literarische Anthropologie. Selbstbiographie und ihre Geschichte – am Leitfaden des Leibes, Stuttgart 1987.

Platner 1772 Ernst Platner: Anthropologie für Aerzte und Weltweise, Leipzig 1772, Nachdruck hg. v. Alexander Košenina, Hildesheim u. a. 1998.

Platner 2007 Ernst Platner: Der Professor, mit einem Nachwort hg. v. Alexander Košenina, Hannover 2007.

Pope 1993 Alexander Pope: Vom Menschen/Essay on Man, hg. v. Wolfgang Breidert, Hamburg 1993.

Reiber 1999 Matthias Reiber: Anatomie eines Bestsellers. Johann August Unzers Wochenschrift „Der Arzt", Göttingen 1999.

Reil 1803 Johann Christian Reil: Rhapsodieen über die Anwendung der psychischen Curmethode auf Geisteszerrüttungen, Halle 1803, Nachdruck Amsterdam 1968.

Reuchlein 1986 Georg Reuchlein: Bürgerliche Gesellschaft, Psychiatrie und Literatur. Zur Entwicklung der Wahnsinnsthematik in der deutschen Literatur des späten 18. und frühen 19. Jahrhunderts, München 1986.

Riedel 1985 Wolfgang Riedel: Die Anthropologie des jungen Schiller. Zur Ideengeschichte der medizinischen Schriften und der Philosophischen Briefe, Würzburg 1985.

Riedel 1994 Wolfgang Riedel: Anthropologie und Literatur in der deutschen Spätaufklärung. Skizze einer Forschungslandschaft, in: Internationales Archiv für Sozialgeschichte der deutschen Literatur, Sonderheft 6, 1994, S. 93–157.

Riedel 1994a Wolfgang Riedel: Erkennen und Empfinden. Anthropologische Achsendrehung und Wende zur Ästhetik bei Johann Georg Sulzer, in: Hans-Jürgen Schings (Hg.), Der ganze Mensch. Anthropologie und Literatur im 18. Jahrhundert, Stuttgart/Weimar 1994, S. 410–439.

Riedel 1996 Wolfgang Riedel: „Homo natura". Literarische Anthropologie um 1900, Berlin 1996.

Riedel 2004 Wolfgang Riedel: Literarische Anthropologie. Eine Unterscheidung, in: Wolfgang Braungart/Klaus Ridder/Friedmar Apel (Hg.), Wahrnehmen und Handeln. Perspektiven einer Literaturanthropologie, Bielefeld 2004, S. 337–366.

Roth 2006 Udo Roth: „Ihre Autopsie, die aus allem spricht, was Sie schreiben." Wissenschaft und Wissenschaftsverständnis im dichterischen Werk Georg Büchners, in: Dietrich von Engelhardt/Hans Wißkirchen (Hg.), Von Schillers Räubern zu Shelleys Frankenstein. Wissenschaft und Literatur im Dialog um 1800, Stuttgart/New York 2006, S. 157–190.

Rousseau 1978 Jean-Jaques Rousseau: Emile oder Über die Erziehung, hg., eingeleitet und mit Anmerkungen versehen v. Martin Rang, Stuttgart 1978.

Rousseau 1983 Jean-Jaques Rousseau: Schriften zur Kulturkritik, hg. v. Kurt Weigand, Hamburg 1983.

Salzmann 1785 Christian Gotthilf Salzmann: Moralisches Elementarbuch, Nachdruck der Auflage von 1785, mit 67 Illustrationen v. Daniel Chodowiecki, hg. v. Hubert Göbels, Dortmund 1980.

Schiller 1992ff. Friedrich Schiller: Werke und Briefe in zwölf Bänden (= Frankfurter Ausgabe), Frankfurt a. M. 1992–2004.

Schiller 2001 Friedrich Schiller: Die Räuber. Ein Schauspiel, Stuttgart 2001.

Schiller 2014 Friedrich Schiller: Der Verbrecher aus verlorener Ehre. Studienausgabe, hg. v. Alexander Košenina, Stuttgart 2014.

Schings 1980 Hans-Jürgen Schings: Der anthropologische Roman. Seine Entstehung und Krise im Zeitalter der Spätaufklärung, in: Die Neubestimmung des Menschen, hg. v. Bernd Fabian u. a., München 1980, S. 247–275.

Schings 1980a Hans-Jürgen Schings: Der mitleidigste Mensch ist der beste Mensch. Poetik des Mitleids von Lessing bis Büchner, München 1980.

Schings 1984 Hans-Jürgen Schings: Agathon – Anton Reiser – Wilhelm Meister. Zur Pathogenese des modernen Subjekts im Bildungsroman, in: Wolfgang Wittkowski (Hg.), Goethe im Kontext. Kunst und Humanität, Naturwissenschaft und Politik von der Aufklärung bis zur Restauration, Tübingen 1984, S. 42–63.

Schings 1994 Hans-Jürgen Schings (Hg.): Der ganze Mensch. Anthropologie und Literatur im 18. Jahrhundert. DFG Symposion 1992, Stuttgart/Weimar 1994.

Schmidt 1985 Jochen Schmidt: Die Geschichte des Genie-Gedankens in der deutschen Literatur, Philosophie und Politik 1750–1945, Bd. 1, Darmstadt 1985.

Schmidt-Hannisa/Niehaus 1998 Hans-Walter Schmidt-Hannisa/Michael Niehaus (Hg.): Unzurechnungsfähigkeiten. Diskursivierungen unfreier Bewußtseinszustände seit dem 18. Jahrhundert, Frankfurt a. M. u. a. 1998.

Schneider 2001 Peter K. Schneider: Wahnsinn und Kultur oder ‚Die heilige Krankheit'. Die Entdeckung eines menschlichen Talents, Würzburg 2001.

Schößler 2008 Franziska Schößler: Einführung in die Gender Studies, Berlin 2008.

Schott 1998 Heinz Schott (Hg.): Der sympathetische Arzt. Texte zur Medizin im 18. Jahrhundert, München 1998.

Schubert 1814 Gotthilf Heinrich Schubert: Die Symbolik des Traumes, Bamberg 1814, Nachdruck Heidelberg 1968.

Schulz 2007 Gerhard Schulz: Kleist. Eine Biographie, München 2007.

Selg / Wieland 2001 Anette Selg / Rainer Wieland (Hg.): Die Welt der Encyclopédie, Frankfurt a. M. 2001.

Sembdner 1984 Helmut Sembdner (Hg.): Heinrich von Kleists Nachruhm. Eine Wirkungsgeschichte in Dokumenten, Bd. 2, Frankfurt a. M. 1984.

Sennett 1983 Richard Sennett: Verfall und Ende des öffentlichen Lebens. Die Tyrannei der Intimität, Frankfurt a. M. 1983.

Spieß 1966 Christian Heinrich Spieß: Biographien der Wahnsinnigen, hg. v. Wolfgang Promies, Neuwied / Berlin 1966.

Spieß 2005 Christian Heinrich Spieß: Biographien der Selbstmörder. Eine Auswahl, hg. von Alexander Košenina, Göttingen 2005.

Steinberg / Schmideler 2006 Holger Steinberg / Sebastian Schmideler: Eine wiederentdeckte Quelle zu Büchners Vorlage zum „Woyzeck": Das Gutachten der Medizinischen Fakultät der Universität Leipzig, in: Zeitschrift für Germanistik 16, 2006, S. 339–366.

Sucro 2008 Christoph Joseph Sucro: Versuche in Lehrgedichten und Fabeln [1747], hg. v. Yvonne Wübben, Hannover 2008.

Thomé 1983 Horst Thomé: Tätigkeit und Reflexion in Goethes „Prometheus". Umrisse einer Interpretation, in: Gedichte und Interpretationen, Bd. 2, hg. von Karl Richter, Stuttgart 1983, S. 427–435.

Tieck 1999 Ludwig Tieck: William Lovell. Roman, hg. von Walter Münz, Stuttgart 1999.

Uhlig 2004 Ludwig Uhlig: Georg Forster. Lebensabenteuer eines gelehrten Weltbürgers (1754–1794), Göttingen 2004.

Unzer 2004 Johann August Unzer: Gedancken vom Schlafe und denen Träumen. Nebst einem Schreiben an N.N. daß man ohne Kopf empfinden könne, hg. v. Tanja van Hoorn, St. Ingbert 2004.

Viëtor 1949 Karl Viëtor: Georg Büchner. Politik, Dichtung, Wissenschaft, Bern 1949.

Weder 2008 Katharina Weder: Kleists magnetische Poesie. Experimente des Mesmerismus, Göttingen 2008.

Wieckenberg 1992 Ernst-Peter Wieckenberg: Lichtenbergs Erklärungen der Hogarthischen Kupferstiche – ein Anti-Lavater?, in: Georg Christoph Lichtenberg, München 1992, S. 39–56.

Wieland 1778 Christoph Martin Wieland: Auszüge aus Forsters Reise um die Welt, in: Der Teutsche Merkur 1778.3, S. 59–75; 144–164; 1778.4, S. 137–155, Web-Adresse: http://www.ub.uni-bielefeld.de/diglib/aufkl/teutmerk/index.htm.

Wieland 1794ff. Christoph Martin Wieland: Sämtliche Werke, Leipzig 1794–1811, Nachdruck Hamburg 1984.

Wieland 1986 Christoph Martin Wieland: Geschichte des Agathon, hg. v. Klaus Manger, Frankfurt a. M. 1986.

Wingertszahn 2002 Christof Wingertszahn: Anton Reiser und die „Michelein". Neue Funde zum Quietismus im 18. Jahrhundert, Hannover 2002.

Wübben 2007 Yvonne Wübben: Gespenster und Gelehrte. Die ästhetische Lehrprosa G. F. Meiers (1718–1777), Tübingen 2007.

Wünsch 1778–80 Christian Ernst Wünsch: Kosmologische Unterhaltungen für die Jugend, 3 Bde. Leipzig 1778–80.

Zedler 1732ff. Johann Heinrich Zedler (Hg.): Großes vollständiges Universal-Lexicon aller Wissenschafften und Künste, 64 Bde., Halle/Leipzig 1732–1750, Nachdruck Graz 1961–1984.

Zelle 1984 Carsten Zelle: Strafen und Schrecken. Einführende Bemerkungen zur Parallele zwischen dem Schauspiel der Tragödie und der Tragödie der Hinrichtung, in: Jahrbuch der Deutschen Schillergesellschaft 28, 1984, S. 76–103.

Zelle 2002　Carsten Zelle: „Vernünftige Ärzte". Hallesche Psychomediziner und die Anfänge der Anthropologie in der deutschsprachigen Frühaufklärung, Tübingen 2002.

16.2　插图列表 *

图　1:　Peter Haas: Kolorierter Kupferstich (1794), aus Karl Philipp Moritz, *Neues A. B. C.-Buch*. Faksimile der Ausgabe von 1794 mit den kolorierten Illustrationen von Peter Haas. Insel Verlag, Frankfurt a. M. 1980 (Farbtafel 3).

图　2:　Friedrich Schiller: *Versuch über den Zusammenhang der thierischen Natur des Menschen mit seiner geistigen*, Titelblatt der Dissertation (1780), aus: Faksimile-Druck, C. H. Boehringer Sohn, Ingelheim 1959, nach einem Exemplar der Württembergischen Landesbibliothek Stuttgart.

图　3:　Erste Lieferung des *Magazins zur Erfahrungsseelenkunde* (1783), Umschlag. Stefan Goldmann, Berlin.

图　4:　Gottfried Geißler: *Die Gelehrten auf Reisen*, lavierte und aquarellierte Federzeichnung. Stadtgeschichtliches Museum Leipzig.

图　5:　Victor von Aveyron (ohne Jahr).

图　6:　John Keyes Sherwin: *Tynai-Mai (Tänzerin Teinamai)*, Radierung (1777) nach einer Rötelzeichnung von William Hodges (1773). National Maritime Museum, London.

图　7:　William Hogarth: *Tom Rakewell im Irrenhaus*, Achte Platte der Serie *The Rake's Progress* (1735; überarbeitet 1763). Alexander Košenina, Berlin.

图　8:　Penisring gegen Masturbation *(Four-pointed urethral ring for the treatment of masturbation)*. Wellcome Library, London.

图　9:　Daniel Nikolaus Chodowiecki: *Krankenrundgang*, Kupferstich (1782) zu Matthias Claudius, *Der Besuch im St. Hiob zu* **, aus: Asmus omnia sua secum portans oder Sämtliche Werke des Wandsbecker Bothen, Teil 4, Wandsbeck / Breßlau 1782.

图 10:　*Eine kläglich vnd wahrhaffte Geschicht*, Holzschnitt (1613). Herzog August Bibliothek Wolfenbüttel, 36.13 Aug. 2°, fol 235.

图 11:　Gustav Georg Endner: *Mord aus Schwärmerey*, Kupferstich nach einer Zeichnung von Jacob Wilhelm Mechau (1785). Christoph Weiß, Mannheim.

图 12:　*Beschreibung des famosen Bößwichts Friderich Schwahnen*, Fahndungsbrief (1758). Stadtarchiv Reutlingen, Akten aus der Reichsstadtzeit A 1 Nr. 14 567.

图 13:　William Hogarth: *The Reward of Cruelty (Anatomisches Theater oder Die Belohnung der Grausamkeit)*, Kupferstich (1751). Alexander Košenina, Berlin.

图 14:　Daniel Berger: *Werther auf dem Sterbebett*, Stich nach einem Entwurf von Daniel Nikolaus Chodowiecki (1775). Goethe-Museum Düsseldorf.

图 15:　Johann Simon Lobenstein: *Brief an Johann Friedrich von Fleischbein* (15. September

---

* 本部分对应正文中出现的插图，中译文正文相应位置作为图注标出。

文学人类学

1769). Bibliothèque cantonale et universitaire de Lausanne, Suisse.

图 16: Georg Emanuel Opiz: *Die Schulstunde*, aquarellierte Federzeichnung. Klassik Stiftung Weimar, Museen.

图 17: Johann Georg Penzel: *So geht es wenn man sich in seinem Vergnügen nicht zu maeßigen weis*, Kupferstich nach Daniel Nikolaus Chodowiecki (1785).

图 18: Johann Wolfgang Goethe: *Prometheus*, Bleistift- und Federzeichnung (um 1805/08). Klassik Stiftung Weimar, Museen, Inv.Nr. GGz/2283.

图 19: Robert Fludd: *Die Welt im Diagramm*, Kupferstich aus Fludd, *Microcosmi historia (Geschichte der irdischen Welt)* (1619). Herzog August Bibliothek Wolfenbüttel, 111 Quod. 2°.

图 20: Raimundus Lullus: *De ascensu et descensu intellectus (Vom geistigen Auf- und Abstieg)*, (Valencia, 1512). SUB Göttingen, RMAG 8 PHIL II, 73.

图 21: Daniel Nikolaus Chodowiecki: *Auspeitschung einer Frau*, 1./2. Blatt (1783), aus: Christian Gotthilf Salzmann: *Carl von Carlsberg oder Über das menschliche Elend* 1. Band (1784). bpk.

图 22: Daniel Nikolaus Chodowiecki: *Heyrath durch Zwang* (1789). Herzog August Bibliothek Wolfenbüttel, Zb 3.

图 23: Bernard Picart: *Lesende Frau* (oder: *Eine Dame liest in einer Bibliothek ein Buch*), Kupferstich (1716). Simon Emmering Rijksmuseum Amsterdam.

图 24: Johann Caspar Lavater: *Von den Temperamenten*, Kupferstich, aus: Lavater, *Physiognomische Fragmente zur Beförderung der Menschenkenntnis und Menschenliebe* (1775–78). Orell Füssli Verlag AG, Zürich 1969.

图 25: Johann Caspar Lavater: *Stirnlinien*, aus: Lavater, *Physiognomische Fragmente zur Beförderung der Menschenkenntnis und Menschenliebe* (1775–78). Orell Füssli Verlag AG, Zürich 1969.

图 26: Georg Christoph Lichtenberg: *Einige Silhouetten von unbekannten meist thatlosen Schweinen*, aus: Lichtenberg, *Fragment von Schwänzen* (1783). Hessische Landesbibliothek Wiesbaden.

图 27: Johann Wilhelm Meil: *Medea*, Kupferstich aus Johann Jakob Engel, *Ideen zu einer Mimik* (1785). Matthias Wehrhahn, Hannover.

图 28: Franciscus Lang: Illustration aus *Dissertatio de Actione Scenica* (1727). Universitäts- und Stadtbibliothek Köln, WAVII83.

图 29: David Garrick in Shakespeare-Rollen (Lear, Macbeth, Richard III., Hamlet), Kupferstich (um 1770), aus: Manfred Brauneck, Die Welt als Bühne. Geschichte des europäischen Theaters. 2. Band: Renaissance und Aufklärung – 18. Jahrhundert, J. B. Metzler Verlag, Stuttgart 1996, S. 657.

图 30: Franz Ludwig Catel: *August Wilhelm Iffland in der Rolle des Franz Moor*, Kupferstich (1806). Theatersammlung Rainer Theobald, Berlin.

图 31: Wilhelm Henschel: *August Wilhelm Iffland in der Rolle des Marinelli*, Bleistiftzeichnung (1807), aus: Heinrich Härle: Ifflands Schauspielkunst. Ein Rekonstruktionsversuch auf Grund der etwa 500 Zeichnungen und Kupferstiche Wilhelm Henschels und seiner Brüder, Berlin 1925.

图 32: Francisco José de Goya y Lucientes: *El sueño de la razón produce monstruos (Der Schlaf der Vernunft gebiert Ungeheuer)*, Radierung und Aquatinta (1797/98). bpk, Hamburger Kunsthalle, Christoph Irrgang.

图 33: Jean-Baptiste Boudard: *Imagination*, Kupferstich aus seiner *Iconologie tirée de divers auteurs* (1766), Band II, Abb. 103. Engraving. Research Library, The Getty Research

Institute, Los Angeles, California.

图 34: Ebenezer Sibly: *Magnetiseur*, Kupferstich nach Daniel Dodd, aus: Ebenezer Sibly, *Mesmerism, The Operator Inducing a Hypnotic Trance* (1794). U.S. National Library of Medicine, Bethesda, MD.

图 35: Eugène Delacroix: *Torquato Tasso im Irrenhaus* (1840). akg-images.

Salvator Rosa: *Demokritus in Meditation*, Radierung (1662).

图 36: Klaus Kinski in *Woyzeck* (1979), Filmstill. akg-images.

16.3 人名索引

（所标页码为原书页码，即本书边码）

Abel, Jacob Friedrich 阿贝尔，雅各布·弗里德里希 63—67
Adorno, Theodor W. 阿多诺，特奥多尔 W. 143
Alt, Peter-André 阿尔特，彼得-安德雷 67, 175, 190
Ariosto, Ludovico 阿里欧斯托，卢多维科 202
Aristoteles 亚里士多德 149, 165, 179
Auerbach, Erich 奥尔巴赫，埃里希 215
Aurnhammer, Achim 奥恩哈默，阿西姆 67
Aust, Hugo 奥斯特，胡戈 218

Barkhoff, Jürgen 巴尔克霍夫，于尔根 190
Basedow, Johann Bernhard von 巴泽多，约翰·伯恩哈德·冯 88—90, 98
Baumgarten, Alexander Gottlieb 鲍姆嘉通，亚历山大·戈特利布 12, 105, 251
Beccaria, Cesare 贝加利亚，切查列 62
Beck, Christian Ludwig 贝克，克里斯蒂安·路德维希 117
Becker-Cantarino, Barbara 贝克尔-坎塔里罗，芭芭拉 129

Beer, Johann Christoph 贝尔，约翰·克里斯多夫 55
Beer-Hofmann, Richard 贝尔-霍夫曼，理查德 217
Beethoven, Ludwig van 贝多芬，路德维希·凡 158
Bender, Wolfgang F. 本德尔，沃尔夫冈·F. 160
Benthien, Claudia 本廷，克劳迪娅 21
Berger, Daniel 贝格尔，丹尼尔 78
Bergman, Torbern 贝格曼，托尔本 17
Bernhard, Thomas 伯恩哈德，托马斯 51
Blanckenburg, Friedrich von 布兰肯伯格，弗里德里希·冯 70—74, 77 及下页, 82 及下页
Blechen, Karl 布勒兴，卡尔 201
Bleicher, Thomas 布莱谢尔，托马斯 218
Blinn, Hansjürgen 布林，汉斯于尔根 129
Blumenbach, Johann Friedrich 布卢门巴赫，约翰·弗里德里希 94
Böhm, Winfried 伯姆，温弗里德 98
Böttiger, Karl August 波尔蒂格，卡尔·奥古斯特 154
Bonaventura, s. Klingemann 博纳文

图纳，参见 Klingemann

Boudard, Jean-Baptiste 波达尔，让-巴普蒂斯特 180 及下页

Bougainville, Louis-Antoine de 布干维尔，路易斯-安托万·德 29

Brauneck, Manfred 布朗内克，曼弗雷德 160

Brentano, Clemens 布伦塔诺，克莱门斯 67, 121, 123

Büchner, Georg 毕希纳，格奥尔格 51, 57, 208—218, 252, 254

Buff, Charlotte 布弗，夏洛特 75

Byron, George Gordon 拜伦，乔治·戈登 194

Campe, Joachim Heinrich 坎佩，约阿希姆·海因里希 88, 92, 98

Carus, Carl Gustav 卡鲁斯，卡尔·古斯塔夫 145, 190, 201

Catel, Franz Ludwig 卡特尔，弗朗茨·路德维希 163 及下页

Chaplin, Charlie 卓别林，查理 205

Chodowiecki, Daniel Nikolaus 霍多维茨基，丹尼尔·尼古劳斯 48 及下页, 77 及下页, 91, 115f 及下页, 121 及下页

Cicero, Marcus Tullius 西塞罗，马尔库斯·图利乌斯 93, 149

Clarus, Christian August 克拉鲁斯，克里斯蒂安·奥古斯特 209 及下页, 213

Claudius, Matthias 克劳迪乌斯，马蒂亚斯 40, 47—52, 145

Condillac, Étienne Bonnet de 孔狄亚克，埃蒂耶那·博诺·德 28

Cook, James 库克，詹姆斯 24, 29, 31

Coulomb, Charles 库仑，查利·奥古斯丁 17

Dane, Gesa 达内，格萨 175

Dante Alighieri 但丁，阿利基耶里 202

Darwin, Charles 达尔文，查尔斯 29

Delacroix, Eugène 德拉克罗瓦，欧仁 193 及下页, 204 及下页

Demokrit 德谟克利特 201 及下页

Descartes, René 笛卡尔，勒内 13, 15, 179 及下页

Diderot, Denis 狄德罗，德尼 10, 153, 160 及下页

Dodd, Daniel 多德，丹尼尔 187

Droste-Hülshoff, Annette von 德罗斯特-许尔斯霍夫，安妮特·冯 66 及下页

Dülmen, Andrea van 迪尔曼，安德烈娅·凡 129

Dülmen, Richard van 迪尔曼，理查德·凡 67

Dürrenmatt, Friedrich 迪伦马特，弗里德里希 49

Ebert, Johann Arnold 埃伯特，约翰·阿诺德 166

Edwards, Henri Milne 爱德华兹，亨利·米尔恩 212

Ekhof, Konrad 埃克霍夫，康拉德 153, 168

Endner, Gustav Georg 恩特内尔，古

斯塔夫·格奥尔格 59 及下页
Engel, Johann Jakob 恩格尔, 约翰·雅各布 58, 70 及下页, 73 及下页, 82 及下页, 147—149, 155—161
Engel, Manfred 恩格尔, 曼弗雷德 83, 190
Erxleben, Dorothea Christine 埃克斯莱本, 多罗特娅·克里斯蒂娜 117
Eschenburg, Johann Joachim 埃申伯格, 约翰·约阿希姆 166
Ette, Ottmar 艾特, 奥特玛尔 37
Euripides 欧里庇得斯 148

Faßmann, David 法斯曼, 大卫 118
Fauser, Markus 福泽, 马库斯 176
Fichte, Johann Gottlieb 费希特, 约翰·戈特利布 118, 198, 250
Ficino, Marcilio 费奇诺, 马尔西利奥 197
Fick, Monika 菲克, 莫妮卡 169, 176
Fischer-Lichte, Erika 菲舍尔-利希特, 埃丽卡 160 及下页
Fleischbein, Johann Friedrich von 弗莱施拜恩, 约翰·弗里德里希·冯 79 及下页
Fludd, Robert 弗拉德, 罗伯特 101
Fontane, Theodor 冯塔纳, 特奥多尔 185
Fontenelle, Jean-Sébastien-Eugène Julia de 丰塔内拉, 让-塞巴斯蒂安-欧仁·朱利·德 212
Forster, Georg 福斯特, 格奥尔格 24, 28, 30—33, 35—37, 42
Forster, Johann Reinhold 福斯特, 约翰·赖因霍尔德 28 及下页
Foucault, Michel 福柯, 米歇尔 18, 205
Francisci, Erasmus 弗兰齐斯契, 伊拉斯谟 55
Franke, Ursula 弗兰克, 乌尔泽拉 98
Freud, Sigmund 弗洛伊德, 西格蒙德 12, 20, 97, 143, 190, 216, 251
Frick, Werner 弗里克, 维尔纳 176
Friedrich II, Kg. von Preußen 弗里德里希二世, 普鲁士国王 59, 61
Friedrich Wilhelm I, Kg. von Preußen 弗里德里希·威廉一世, 普鲁士国王 118
Füssli, Johann Heinrich 菲斯利, 约翰·海因里希 9, 154, 180

Galen 盖伦 179
Garber, Jörn 加贝尔, 约恩 37
Garrick, David 加里克, 大卫 43, 153—155
Geißler, Gottfried 戈特弗里德·盖斯勒 23 及以下
Gerstenberg, Heinrich Wilhelm 格斯滕伯格, 海因里希·威廉 161, 176
Glück, Alfons 格卢克, 阿方斯 218
Goethe, Johann Wolfgang von 歌德, 约翰·沃尔夫冈·冯 16 及下页, 51, 67, 70 及下页, 74—77, 83 及下页, 92—100, 104, 107—113, 115—121, 123, 125—130, 132 及下页, 138, 144 及下页, 151, 160, 164, 166, 171, 190, 200, 214, 218, 252, 254

Goetz, Rainald 戈茨，雷恩纳特 50
Gottsched, Johann Christoph 戈特舍特，约翰·克里斯多夫 175
Goya, Francisco de 戈雅，弗朗西斯科·德 9, 41, 177 及以下, 180, 182
Grathoff, Dirk 格拉特霍夫，德克 129
Gray, Thomas 格雷，托马斯 75
Groddeck, Wolfram 格罗德克，沃尔夫拉姆 144
Grohmann, Christian August 格罗曼，克里斯蒂安·奥古斯特 210, 212
Günther, Egon 君特，埃贡 214

Haarmann, Fritz 哈尔曼，弗里茨 50
Haas, Peter 哈斯，彼得 7
Haller, Albrecht von 哈勒，阿尔布雷希特·冯 10, 104 及下页
Hamann, Johann Georg 哈曼，约翰·格奥尔格 145
Hammerstein, Notker 哈默施泰因，诺特克 98
Hauser, Kaspar 豪泽尔，卡斯帕 26
Harsdörffer, Georg Philipp 哈尔斯德费尔，格奥尔格·菲利普 54 及下页
Harvey, William 哈维，威廉 17
Hase, Friedrich Traugott 哈泽，弗里德里希·特劳戈特 74, 83
Hauff, Wilhelm 豪夫，威廉 27
Hebel, Johann Peter 黑贝尔，约翰·彼得 67
Hegel, Georg Wilhelm Friedrich 黑格尔，格奥尔格·威廉·弗里德里希 145, 218
Heinz, Jutta 海因茨，尤塔 83
Henke, Adolph 亨克，阿道夫 212
Hennings, Justus Christian 亨宁斯，尤斯图斯·克里斯蒂安 188
Henschel, Wilhelm 亨舍尔，威廉 154, 167 及下页
Hensel, Sophie Friederike 亨泽尔，苏菲·弗里德里卡 154
Herder, Johann Gottfried 赫尔德，约翰·戈特弗里德 10, 15, 20 及下页, 93, 98, 132, 145, 166, 250 及下页, 254
Herrmann, Ulrich 赫尔曼，乌尔里希 98
Herzog, Werner 赫尔佐克，维尔纳 208 及下页, 217
Heydenreich, Karl Heinrich 海登赖希，卡尔·海因里希 117
Hinderer, Walter 兴德勒，瓦尔特 213
Hippel, Theodor Gottlieb von 希佩尔，特奥多尔·戈特利布·冯 83, 117
Hippokrates 希波克拉底 179
Hodges, William 霍奇斯，威廉 31 及下页
Hölderlin, Friedrich 荷尔德林，弗里德里希 87
Hoffmann, Ernst Theodor Amadeus 霍夫曼，恩斯特·特奥多尔·阿玛多伊斯 27, 51, 66 及下页, 190, 194, 200–206, 252
Hofmannsthal, Hugo von 霍夫曼斯塔尔，胡戈·冯 217

Hogarth, William 霍加斯，威廉 9, 16, 39—45, 48—50, 69 及下页, 137

Holst, Amalia 霍尔斯特，阿玛莉亚 117

Hotho, Heinrich Gustav 霍托，海因里希·古斯塔夫 185

Homer 荷马 93, 215

Hoorn, Tanja van 霍恩，坦妮娅·凡 37

Horaz, Flaccus Quintus 贺拉斯，弗拉库斯·昆图斯 93, 104

Horkheimer, Max 霍克海姆，马克斯 143

Humboldt, Alexander von 洪堡，亚历山大·冯 24, 33—37

Humboldt, Wilhelm von 洪堡，威廉·冯 93

Iffland, August Wilhelm 伊弗兰德，奥古斯特·威廉 151, 153f., 161, 163f., 170—176

Itard, Jean 伊塔尔，让 28

Jacobi, Friedrich Heinrich 雅各比，弗里德里希·海因里希 83

Jäger, Hans-Wolf 耶格尔，汉斯-沃尔夫 113

Jaucourt, Louis de 若古，路易斯·德 134

Jean Paul (d. i. Johann Paul Friedrich Richter) 保尔，让（本名为约翰·保尔·弗里德里希·里希特）12, 144, 178, 218, 252

Jenner, Edward 詹纳，爱德华 199

Jensen, Wilhelm 延森，威廉 20

Jerusalem, Karl Wilhelm 耶路撒冷，卡尔·威廉 75

Kafka, Franz 卡夫卡，弗朗兹 27, 190

Kant, Immanuel 康德，伊曼努尔 9, 13, 32, 34, 86f., 94, 97, 112, 116 及下页, 134, 140, 158, 174, 180, 212, 254

Karmakar, Romuald 卡尔玛柯，罗姆阿德 50

Kestner, Johann Georg Christian 凯斯特纳，约翰·格奥尔格·克里斯蒂安 75

Kinski, Klaus 金斯基，克劳斯 207—209

Kleist, Heinrich von 克莱斯特，海因里希·冯 15, 40, 44—47, 50 及下页, 56, 66 及下页, 90, 97, 109, 116, 119, 125—130, 178, 182, 185—191, 252

Klingemann, Ernst August Friedrich 克林格曼，恩斯特·奥古斯特·弗里德里希 16, 140, 194—200, 205 及下页

Klinger, Friedrich Maximilian 克林格尔，弗里德里希·马克西米利安 83, 140, 144, 161, 170, 176

Klopstock, Friedrich 克洛普施托克，弗里德里希 184

Kolumbus, Christoph 哥伦布，克里斯托弗 24

Koopmann, Helmut 科普曼，赫尔穆特 98

Kotzebue, August von 科策布，奥古斯特·冯 151, 161, 171, 174

Kronauer, Ulrich 克罗瑙尔，乌尔里希 67

La Mettrie, Julien Offray de 拉·梅特里，朱里安·奥弗鲁·德 13

Laing, Ronald D. 莱恩，罗纳尔德 D. 50

Lang, Franciscus 朗恩，弗兰西斯库思 149 及下页

Lange, Wolfgang 朗格，沃尔夫冈 206

Lavater, Johann Caspar 约翰·卡斯帕尔·拉瓦特尔 52, 131—140, 142, 144 及下页

Leisewitz, Johann Anton 莱泽维茨，约翰·安东 176

Lenz, Jakob Michael Reinhold 伦茨，雅各布·米夏埃尔·赖因霍尔德 160, 170, 176, 213 及下页

Lessing, Gotthold Ephraim 莱辛，戈特霍尔德·埃夫莱姆 144, 148, 151 及下页, 154, 156—161, 164—172, 176, 216, 254

Lessing, Theodor 莱辛，特奥多尔 50

Lévi-Strauss, Claude 列维-斯特劳斯，克劳德 30

Lichtenberg, Georg Christoph 利希滕贝格，格奥尔格·克里斯多夫 15, 17, 49—52, 132, 134, 136—140, 143—145, 154, 161, 200, 253

Liebig, Justus 利比希，尤斯图斯 211

Linné, Carl von 林奈，卡尔·冯 29

Lobenstein, Johann Simon 勒本施泰因，约翰·西蒙 79f.

Lovejoy, Arthur O. 洛夫乔伊，亚瑟·奥肯 104, 113

Lubrich, Oliver 卢布里希，奥利弗 37

Lullus, Raimundus 柳利，拉蒙 103

Lütkehaus, Ludger 吕特克豪斯，卢德格尔 97

Luther, Martin 路德，马丁 117

Macher, Heinrich 马赫尔·海因里希 98

Macpherson, James (gen. Ossian) 迈克福尔森，詹姆斯（被称为"莪相"）75

Mann, Thomas 曼，托马斯 15, 97, 190, 217

Marmontel, Jean-François 马蒙泰尔，让·弗朗索瓦 49

Martin, Ariane 马丁，雅丽安娜 218

Mechau, Jacob Wilhelm 梅肖，雅各布·威廉 59 及下页

Meil, Johann Wilhelm 迈尔，约翰·威廉 147 及下页

Meiners, Christoph 迈纳斯，克里斯多夫 117, 250

Meißner, August Gottlieb 迈斯纳，奥古斯特·戈特利普 56, 58—61, 66 及下页

Mendelssohn, Moses 门德尔松，摩西 165

Mercier, Louis-Sébastien 梅西耶，路易-塞巴斯蒂安 218

Merck, Johann Heinrich 默克，约翰·

海因里希 145

Mereau-Brentano, Sophie 梅罗-布伦塔诺，苏菲 116, 121—125, 128 及以下

Mereau, Ernst Karl 梅罗，恩斯特·卡尔 121 及以下

Mesmer, Franz Anton 麦斯麦，弗兰茨·安东 15, 186, 252

Meyer-Kalkus, Reinhart 迈尔-卡尔库斯，赖因哈特 83

Milton, John 弥尔顿，约翰 75

Molière (d.i. Jean-Baptiste Poquelin) 莫里哀（本名为让-巴蒂斯特·波克兰）123

Moravia, Sergio 莫拉维亚，塞尔吉奥 37

Moritz, Karl Philipp 莫里茨，卡尔·菲利普 7 及下页, 15, 44, 56, 70, 76—84, 123, 135, 181, 250—254

Müchler, Karl Friedrich 穆西勒，卡尔·弗里德里希 56, 66

Mühlmann, Wilhelm 米尔曼，威廉 33

Müller, Lothar 穆勒，洛塔尔 84

Müller-Seidel, Walter 穆勒-塞德尔，瓦尔特 130

Musäus, Johann Karl August 穆索伊斯，约翰·卡尔·奥古斯特 144

Musil, Robert 穆齐尔，罗伯特 41, 51

Neumann, Michael 诺依曼，米夏埃尔 38

Newton, Isaac 牛顿，艾萨克 17, 106

Nicolai, Friedrich 尼柯莱，弗里德里希 75, 145, 165, 169

Niekerk, Carl 尼凯克，卡尔 144

Nietzsche, Friedrich 尼采，弗里德里希 97, 216, 252

Novalis (d.i. Friedrich von Hardenberg) 诺瓦利斯（本名为弗里德里希·冯·哈尔登伯格）190

Noverre, Jean Georges 诺韦尔，让·乔治 160

Oberlin, Johann Friedrich 奥柏林，约翰·弗里德里希 214

Ohage, August 欧哈格，奥古斯特 144

Opiz, Georg Emanuel 奥匹兹，格奥尔格·伊曼努尔 85 及下页

Ossian, s. James Macpherson 莪相，参见詹姆斯·迈克福尔森

Ovid 奥维德 93

Pabst, Stephan 帕布斯特，斯蒂芬 144

Paulmann, Johann Ludwig 鲍曼，约翰·路德维希 81

Penzel, Johann Georg 彭策尔，约翰·格奥尔格 91

Pestalozzi, Johann Heinrich 裴斯泰洛齐，约翰·海因里希 98

Pethes, Nicolas 佩特斯，尼古拉斯 38

Petrarca, Francesco 彼特拉克，弗兰齐斯科 202

Pezzl, Johann 佩措，约翰 144

Picart, Bernard 伯纳德·皮卡特 123 及下页

Pikulik, Lothar 匹库里科，罗塔尔 206

Pinel, Philippe 皮内尔，菲利普 28, 47, 201, 203

Pitaval, François Gayot de 皮塔瓦尔，弗朗索瓦·加约·德 55, 66 及下页, 130, 157, 180, 185, 251

Platner, Ernst 普拉特纳，恩斯特 13, 17, 109, 157, 180, 185, 253

Pockels, Karl Friedrich 卡尔·弗里德里希·珀克斯 117, 180—182, 186, 189 及下页

Poe, Edgar Allan 坡，埃德加·艾伦 66

Pope, Alexander 蒲柏，亚历山大 10, 100—106, 112, 250

Porta, Giovan Battista della 波尔塔，吉安·巴蒂斯塔·德拉 134

Porter, Roy 波特，罗伊 51, 206

Quintilian 昆体良 149

Ramler, Karl Wilhelm 拉姆勒，卡尔·威廉 166

Raspe, Rudolf Erich 拉斯佩，鲁道夫·埃里希 29

Reil, Johann Christian 赖尔，约翰·克里斯蒂安 188, 201, 203

Reuchlein, Georg 51, 罗伊希莱恩，格奥尔格 206

Riccoboni, Francesco 里科博尼，弗朗西斯科 152 及下页, 156, 159—161

Richardson, Samuel 理查逊，塞缪尔 190

Riedel, Wolfgang 里德尔，沃尔夫冈 10, 17, 20—22, 191, 216

Rosa, Salvator 罗萨，萨尔瓦多 201 及下页

Rosset, François de 罗赛特，弗朗索瓦·德 55

Rousseau, Jean-Jacques 卢梭，让·雅克 24—28, 32, 87—89, 98, 190

Rowlandson, Thomas 罗兰森，托马斯 41

Ryff, Walter Hermann 理弗，瓦尔特·赫尔曼 179

Sacher-Masoch, Leopold von 扎赫尔-马索赫，利奥波德·冯 27

Sainte Albine, Pierre Remond de 圣阿尔宾，皮埃尔·雷蒙·德 152 及下页, 156 及下页, 159—161

Saltzwedel, Johannes 扎尔茨韦德尔，约翰内斯 145

Salzmann, Christian Gotthilf 扎尔茨曼，克里斯蒂安·戈特希尔夫 86, 88—93, 98, 115 及下页

Scheuerl, Hans 朔伊尔，汉斯 98

Schiller, Friedrich 席勒，弗里德里希 10—12, 14, 16f., 44, 54—58, 61—67, 95, 100, 106, 108, 112, 116, 121, 135, 137, 144, 151 及下页, 160f., 164, 167, 170 及下页, 175 及下页, 178, 182—185, 189—191, 212, 216, 250, 253

Schings, Hans-Jürgen 兴斯，汉斯-于尔根 18, 22, 72, 215, 218, 253

Schlegel, Friedrich 施莱格尔，弗里德里希 50, 120, 199
Schmidt, Arno 施密特，阿诺 82
Schmidt, Jochen 施密特，约亨 130
Schmitz-Emans, Monika 施密茨-埃曼斯，莫妮卡 206
Schnabel, Johann Gottfried 施纳贝尔，约翰·戈特弗里德 81
Schnitzler, Arthur 施尼茨勒，阿图尔 217
Schönert, Jörg 朔纳特，约尔格 160
Schopenhauer, Arthur 叔本华，阿图尔 97, 145, 190, 216, 252
Schott, Peter 肖特，彼得 218
Schubert, Gotthilf Heinrich 舒伯特，戈特希尔夫·海因里希 190, 195, 201
Schummel, Johann Gottlieb 舒梅尔，约翰·戈特利普 88 Schwan, Friedrich 施万，弗里德里希 63 及下页, 66
Sennett, Richard 桑内特，理查德 143
Shakespeare, William 莎士比亚，威廉 20, 43, 75, 101, 154 及下页, 198
Shelley, Mary 雪莱，玛丽 111
Sherwin, John Keyes 舍温，约翰·凯斯 32
Sibly, Ebenezer 希比利，埃贝内策 187
Sørensen, Bengt Algot 索伦森，本格特·阿尔戈特 176
Sophokles 索福克勒斯 20
Speyer, Friedrich 施拜尔，弗里德里希 203

Spieß, Christian Heinrich 施皮斯，克里斯蒂安·海因里希 51, 76, 130, 132, 140—144
Stanislawski, Konstantin Sergejewitsch 斯坦尼斯拉夫斯基，康斯坦丁·谢尔盖耶维奇 159
Steffens, Henrik 斯特芬斯，亨利克 145, 190
Stock, Dorothea 施多克，多罗特娅 128
Stolberg, Christian Graf von 施托尔贝格伯爵，克里斯蒂安·冯 133
Stolberg, Friedrich Leopold Graf von 施托尔贝格伯爵，弗里德里希·利奥波德·冯 133
Sucro, Christoph Joseph 苏克罗，克里斯多夫·约瑟夫 100 及下页, 105 及下页, 108, 112
Swift, Jonathan 斯威夫特，乔纳森 41

Tasso, Torquato 塔索，托儿夸托 194, 198, 206
Thomasius, Christian 托马西乌斯，克里斯蒂安 140 及下页
Tieck, Ludwig 蒂克，路德维希 194—197, 200, 202, 204—206, 252
Trapp, Ernst Christian 特拉普，恩斯特·克里斯蒂安 88, 98

Unzer, Johann August 温策尔，约翰·奥古斯特 12, 157, 179 及下页

Victor von Aveyron 阿韦龙省的维克多(阿韦龙野孩)27 及下页
Viëtor, Karl 韦叶多尔,卡尔 213

Wagner, Heinrich Leopold 瓦格纳,海因里希·利奥波德 116, 176
Warton, Thomas 瓦尔顿,托马斯 75
Wedekind, Frank 韦德金德,弗兰克 97, 217
Weimar, Klaus 魏玛尔,克劳斯 113
Wezel, Johann Karl 韦策尔,约翰·卡尔 83, 250
Wieckenberg, Ernst-Peter 维肯贝格,恩斯特-彼得 52
Wieland, Christoph Martin 维兰德,克里斯多夫·马丁 24——27, 29, 37, 72, 105 及下页, 132, 145, 190
Wolff, Christian 沃尔夫,克里斯蒂安 180

Woost, Johanna Christiane 沃斯特,约翰娜·克里斯蒂娜 209
Woyzeck, Johann Christian 沃伊采克,约翰·克里斯蒂安 209
Wünsch, Christian Ernst 温施,克里斯蒂安·恩斯特 46

Young, Edward 杨,爱德华 75

Zedler, Johann Heinrich 策特勒,约翰·海因里希 133, 179
Zeiler, Martin 蔡勒,马丁 55
Zenge, Wilhelmine von 岑格,威廉明娜·冯 44
Zelle, Carsten 策勒,卡斯滕 22
Zeuch, Ukrike 措依希,乌尔丽克 67
Ziolkowski, Theodore 齐奥科夫斯基,西奥多 52
Zürn, Unica 齐恩,尤妮卡 50

16.4 概念释义

情绪(Affekt)：启蒙时期，感受与情感受到了出人意料的关注。它们不再像是在巴洛克时期一样，被理解为是非理性的欲望和失控的标志，人们开始尝试系统地去研究感情与激情。比方说美学研究是感官认知与情感的逻辑，悲剧与音乐理论探讨的是打动心灵的各种可能性，表演艺术关心的是如何呈现它们，医学追问的则是情绪的症状、危害或是其治愈性的效果。

解剖学剧院(Anatomisches Theater)：15世纪末以来，以古希腊的露天剧院为榜样，首先在意大利出现的解剖人身体的特殊场所。医学的研究兴趣战胜教会反对的过程非常缓慢，比方说直到19世纪时，还只允许解剖绞刑犯和自杀者的尸体。解剖学家志在分析人身体内部的秘密，这与心理学家意欲发现人看不见的心灵的认知愿望是一致的。文艺复兴以来，这种好奇之心也体现在雕塑与文学作品中，像席勒在其散文与戏剧中所做的那样，变成对肢解与剥制骨骼等隐喻的运用。——见本书第 5 章。

表现心理学(Ausdruckspsychologie)：人类学认为，人的心灵难以捉摸，于是导致了一种阐释术的诞生。它以身心交互说[Influx physicus]为基础，宣称可以通过外在表现，如面部表情与情绪变化，来解读内心空间[Physiognomik/Pathognomik]。因此，在绘画、戏剧舞台与文学中，艺术表达追求的不仅仅是对外在的模仿与翻版，而是集中关注具有代表性的、能展示内心的极具表现力的细节。——见本书第 4、第 5 章及 9.2、10.2、14.2 各节。

人的使命(Bestimmung des Menschen)：18世纪中叶之后，这种（类似的）表达大量出现在书名中，表明大家对新兴起的人类学兴趣渐浓，比如：亚历山大·蒲柏的《人论》，约翰·约阿希姆·斯伯丁（Johann Joachim Spalding）的《人的使命研究》(*Betrachtung über die Bestimmung des Menschen*, 1748)；伊萨克·伊瑟林（Isaac Iselin）的《论人类史》(*Über die Geschichte der Menschheit*, 1764)；亨利·侯姆（Henry Home）的《试论人的历史》(*Versuche über die Geschichte des Menschen*, 1774)；约翰·卡尔·韦策尔（Johann Karl Wezel）的《试论对人的认知》(*Versuch über die Kenntniß des Menschen*, 1784/85)；赫尔德的《人类历史哲学观》(*Ideen zur Philosophie der Geschichte der Menschheit*, 1784-91)；克里斯多夫·迈纳斯的《人类史纲要》(*Grundriß der Geschichte der Menschheit*, 1785)；阿道夫·科尼格（Adolph Freiherr Knigge）的《论与人交往》(*Über den Umgang mit Menschen*, 1788)以及彼得·维尧姆的《人的历史》(*Geschichte des Menschen*, 1788)和费希特的《人的使命》(*Die Bestimmung des Menschen*, 1800)。——见本书第1章。

养生学(Diätetik)：古希腊罗马以及中世纪关于健康生活方式的学问（拉丁语 diaeta），重点关注生活的6个非自然（因为是可以被影响的）人类学基础。它们[sex res non naturales]分别是：1. 光、空气与地点 2. 运动与休息 3. 吃与喝 4. 睡觉与清醒 5. 饱腹与排空 6. 情绪变化（通过跳舞、音乐与文学等来散心）。它们之间的有益平衡乃生活艺术[ars vivendi]，是治疗的3大支柱之一（另外两个是外科手术与药理学）。——见本书第5章。

想象力(Einbildungskraft/Imagination)：想象力被认为是感性与

理性之间的过渡。从积极的方面来看,想象力是具有创新性的精神创造力与联想能力,可上升至天才的不凡;从消极的方面来讲,它具有一种病态的潜质,是噩梦、过度想象或是心理痛苦的元凶。

经验心理学(Erfahrungsseelenkunde):这一概念涵盖了18世纪新兴起的以经验为导向的心理学。在卡尔·菲利普·莫里茨以此命名他的10卷本《经验心理学杂志》(1783–1793)之前,他就预告了"实验心理学理论"(Experimentalseelenlehre)。哈勒大学的人类学家约翰·戈特洛浦·克鲁格(Johann Gottlob Krüger)在写《论实验心理学》(Versuch einer Expeimental-Seelenlehre, 1756)时,就曾使用了这一表达。1786年,约翰·格奥尔格·苏尔泽(Johann Georg Sulzer)也提到了与这很相似的"心灵的实验物理"(Experimental-Physik der Seele)。类似标题的增多清晰表明,大家对新兴的人类学与心理学,以及其以经验观察和实验、而非以理论体系为导向的方法抱有浓厚兴趣。——见本书第1章。

个案故事(Fallgeschichte):在医学与法学的专业文献中,规定与法则常常是由具体例证发展而来,或是它们在运用时,需要用例证予以解释说明。有意思的个案的合集(比如莫里茨的《经验心理学杂志》,皮塔瓦尔的《知名趣案》)不仅可以用于专业培训,或是为了让更多的人知道,它们还是文学改编故事的源泉。许多侦探故事、心理与道德小说,包括戏剧,都可以追溯到这样一种记录现实的方式。——见本书第4章及5.2、14.1各节。

心灵深处(Fundus animae):按照鲍姆嘉通《形而上学》(Metaphysik, 1739)的观点,在心灵深处起作用的是不合逻辑的感知、想象，还有欲望，理性并非不由分说地对它们加以控制，或是让其变得清晰。这种低级的心理能力［Facultates inferiores］后来就发展成了弗洛伊德的无意识概念，鲍姆嘉通认为其中蕴藏着对高级心理能力［Facultates superiores］有用的巨大宝藏：这里是直觉、想象力、自发性、梦境与美感等的发祥地。赫尔德和苏尔泽都认为心灵的这些幽暗地带是人类学本来的核心所在，人心理的强大也来源于此。——见本书 11.1。

性别（Geschlecht）：笼统地谈"人"，会让人低估启蒙人类学家逐渐增长的性别差异意识。人是由男人与女人共同造就的胚胎（Epigenesis）逐渐长成，这一认识提升了女性在生命繁衍中的地位，它取代了旧的理论，认为男女差异（Präformation）是一开始就存在的。后来逐渐形成了关于女人的特殊人类学，医学家们开始研究以前只有助产士才关心的问题，如性别差异，女性疾病、性与妊娠。19 世纪的妇科就是由此发展而来。——见本书第 8 章。

存在巨链（Great Chain of Being）：一种新柏拉图主义的关于和谐造物秩序的构想，在生物链或是生物阶梯的画中，每一种生物因灵性不同而处在不同的等级。每个单独部分的不可或缺性以及对于整体的意义一目了然。从石头、经由植物、动物、人、到天使、最终到上帝，造物的每一部分都在自然中有着自己的位置，拥有上升（完善、修养）或下降（堕落）的可能性。许多哲学家都对这一构想进行了不同形式的阐述，在艺术中有生动的展现。——见本书第 7 章。

体液说（Humoralpathologie）：关于体液（拉丁语 humores）与 4 种气质的理论主宰了从古希腊罗马到中世纪的医学。4 种体液的不平衡导致疾病,平衡则代表健康,后者可以通过相应的生活方式获得(见 Diätetik)。——见本书第 9 章。

自然影响(Influxus physicus):按照自然影响说的论点,身体和心灵受自然影响力(拉丁语 physice)的左右,处于互动状态。身体对心灵从影响叫作 *Influxus corporis*,反过来的叫作 *Influxus animae*。自然成因说代替了其他对身心问题的解释,比方说它是由神决定的先验和谐状态(prästabilierte Harmonie)或是由神不时的干预造成的(Occasionalismus)。人类学力求通过经验与实验找到证据,看这种自然影响是如何发挥作用,研究精神与物质的中间物如神经液与神经醚等。——见本书第 1 章及 10.2。

犯罪(Kriminalität):在启蒙时期,人们开始不再将犯罪与疯癫当成恶的表现而诅咒,而是试着理解它们的成因,并更人道地来对待当事人。与司法中从法律角度看待罪行的方法平行,发展出用心理学与道德的视角来看待罪犯,由此而诞生了一门新的学科,约翰·克里斯蒂安·戈特利普·绍曼(Johann Christian Gottlieb Schaumann)将其命名为《犯罪心理学》(*Ideen zu einer Kriminalpsychologie*, 1792)。在犯罪人为限制行为责任人的情况下,这种新观点会促成减刑。被毕希纳进行了文学改编、历史上也确有其人的沃伊采克的例子却表明,这要在实践中运用可能会引起多大的争议。——见本书第 4、第 14 章。

生命哲学(Lebensphilosophie):在 18 世纪的人类学语境中,可以找到 19 世纪叔本华与尼采生命哲学的先驱。经验心理学家卡尔·菲利普·莫里茨就是先行者之一,率先在《生命哲学论文》

(*Beiträge zur Philosophie des Lebens*, 1780)中使用了这一概念。在概念后面隐藏的是一种反系统的、生动的、主张闲散思想的纲领，就像当时的通俗哲学一样，它也爱使用不同的文学形式，如警句、书信、中篇小说、散文、谈话以及冥想等。——见本书第1、第14章。

身心问题(Lieb-Seele-Problem)→见自然影响

文学体裁(Literaturgattungen)：作为书写人内心故事的体裁，自传与小说备受青睐，也是文学人类学这一研究方向一开始就关注的。逐渐地人们发现，医学知识与描写心理发展过程(Psychogenese)的文学手段也可以在其他体裁中找得到，如道德小说、侦探小说、人类学教育诗、体验诗、心理剧以及其在舞台上还原真实的表演，此外，游记、日记、书信、警句与冥想也提供了更多的研究领域。——见本书第2、第4、第5、第7、第10、第11章。

催眠疗法／麦斯麦主义(Magnetismus/Mesmerismus)：18世纪末，医生弗兰茨·安东·麦斯麦(Franz Anton Mesmer)研究磁力与宇宙能量(Fluidum)对于身体的影响。作为医者，他相信可以通过(非接触身体的)对神经走向的抚摸，来修复外在与内在力量之间被打破的和谐状态。许多个案故事报道，和个别病人或是一组人在催眠治疗时发生的"精神感应"(Rapport)可以导致迷狂状态或幻觉。这种很受争议的医疗风尚在浪漫派时期的文学中有清晰的反映(比如阿西姆·冯·阿尔尼姆、E.T.A 霍夫曼、让·保尔、海因里希·冯·克莱斯特、路德维希·蒂克等)。——见本书第12章。

表情／手势(Mimik/Gestik)：身体的表达与说服力(拉丁语

eloquentia corporis）从表演术和修辞术发展而来，开启了心理学的内部视角。它基于一种古老的、超越不同文化形态的原理，认为心灵可以在面部（表情）和其他的身体部位（姿势）中反映出来。在自然影响论［Influxus physicus］的基础上，人类学详尽地论证了这一关联。在戏剧里，肢体语言会出现在剧本补充说明或对人物的描写中，这样导演或者读者就可以想象出演出的场景。启蒙是认为还原真实、再现心理的表演是最理想的，而魏玛古典主义时期在歌德舞台理念的影响下，却推崇反自然主义的艺术纲领。——见本书第10、第11章。

手淫（Onanie）：这一概念来源于《圣经》中的人物俄南（Onan），他为避孕而阻止了受精（创世纪38，8-10）。在基督教的理解中，打断性交［Coitus interruptus］的行为与自慰的罪孽（手淫）是有区别的，后者在1700年前后的英国被看作一种疾病。在启蒙时期，手淫是一个热门话题，尤其在教育学中引起了强烈争议：要求毫无保留地解释人性在这一领域已触及道德底线，它是由宗教为主导的，这一话题也影响到了文学。——见本书1.1，3.2，6.2各节。

泛神论（Pantheismus）：18世纪早期以来，反对人格化的神，认为整个自然都是神性且具有灵魂的，这样一种观点被称为泛神论。与之相关的是造物和谐有序的原则（存在巨链），人被赋予了一个居中的位置，激励了启蒙对完善性的追求。从这个意义上讲，人之所以为人，并非理所当然的、既定的自然恒量，而需要去证明与维护。人要证明他配做一个人，远离野蛮，并进一步开发他的灵性。借此，人类学获得了伦理与教育的维度。——见本书第6、第7章。

仁爱主义（Philanthropismus）：仁爱的概念源自古希腊，即"爱人"（希腊语 philein="爱"，anthropos="人"），在启蒙时期，教育改革运动的"仁爱主义者"们沿用了这一概念。他们反对权威的拉丁语学校，拓展了教学大纲，旨在对人进行精神、身体与实践的全面培养，使其成为"完整的人"，遵循共情的、适合儿童的、鼓励性的教育理念。——见本书第 6 章。

哲学医生（Philosophische Ärzte）：从回顾的眼光来看，迈希欧·亚当·魏卡尔德（Melchior Adam Weikard）主办的杂志标题《哲学医生》（1773-75）正合适来称呼启蒙的人类学家们。莱比锡的医学教授恩斯特·普拉特纳（Ernst Platner）可以说是横跨这两个专业的双职位典范，在被聘为医学副教授之后（1770），他也在哲学系开设了关于逻辑、美学与道德哲学的讲座，1801 年，被加聘为哲学教授。身心互为关联是人类学的核心思想，它与哲学医生的双重角色密不可分，在普拉特纳纲领性的著作《医生与智者的人类学》（*Antropologie für Aerzte und Weltweise*，1772）中，他就将两者融汇在了一起。——见本书第 1 章。

系统发育学 / 个体发生学（Phylogenese/Ontogenese）：人作为族群的历史（系统发育学，Phylogenese）与作为个体的发展（个体发生学，Ontogenese），这二者之间的区别在 18 世纪时使人类学分成了两支：民族学 / 种族学（Ethnologie）对全世界的不同"种族"进行比较，医学与哲学意义上的人类学关注的则是个人的形成、发展与修养，他的能力、行为与疾病。个体的形成过程被视为是种族由原始状态发展到文明的一种浓缩的重复。——见本书第 2、第 6 章。

面相学 / 表情学（Physiognomik/Pathognomik）：自古希腊以来，由外部表象来解释人与动物内心的、性格的、或是病理的特征，被称为面相学或表情学。前者关涉的是头型、身姿与体型或是不动的脸部线条的固定特征，后者描述的则是在情绪激动与行为状态下，由表情与手势引起的各种变化。利希滕贝格或是席勒认为，动作行为也可能逐渐固化为不变的表达特征（习惯化）。——见本书第9章。

心理、人类学小说（Psychologischer/anthropologischer Roman）："心理小说"是卡尔·菲利普·莫里茨的小说《安东·莱瑟》（1785—90）的副标题，是一个历史上已有的概念，与之相反，"人类学小说"则是日耳曼学者兴斯（Hans-Jürgen Schings）自创的（1980）。这两种体裁指的都是描写人内心发展变化的小说，依因果关系的原则，让人信服与理解。我们称这样的叙述手法为"实践型"（来自希腊语的 pragmatikós = 注重行为、实际、有效），辅以对话、人物或第一人称的叙述视角，与一个人物内心发展的轨迹与行为的变化相呼应，而不是让一个"全知全能的叙述者"来下总结性的判断。——见本书第4、第5章。

体液说（Säftelehre）→见体液说（Humoralpathologie）

感官（Sinne）：总体而言，启蒙时期的人类学是反对理性的统治，而意图为感性正名的，这与感伤主义或狂飙突进等文学风尚的相似性不言而喻。只不过，人类学参与了哲学与医学对感官的更为专业的理论探讨（感觉主义），各感官的排序一直是有质疑与争论的。赫尔德就更看重听觉尤其是触觉，而对视觉的优先地位表示怀疑，对聋哑人与天生眼盲者所做的实验表明，感官受损者同样有弥补与学习的能力,另外,也不仅仅只有莱辛从感知心理学的角度,对于艺术体裁、比如说诗与画之间的界限作了分析阐释。

气质论/性格说(Temperamentenlehre):从古希腊以来,4种气质或性格可以说是已形成定格,它们被认为是不同体液(见词条"体液说")、4元素(火、水、空气、土)、季节、某些行星与原质(热、冷、潮湿、干燥)特定混合的结果。4种性格分别是指心态平和的、开朗的多血质者(Sanguiniker,源自拉丁语 sanguis = "血")、惰怠而冷漠的人(Phlegmatiker,源自希腊语 phlegma = "黏液")、易怒的歇斯底里者(Choleriker,源自希腊语 cholé = "胆汁")以及悲伤的忧郁症者(Melancholiker,源自希腊语 mélaina cholé = "黑胆汁")。从歌德、到托马斯·曼,再到当今的文学作品中,我们都可以见到这样的性格描绘。

梦(Traum):启蒙人类学反对梦是起源于神性或是魔性的说法,而去寻找自然的、生理学的解释。通过梦的故事以及对睡眠者的观察,他们想要探究内心联想的逻辑与生理因素对身体影响的规律。在讨论不道德的、色情的梦时,研究甚至会将生活方式(营养学)也考虑在内。尤其是他们的观点,认为心灵深处是不受理性控制与影响的,促进了现代心理学的产生。——见本书第12章。

低级/高级心理能力(Untere/Obere Vermögen)——见心灵深处。

民族学/种族学(Völkerkunde/Ethnologie):康德1775年的一本书标题为《人的不同种族》(*Verschiedene Rassen der Menschen*),18世纪对于这一题目的研究主要是基于科考旅行者(Forschungsreisende)

的观察与报道。"比较人类学"或是"生理地理学"首次系统地将目光投向了欧洲以外的人。关注的问题有人类家族与肤色的起源,不同文化与文明的差异,语言、神话与宗教的独特性。其中有一个讨论是针对启蒙过的欧洲人与"野人"、原住民乃至猴子的区别。这场争论的导火线是因为在本国的某些地域发现了所谓的"狼孩",并在他们身上作了教育实验。——见本书第 2 章。

疯癫(Wahnsinn):在 18 世纪时,人"普通的"天性往往是通过极端与偏差的例子来进行界定的。心理问题不再被认为是魔鬼附体,而是"自然的"疾病,是可以研究、理解与治疗的。在卡尔·菲利普·莫里茨的《经验心理学杂志》中,他特开辟了"心理病学"(Seelenkrankheitskunde)专栏,1800 年前后,形成了一门新的学科——精神病学(Psychiatrie)。医学记载的病例成为文学的灵感源泉,不仅是歌德的《少年维特之烦恼》(1774),莫里茨的《安东·莱瑟》(1785—1790)或是毕希纳的《沃伊采克》(1836)都是基于亲身经历或是有病例史可查的。——见本书第 3、第 4、第 5、第 12、第 13、第 14 章。

交互影响(Wechselwirkung)——见自然影响。

图书在版编目（CIP）数据

文学人类学：人的新发现 /（德）亚历山大·柯舍尼那著；余杨译. -- 北京：商务印书馆，2025.
（人类学视野译丛）.--ISBN 978-7-100-24474-9
Ⅰ. C958
中国国家版本馆CIP数据核字第2024TU5182号

权利保留，侵权必究。

人类学视野译丛

文学人类学
人的新发现

〔德〕亚历山大·柯舍尼那　著
余杨　译

商　务　印　书　馆　出　版
(北京王府井大街36号　邮政编码100710)
商　务　印　书　馆　发　行
北京侨友印刷有限公司印刷
ISBN 978-7-100-24474-9

2025年4月第1版	开本 880×1230　1/32
2025年4月北京第1次印刷	印张 10⅛

定价：48.00元